全国教育科学“十一五”规划军队专项课题
(PLA062016)

战斗力生成模式的系统分析与军事教育创新

钱振勤　叶怀义等著

东南大学出版社
·南京·

内容提要

本书运用系统科学的思维方法，从历史和逻辑的角度对人类有史以来从冷兵器、热兵器、热核兵器到信息技术兵器战斗力生成的过程进行全程透视，对信息化条件下战斗力生成模式内在的系统结构、组合方式、功能特点以及各要素间相互关系进行了比较分析，在此基础上，结合我军战斗力生成模式转变的客观需要，着重以人才是战斗力生成模式的重要因素为主线，论述了适应战斗力生成模式转变对军事人才培养及军事教育创新的诉求，军校教员教育创新心理基础和学员创新精神培育，提出了适应战斗力生成模式的教学方法、手段、育人机制和教学管理体制的改革创新的思路，为构建我军新型的院校教育教学模式提供参考。

本书可供高等院校（含军队院校）、部队及从事教育工作的人员阅读参考。

图书在版编目(CIP)数据

战斗力生成模式的系统分析与军事教育创新/钱振勤，叶怀义等著. —南京：东南大学出版社，2012.9

ISBN 978-7-5641-3751-9

Ⅰ.①战… Ⅱ.①钱… ②叶… Ⅲ.①军队建设—研究—中国②军事院校—教学研究—中国 Ⅳ.①E20②E251.3

中国版本图书馆 CIP 数据核字(2012)第 205870 号

书　　名：战斗力生成模式的系统分析与军事教育创新
著　　者：钱振勤　叶怀义等
责任编辑：戴　丽

出版发行：东南大学出版社
社　　址：南京市四牌楼 2 号　　　邮　　编：210096
网　　址：http://www.seupress.com
出 版 人：江建中

印　　刷：南京玉河印刷厂
排　　版：南京新洲排版公司
开　　本：700mm×1000mm　1/16　　印张：12.25　字数：250 千
版　　次：2012 年 9 月第 1 版　　2012 年 9 月第 1 次印刷
书　　号：ISBN 978-7-5641-3751-9
定　　价：30.00 元

经　　销：全国各地新华书店
发行热线：025-83790519　83791830

战斗力生成模式的系统分析与军事教育创新

课题组

组　长：钱振勤

副组长：叶怀义

成　员：武善彩　钱惠英　李湘德

　　　　吴清江　周　华　贾　赟

目 录

第一章　绪　论

胡锦涛同志在党的十七大报告中强调，要“按照建设信息化军队、打赢信息化战争的战略目标，加快机械化和信息化复合发展，积极开展信息化条件下军事训练，全面建设现代后勤，加紧培养大批高素质新型军事人才，切实转变战斗力生成模式”①。深刻理解这一重要思想，深入开展战斗力生成模式的系统分析、军事教育创新与战斗力生成模式的关系研究，对于推动我军军事教育训练发展转型和高素质新型军事人才培养具有十分重要的现实意义。学习、贯彻军委胡主席的一系列指示精神，我们申报了《战斗力生成模式的系统分析与军事教育创新》课题，经全国教育科学规划领导小组批准，被列为全国教育科学“十一五”规划 2009 年度军队专项课题。

一、战斗力生成模式与军事教育创新的关系

战斗力，即武装力量遂行作战任务的能力。一定时代的军队战斗力，实际上是这个时代社会生产力和生产关系在军事上的集中体现。军队战斗力的强弱通常由作战思想、人员素质、武器装备的质量与数量、人与武器装备的结合方式等因素决定。军事教育创新与战斗力生成模式转变有着密切的关系。军事教育训练是以武器装备为物质基础的实践活动，是提高部队战斗力的基本途径。军事教育训练水平的高低虽不等于战斗力，但却决定着构成战斗力的诸要素的生成。构成战斗力的各要素只有通过军事教育训练的实践，才能有机结合起来，在战场上融合为一个整体，对敌方构成威胁。

模式，是解决某一类问题的方法论。战斗力生成模式是指军事系统中，由与战斗力生成相关的一系列要素构成的有机体系。战斗力生成模式是战斗力生成的根本源泉，也是衡量军事系统效能状况的重要指标。研究战斗力生成模式，就是研究如何形成战斗力的方法和途径。一般来说，战斗力生成模式主要由以下基本要素构成：人与武器装备，两者的组合方式，包括体制编制与军事训练以及由此而产生的军事理论等。加快战斗力生成模式转变，必须着眼战争形态的发展变化和信息化战争的特点规律，在诸要素的个体优化和整体跃升上寻求突破。

战斗力生成模式随着军事形态的变化而不断发展。在战斗力生成模式的演变中，科学技术进步和人才发展始终是十分关键的主导因素。科学技术进步既对战

---

① 胡锦涛．高举中国特色社会主义伟大旗帜，为夺取全面建设小康社会新胜利而奋斗[N]．解放军报，2007－10－25(1)。

斗力生成模式的诸构成要素产生决定性影响，又深刻地影响其组合方式及实现途径。人类军事发展史表明，历史上每一次科学技术的巨大进步，都在军事领域引发新的军事变革，从而带动新型军事知识体系及能力结构的形成，提高武器装备的效能及人员的素质，提供高效率的教育训练手段，促进新的体制编制的产生，最终形成以先进科学技术为标志的新的战斗力生成模式。迄今为止，随着人类历史上三次科学技术革命的发生，就先后产生了金属化、火药化以及机械化战斗力生成模式。

20世纪中后期以来，随着以信息技术为主体的高新技术群的迅猛发展，人类历史上第四次科学技术革命——信息技术革命拉开了帷幕，以信息技术为标志的新军事变革成为当今军事领域的最显著特征。新军事变革导致了人类军事形态由机械化向信息化的根本性转变，也给战斗力生成模式带来了革命性的影响。原有的机械化战斗力生成模式日显其不足，信息化战斗力生成模式成为未来军事发展的必然要求。从目前的发展情况来看，这一新的战斗力生成模式至少表现出以下特征：信息成为新的战斗力生成的源泉，信息能力在战斗力生成中占据主导作用；人的科技素质尤其是信息素质在战斗力中具有特别重要意义；信息化武器装备成为战斗力的关键物质因素；基于信息系统的体系作战能力成为战斗力的基本形态；军队战斗力的提升，也将更依赖于信息技术的比较优势。

战斗力生成模式的演变对参战人员素质的要求越来越高。在未来的信息化战争中，人的一部分智慧和能力将物化到武器装备上，知识与智慧对军人来说将愈来愈重要。为适应新的作战方式，军事教育训练的内容与方法也应随之革新与发展。海湾战争检验了美军仿真训练的成果，使美军领导层尝到了军事教育训练革新的甜头。世界上很多国家的军队也从中看到了军事教育训练革新的巨大作用，纷纷效仿，提出了诸如“21世纪军队”、“数字化部队”、“网络中心战”等一系列新的作战构想与理念，有力地促进了军事教育训练的转型。他们围绕打赢信息化战争、建设信息化军队，在更大范围和更深层次上开展了各种军事教育训练革新。

因此，通过军事教育训练创新来实现战斗力生成模式的转变，是一个不断推进构成战斗力诸要素按照未来作战需求进行变革的过程。我们应从军事教育训练的历史发展中考察战斗力生成模式转变的特点与规律，通过军事教育训练的创新实践推动战斗力生成模式的转变。

二、人的素质是战斗力生成模式中的核心要素

在战斗力生成模式的诸要素中，人是最活跃、最具决定性的要素。随着现代科学技术大量应用于军事领域，人的因素在战斗力生成中的作用不但没有降低，反而更加突出。在未来信息化战场上，具备信息素质的新型军事人才将是决定战争胜负的最重要因素。加快新型军事人才培养，是推动国防和军队建设科学发展的基础工程，也是加快转变战斗力生成模式的根本所在。

一是加快转变战斗力生成模式迫切需要人才素质优先转变。加快转变战斗力生成模式，最根本的是人的转变，是官兵知识结构的更新和能力素质的升级。随着现代信息技术的广泛应用，信息系统的体系作战成为新军事变革的主要潮流和方向。在这场变革中，人才素质的转型具有战略性、牵引性和决定性作用，其转型的程度，直接决定着其他领域转型的广度、深度和进度。当前，我军人才队伍主要是在机械化条件下培养出来的，信息化素养整体偏低，各类干部还处在知识普及向观念更新、能力转化的初级阶段，迫切需要强化“信息就是战斗力”、“信息就是增长点”的意识，把人才培养的重心聚焦到夯实信息基础上来，切实把提高信息素质作为大规模培养人才的关键之举、作为提高战斗力的根本大计来抓。转变人才素质，要以提高人才信息素质为重点，必须整合培训资源，调整培训内容和组织模式，提高培养质量效益。坚持把普及提高和重点培养结合起来，积极开展信息知识和技能普及活动，突出抓好信息技术知识、信息安全知识、信息战知识的学习，增强信息安全与运用意识、信息制胜意识，提高信息获取、处理能力和信息开发能力，以此引领整个人才队伍素质的转型。

二是实现部队战斗力整体提升迫切需要优化人才资源配置。基于信息系统的体系作战能力是信息化条件下战斗力的基本形态，其核心是运用信息系统，把各种作战力量、作战单元、作战要素融合集成整体作战能力。人才既是这个体系构成的关键要素，又是综合集成其他要素形成体系的主体力量，无论是个体素质结构还是群体结构，都必须与系统各要素实现有机契合。要坚持把高素质新型军事人才培养作为系统工程来抓，根据作战系统的要素、结构、层次和关联度，进一步优化人才队伍结构和布局，突破紧缺人才瓶颈，补齐人才素质短板，加大人才资源整体开发力度，防止人才队伍出现结构性、要素性缺失，实现各战斗部位人才的无缝链接。要瞄准信息化战争的需要，搞好人才队伍建设的宏观设计，以作战单位为设计单元，从培养数量、规模，到具体某个领域、某个专业、某个岗位所需人才，都作出长远规划和具体安排，优化人才资源的配置，使人才队伍数量充裕、结构合理、素质优良、动态发展。

三是做好军事斗争准备迫切需要大批新型军事人才的储备。做好军事斗争准备，完成多样化军事任务，最重要的是军事人才储备。我军在培养和造就大批高素质新型军事人才的同时，还必须着力做好高素质新型军事人才的储备工作。要树立与时俱进的人才储备观，突出人才储备的重点，拓展人才储备的途径，建立和完善人才储备的机制。人才的储备有“显性”和“隐性”之分。前者是指人才的储备以一定的组织实体为载体，以一种固定的形态存在着，这种人才主要是针对特殊的军事人才而言的。后者和前者相反，没有一个固定的形态，隐藏于社会之中，这种人才则主要是针对那些具有“通用兼容性”的高素质军事人才而言的。例如一些信息、航空、机械、气象等领域的专家，通过一定的机制使他们召之能来，来之能战。因此，各级领导要有强烈的危机感和责任感，瞄准未来军事斗争准备，树立超前培养人才观念，扎实做好人才储备工作，真正为建设信息化军队、打赢信息化战争提供有力的保障。

人才是战斗力的重要支撑，转变战斗力生成模式，重中之重就是转变人才生成模式，就是要遵循战斗力生成模式规律，加快军事教育训练创新步伐，构建我军新型的院校教育训练模式，为高素质新型军事人才迅速成长搭建平台。军队院校是新型军事人才培养的主要渠道。军队院校要为部队输送军事斗争准备需要的合格人才，一个重要措施就是努力改变院校与部队学用相脱节的现状，提高生长干部学员在院校时的战斗力生成水平，使他们在毕业时不需要经过部队过渡期或缩短过渡期，就能直接胜任部队作战任务的需要。要实现这一新的培养目标，必须依据院校人才培养的特点和优势，通过改变以往由院校基础培养、部队应用培养的教育训练模式，构建新型的院校人才培养模式，来达到既缩短培训周期、又提高生长干部学员战斗力生成水平的效果。

三、军事教育创新是造就新型军事人才的客观要求

军事教育要做到符合战斗力生成模式规律要求，关键在于培养大批掌握先进军事理论和作战方法、具有创新意识和创新能力的高素质新型军事人才。军队院校贯彻落实科学发展观的任务之一，就是主动迎接新军事变革和知识军事时代的挑战，依据战斗力生成模式转变的客观规律和迫切要求，积极推进军事教育创新，造就大批知识型复合型高素质军事人才。造就高素质军事人才，必须充分发挥院校的基础性、全局性和先导性作用，推动军事教育创新，催化知识型复合型高素质军事人才快速成长。

一是推进军事教育创新是造就大批知识型复合型高素质军事人才的根本途径。在知识军事时代，知识是战斗力构成的重要因素，是战斗力生成中最具后劲的新增长点。信息化武器装备需要知识化的军人去操作，信息化战争要靠知识化的军人去谋划和实施。未来战场上的较量，其实质是人才数量和人才素质的较量。而大批量的知识基础扎实、知识结构合理的高素质军人，只能通过正规的军事教育渠道来培养，也就是要充分发挥院校人才培养主力军的作用。军队院校要承担起这一历史使命，推进军事教育创新是根本途径。军委胡锦涛主席曾多次指出，发展教育和科学事业要坚持教育创新，深化教育改革，优化教育结构，合理配置教育资源，提高教育质量和管理水平，全面推进素质教育，“努力造就数以亿计的高素质劳动者、数以千万计的专门人才和一大批拔尖新人才。”①对军队院校而言，就是要着眼军事斗争准备的现实需要，深化教学改革，构建符合我军院校实际的现代化教学体系，实现军事教育创新，造就军队建设所需要的各层次各类型适应“打得赢”、适

① 胡锦涛.在中国科学院第十四次院士大会和中国工程院第九次院士大会上的讲话[N].人民日报，2008-06-24(2)。

应“跨越式”发展需要的知识型复合型高素质军事人才。

二是推进军事教育创新必须不断深化军事教育改革。通过军事教育创新造就大批知识型复合型高素质军事人才，需要做的工作很多，当务之急是紧紧围绕培养和造就高素质新型军事人才队伍这个中心，尽快构建现代化教学体系，不断深化教学改革。一要更新军事教育观念。通过军事教育创新，培养知识型复合型高素质军事人才，必须以更新军事教育观念为先导。没有军事教育观念的更新，军事教育创新的实践就有可能流于形式，缺乏生命力。要改变以知识传授为中心的旧的教育观念，正确地把握和理解军事教育创新的意义和内涵，树立培养创新人才的观念。要研究高技术战争的特点，探索现代化教育的规律，树立素质教育、开放教育和超前教育的观念，树立与迎接世界新军事变革挑战和与我军科技强军、质量建军战略相适应的教育观念，树立构建新的教育体系所必需的新的人才观和教育质量观。要以创新的精神和勇气确定工作重点，明确发展方向，着力探讨适应新的编制体制和培训任务的教育改革新思路。二要优化整合教学内容。课程设置及教学内容对提高人才素质影响巨大。造就知识型复合型高素质军事人才，必须以大量新增知识为基础，不断优化整合教学内容，构建新的军事教育课程体系。为此，要加强整体优化，精选教学内容，按照培养目标对教学内容进行重新取舍。在课程设置上，要注重提炼和加强原理性、基础性的教学内容，优先安排基础课程教学，同时，根据各教育层次的不同需求，有目的、按计划地构建课程体系，不断拓宽教育对象的知识面和学术视野。此外，要加强前瞻性教学，改变“应急式”课程设置模式，适应新形势、新装备和未来战争的需要，提高教学内容的层次和起点，增强课程设置的科学性。三要革新教学方法和形式。传统教育存在着重教有余、重学不足，灌输有余、启发不足，求同步发展有余、施个性化教育不足等问题。开展现代化教学，培养知识型复合型高素质军事人才，必须按照素质教育创新教育思想，注重教法创新和学法指导。其一，大力加强研讨性教学，以研究实际问题为纽带，充分唤起学员的主体意识，调动学员发挥主观能动性，通过教员与学员之间的平等交流和相互启发，加深学员对知识的理解，激发学员的创新热情与创新思维。其二，运用多种实践教学形式，广泛开展学员创新实践活动。应重视社会实际体验和实践动手能力的培养，努力提高学员的决策应变能力和开拓创新能力，突出培养其科学态度、科学精神和科学思维能力。其三，重视学员非智力因素的发展。重视培养学员的兴趣、爱好、情感、意志等非智力因素，使其智商与情商有机统一，交互作用，并内化为知识型复合型高素质军事人才必备的基本品质。四要改革教学管理模式。首先，要营造“宽严相济”的学术环境。从严治学与营造一个宽松的学术环境是辩证统一的。没有宽松的学术环境，人们的创造潜能难以自由、充分地发挥；没有严谨的教风、学风和严格的管理，创新教育也很难健康发展。其次，要积极探索现代军事教育管理规律，健全教学督导和教学评估机制，制定新的教学质量评价标准，建立综合素质考评制度。再次，要坚持依法治校，完善教学管理规章制度，探索以弘扬学员主体性为基本特征的管理模式，建立“严而不死、活而不乱”的目标管理机制。

三是推进军事教育创新要以全面实施素质教育为基础。开展现代化教学，培养知识型复合型高素质新型军事人才，必须遵循现代教育规律，突出素质教育。只有以丰富的知识和全面的素质作基础，创新才能有不竭的动力。首先，全面提高学员能力素质以加强其主体性地位。素质教育重在培养教育对象做人做事做学问的基本能力和素质，旨在为其今后的发展打下基础。知识是属于表层的东西，是能力和素质的载体。能力和素质是在掌握了一定知识的基础上培养训练而成的，是知识和技能的进一步内化和升华。有了很强的能力和素质，一方面可以使学员充分发挥已掌握知识的作用；另一方面又可以增强学员对知识信息的获取、加工和使用能力，加强其学习的主动性。实施素质教育，一要培养学员的良好学习习惯和独立获取知识的能力。这是知识型复合型高素质军事人才必备的能力和素质，也是打造“学习型”军营首先要做好的工作。二要注重培养学员的创新思维能力。知识型复合型高素质军事人才的创造力取决于是否具有创新思维能力。没有创新思维能力，知识型军人就只能沦为知识的“存储器”，成为“没有锋刃的刀剑”，难以应对充满变数的未来信息化战争。三要提高学员的思想道德素质、科学文化素质和身心健康素质。其中思想道德素质是根本，科学文化素质是基础，身心健康素质是保证。三者是一个有机整体，三者结合得越好，知识型复合型高素质军事人才的综合素质就越高。其次，全面提高教员能力素质以发挥其主导性作用。通过军事教育创新培养大批知识型复合型高素质军事人才，必须采取多种途径，全面提高教员能力素质，以发挥其在军事教育中的主导性作用。一要提高教员对知识的灵活驾驭能力。教员要完成传授知识、培养知识型复合型高素质军事人才的任务，自己必须首先具备高超的知识驾驭能力，尤其对新知识，要做到先学先知、融会贯通，只有这样，才能引导学员进行创造性学习。二要提高教员熟练使用现代化教学设备的能力。军校教员要适应网上教学和远程教学的发展，利用现代化教育的新手段，不断创新授课技巧和授课方式，提高教育创新能力。三要提高教员情绪、情感的自我调节能力。信息时代，知识的快速更新给军校教员带来全方位、不间断的心理压力。院校要利用各种方式，帮助教员树立自信心，增强承担风险、压力的能力和挫折容忍力，保证教员以健康的身心和充沛的精力完成教学任务。

第二章　战斗力生成模式的历史沿革

战斗力是伴随军队诞生而出现的必然产物，战斗力生成模式是指战斗力在由小到大、由弱到强的变化过程中所遵循的相对稳定的方法样式。虽然其概念出现时间不长，但是实际上自从世界上第一支军队诞生之日起，人们就在努力探索提高军队战斗力的方法，寻求战斗力生成的最佳模式。从宏观上对战斗力生成模式进行考察和概括，它经历了冷兵器时代战斗力生成模式、热兵器时代战斗力生成模式、热核武器时代战斗力生成模式和信息化时代战斗力生成模式。战斗力生成模式是战斗力生成规律在客观历史条件下的具体运用，带有浓厚的时代特征。

一、冷兵器时代的战斗力生成模式

从人类社会诞生到18世纪是冷兵器战斗力时代。这个时期，军队的装备由各种冷兵器组成。按照制造武器装备材料的不同，冷兵器战斗力的时代又可分为石兵器战斗力时代、铜兵器战斗力时代、铁兵器战斗力时代等三个较小的阶段。从世界上来看，欧洲14世纪将火药技术用于军事，就可以看成是冷兵器战斗力时代的结束，而就我国而言，约在北宋末年。

在石兵器战斗力时代，尽管没有特殊的武器组织，暴力冲突没有成为经常性的职业活动，但是偶尔作战中，临时组织起来的作战部队，就已经使用刀、矛、斧、棒、铲、戈、锹等，表现出一定的作战能力，以及勇敢、献身等行为和观念，标志着军队及其战斗力萌芽的产生。在奴隶制的早期，随着冶铜技术的发展，制造兵器的技术也有改进，随即进入铜兵器战斗力时代。在这个时代，武器装备在种类上、形式上都有所发展，弓、矢射击距离增大，戈、矛更加尖利。冶铁业的出现，使铁兵器得到迅速发展，标志着铁兵器时代的到来。我国在弓、矢基础上研制的弩机与抛车，为后世枪炮的研制提供了最原始的雏形。公元前4—前3世纪以后，中国和西欧都大量使用了骑兵。东地中海沿岸国家和中国诞生了古代海军。

冷兵器和短兵器的使用，使作战主体都是直接面对面的交锋，凭着强壮的身体和高超的武艺及其勇敢精神，在白刃格斗中取胜。其技能无非是对刀、矛、戈等兵器的使用和善跑快走。这时的战术和技术并无明显的分野，分工也很粗略。战斗队形的机动性和军队的指挥样式是相当简单的，战斗队形的基础是方阵。由于武器的不断完善，出现了各种类型(重、中、轻)的步兵和骑兵，使在决定性地点集中兵力进行攻击的战术得到进一步的发展。如公元前4世纪的罗马人，他们摒弃了方阵队形，改用沿正面和纵深疏开的战斗队形，轻步兵列于各队之前，骑兵配置于两翼。在封建社会的全盛时期，随着金属武器和设备数量的增多，步兵战术训练水平的提高，西欧各国出现了步兵与骑兵之间的协同作战。

在冷兵器战斗力时代，战争的目的容易达到，一次交战往往就是一场战斗或一场战争。战争的空间和时间上都比较狭小和短促。因此，当时的战略机动往往也就是战役机动和战术机动。所有的作战主体（包括将帅）在作战功能上都十分近似，连将帅也必须具有直接参加战斗的能力。他们既要运筹于帷幄之中，也常需依靠亲身对战场的直接观察。即使军队行动缓慢，也对将帅发挥自己的聪明才智妨碍不大。相对而言，此时的军事技术简单，协作动作简单，军队所受到的限制也比较小。因此，军队能够在相当大的程度上发挥随机应变和临机处置的作用，将帅的主观随意性也往往表现得比较充分，并且对战争产生重要的影响。

简单的武器装备必然造成作战主体之间的简单组合。例如，我国春秋时期步兵的基本编制是"伍"，即以 5 名步兵组成基本单位的"伍"。其人数和排列是以步兵使用的 5 种具体的兵器，即矢、殳、矛、戈、戟为基础的。5 种兵器长短不一，杀伤方式和杀伤距离各不相同，5 名步兵使用并互相配合就能起到攻防结合的最佳效果。在国外，军队还有使用不同武器而且按武器类型分编为营的各种步兵队，比如长矛队、短剑队、狼牙棍队、投石队等。

这个时代，作战指挥十分简单，内容只限于选择战场、排兵布阵、保持队形等，战斗单位之间通信联络，主要是靠狼烟、篝火、灯光、号角、金鼓、旌旗、驿站等最原始的信息传递手段。各级指挥员同时也是战斗员，将帅则位于作战队形的中央，站在高地或骑在马上，个人的行动就是指挥，同时也参加战斗。这种状况决定了人的体能和武器装备的材质对提高面对面的直接杀伤能力至关重要，因此便产生了以其为主导的战斗力生成模式。

提高人和牲畜的体能和数量来增强战斗力。冷兵器的性能与作用范围极其有限，对敌杀伤方式是以弓箭射杀和面对面的刀砍枪刺为主。在这种作战条件下，人和牲畜的体能是战斗力中最重要的能量源，其大小决定着武器效能的高低，其凝聚状态和发挥程度则直接决定战争胜负，提高体能也就意味着提高战斗力。提高体能的一个重要办法是选择身体强壮的人来当兵，只有使"役于官者，莫不皆其壮子弟"，才能做到"师行而馈粮，则未尝食无用之卒"。为了增加兵员数量，春秋时期各诸侯普遍实行"令男二十而室，女十五而嫁"的人口政策来满足战争需求。

改良冷兵器的材质和式样，产生不同类型的作战能力。冷兵器的材质决定了其坚固和锋利程度，改变用料多少或几何形状可以产生不同类型的战斗力。如刀、矛、锤等武器形状的区别，以及弓箭、弩、车、马镫等的变化，都使战斗力的类型和大小发生变化。弓箭把人的体能转化成为弓的势能，使能量由缓慢释放变成瞬间释放进而提高杀伤距离和杀伤力。骑兵将战士的杀伤力与马匹的机动力完美地结合到一起，催生了车战、步战所不能企及的作战方法，如快速机动、猛打穷追、连续突击、千里迂回、两翼包围、远程奔袭等。这些思想和战法反映了对作战能力的高效化和多样化追求。

采用特殊的阵法，完成不同类型战斗力间的优势互补。经过长期的战争实践，人们认识到“兵不杂则不利”的道理，要求“所用之器，必长短相杂，刺卫兼合”，注重将各种长短兵器、抛射和格斗兵器、防护和杀伤兵器进行协调配置，形成了合理的能力互补结构，即各类阵法。阵法作为对不同类型作战能力的组合方式，其本质是通过合理的运行结构完成不同类型作战能力间的优势互补，进而达到增强整体杀伤效果的目的。我国古代的八卦阵、鸳鸯阵，西方的马其顿方阵、瑞典方阵等，都是很有代表性的优秀阵法。阵法的作用不仅在于其对能力部署的合理性，还在于灵活应变能力。坎尼会战中，汉尼拔就是通过阵形变化将敌人逼迫到无法发挥战斗力的境地，从而改变了双方的实际作战效能而取胜的。孙子要求军队作战应如“常山之蛇”，“击其首则尾至，击其尾则首至，击其中则首尾俱至”，直接指出了阵法变换的重要性。

严格的训练和管理，将诸多个体的战斗力凝结为整体。冷兵器时代由人手持兵器对敌直接进行杀伤的基本打击方式，决定了个人与单个武器的结合体为基本的战斗力单元。由于个体杀伤力有限，所以要求将众多个体集合为整体在战场上发挥作用，但是冷兵器的杀伤距离决定了单兵之间的距离不能太远，否则很难形成整体。另外，要在面对面的砍杀中保持战斗队形的整齐划一，军队就必须训练有素、纪律严明。古人对此也极为重视，“以治为胜”，“制必先定”，“虽有明君，士不先教，不可用也”等训练和管理思想应运而生。冷兵器时代军队的一个重要训练内容就是作战行动的统一性训练，以达到“勇者不得独进，怯者不得独退”的“用众”目的。

二、热兵器时代的战斗力生成模式

从石兵器时代到铁兵器时代，军队战斗力在诸要素的影响和推动下，积累了无数细小的量变和许多局部的质变，已经达到了一个临界点，预示着整个战斗力将进入更高的战斗力阶段，而火药的出现，则成为由冷兵器时代向热兵器时代转变的关键性军事科学技术。为了在战争中战胜敌方，军队在生产条件和经济力许可的条件下，都积极寻找对策，改善、改良和制造新的武器装备。公元 7 世纪时，中国发明了火药。13 世纪时，制造火药的技术传入欧洲，14 世纪应用于军事。火药的发明和使用，标志着热兵器时代的到来和开始。但是，中国从北宋到清朝中叶，欧洲从 14 世纪到 18 世纪，仍处于冷兵器和热兵器并用时代，且冷兵器逐渐退场；18 世纪到 20 世纪中叶则正式为热兵器时代。

这个时代，冷兵器时代的长矛和利剑等进攻型武器逐渐发展为火枪和火炮，随后又制造了滑膛枪和滑膛炮，继而又出现了线膛枪和线膛炮，使杀伤能力和射程大大提高。第一次世界大战中，飞机、摩托车、机关枪、重型炮、坦克之类的新式武器的出现，使交战国有史以来第一次使用了由内燃机推进的战斗装备。热兵器的诞生和使用，使炮兵部队、坦克部队等相继诞生。1918 年 4 月，英国首先建立了独立于海军和陆军的空军。各种枪、炮等速射武器的使用,使列阵格斗的队形大大落伍了。这个时代的战术,经历了从横队战术到纵队战术、散开战术、线式战术、疏开战术及合同战术的发展变化过程。因此,战斗面貌也起了新的变化,不再是以军队冲击代表战斗的全过程,而是由火力开始,然后以军队发起冲击结束战斗。为了降低敌人的杀伤能力和提高自己防御的稳定性,除了构筑单兵工事外,还挖掘集体掩体、预备队的工事和掩蔽部等。新式武器的出现和军兵种的增多,仅由将帅个人已不能完成收集情报、制定作战计划和实施指挥,一个专门的机构——司令部由此诞生。起初,指挥方式仍然以将帅面授机宜或派传令兵口头及书面传递为主。后来,通信工具有了很大进步,有线电报、有线电话和以蒸汽为动力的蒸汽机车等近代科学技术相继出现并应用于军事,使高速度的军事运输和远距离的侦察、联络变为现实,军队的指挥管理和指挥效率大为改观。热兵器时代军队的编制体制进一步得到完善,各种枪炮装备部队以及战争规模的扩大,要求作战主体具有一定的军事技术和技能,教育训练更加严格起来。这时候,军队战斗力较之以前有很大提高。

进入热兵器战争时代后,黑火药使武器的杀伤能量开始脱离人体独立存在,杀伤效能大大提高。面对面格斗的杀伤方式被火枪、火炮进行直瞄对射的方式所取代。在这种战争形态下,军队规模、灵活性、火力密度与有效射程等决定着战争胜负,成为战斗力生成模式的重点关注对象。

增加军队数量规模提高战斗力。热兵器时代,军队在火器数量和构造上的优势成为作战中的主要因素。恩格斯在研究了当时的作战规律后指出:“这时候,在一定的平均射击精度的条件下,火器在一定时间内发射的弹数成了决定性的因素。”①显然,在武器性能一定的情况下,人员数量越多,单位时间内发射的弹数也就越多。在当时一般条件下进行的大小战斗中,不论其他条件如何不利,只要有显著的数量上的优势,而且无需超过一倍,就足以取得胜利。在数量规模成为主要优势的情况下,军队战斗力生成模式的一个重要方面也就相应地蜕变成了增加军队的数量规模,无论平时战时均是如此。

增加单位数量军队的杀伤力。在热兵器使用之初,战斗队形仍然沿用冷兵器时代方阵式的横队,目标范围大,容易被击中,射速优于射击精度。尽管线膛枪的精度高,但射速慢,所以滑膛枪仍然是最普遍的武器。当横队战术改为散兵战术以后,滑膛枪由于在中远距离上的射击精度实在太差,逐渐为人们所淘汰。线膛枪得以改进,使得射程、射速和射击精度得到均衡发展。改进后的线膛枪在射程方面可以与当时的火炮相媲美,击穿力增加了三至五倍,一个装备连发枪的排在火力方面等于以前的一个连。无疑,在以火力精度、密度和覆盖范围定胜负的时代,提高武器在这三个方面的指标就是直接提高了战斗力。

增强诸兵种的协调配合。热兵器时代军兵种的种类不多。军种只有陆军和海

① 马克思恩格斯全集(第14集)[M].北京:人民出版社,1974年版,第121页。

军,在各自的战场空间作战,相互间基本上没有联系。陆军兵种主要是步兵、骑兵和炮兵,还有少量的工兵和后勤保障兵种。兵种类型虽少,但各自的功能和任务区分却非常明确,甚至相互间的协调配合方式也比较固定,没有交叉重叠带来的扯皮和竞争现象。在具体作战中,面对选定的突击地域,首先是集中尽可能多的炮兵实施火力突击,然后步兵成密集的战斗队形前进,攻击一经成功,骑兵就迅速冲入突破口以巩固和扩大战果。一旦三个兵种间的相互配合被打乱,行动不能协调,相互间的互补效应便不复存在,那么个别部队的抵抗就变得徒劳无益。因此,"这种队形被破坏的时候就是胜负已定的时刻。"

调整军队编制结构。热兵器杀伤距离和杀伤效能的提高,使战场空间扩大,冷兵器时代延续下来的大方阵队形成为极易被敌人射中的靶子。这些新情况导致战术发生了巨大变化,要求军队在战场上使用较小的、可独立作战的单位以及与此相适应的指挥控制方式。根据这一需求,人们把步兵、骑兵和炮兵合编为军、师、旅级单位。"每一个师就成为能单独作战,甚至对占数量优势的敌人也具有相当抵抗力的一支真正的小型军队。"这种小型单位既可以根据地形灵活地变换横队、纵队和散开队形进行战斗,又使各兵种间的相互支援达到了最大的限度,能够迅速地配置在任何地形上,作战行动的灵活性大大增强。

三、热核武器时代的战斗力生成模式

随着大工业时代的出现和迅猛发展,世界各国为了攫取军事上的主导权,纷纷把先进的科学技术和先进的工业设备优先用于军事和生产现代化的武器装备。1945 年 8 月,美国在对日本的作战中,首次在世界上使用了原子弹,标志着核武器时代的到来。但真正全面进入热核武器时代是在 20 世纪 50 年代,其主要标志是 1952 年和 1953 年,美国和苏联两国相继研制成功氢弹。从 20 世纪 50 年代至 80 年代初,为热核武器时代。

第二次世界大战以后,世界发达国家把钢铁、生化、电子、声波武器汇集一域,各种武器竞相发展。战略核武器的出现和发展,原子弹、氢弹的发展及中子弹的研制是这个时代的标志。各国在发展核武器的同时,也十分注意对原有武器的改进。飞机、大炮、坦克、军舰乃至步枪等武器装备,不仅火力更强,准确性更高,机动性更快,隐蔽性更好,而且也出现了不少新种类。尤其是无线电定位和导航装置,以及其他通信器材的迅速发展和在军事上的广泛应用,使目标的搜索,火箭、飞航式导弹等的发射与引导,飞机和舰艇的领航,指挥和武器操纵的可靠性与效率的提高等,都取得了惊人的成就。特别是核技术的进步,还推动了潜艇、航空母舰和巡洋舰动力系统发生了革命性的变化。例如航空母舰采用核动力后,其排水量可达数万吨乃至 10 万吨,搭载飞机近百架,战斗力远远超过常规动力航母。常规潜艇的航速一般不超过 16 节,续航能力一般不超过 2 万海里,而核潜艇最高航速可达 42 节,续航能力则高达 20 万海里以上,可在水下持续活动几个月。

热核武器时代，新的军种和兵种不断出现，军队的编制体制发生明显变化。作战主体的分工也越来越精细，并要求他们应具有较高的文化水平和各方面的科学基础知识，掌握较高的军事技术和技能。军事教育训练已提高到战略地位。战争的规模和武器杀伤力的明显扩大，使作战主体的意志、心理训练显得更加重要。

热核武器时代战争呈现出立体战、合同战、总体战的新特征，战争的突然性和破坏性增大。在合同战术的基础上增加了核打击和核防护的内容，更加强调火力突击、战术机动、装甲防护，广泛使用空降兵，夜间战斗更加频繁。诸兵种的合同战斗又发展为诸军兵种的协同作战。军队的协同作战能力、快速反应能力、野战生存能力、电子对抗能力、后勤保障能力等不断增加新的内容。

热核武器时代战斗力诸要素发生了明显变化，使战斗力整体水平提高到一个新的、高级阶段。正如爱因斯坦所说："通过原子能的释放，我们这一代已经给世界带来了自从史前人类发现火以后最大的革命力量。"①核武器的大量使用将对人类自身的生存带来巨大威胁，从而使其实战运用受到了很大制约。但核武器对于提高一个国家的国际地位、遏止战争爆发或升级等，仍具有不可替代的重要作用。

四、信息化时代的战斗力生成模式

世界范围内新科学技术革命的崛起，有力地冲击着军事领域，对军队战斗力产生了深刻而又广泛的影响，并使其呈现着新的发展大趋势。军队战斗力呈发展大趋势的内容是多方面的，但基本的大趋势是战斗力生成模式进入了信息化时代。

在 20 世纪前半期，世界上出现了一个高度精密的现代科学体系。这个科学体系以相对论和量子力学为核心，包括原子核物理学、凝聚态物理学、化学物理、生物化学、分子生物学、天体化学、地球化学、大气化学、现代宇宙学、现代地质学、模糊数学等基础学科以及现代材料科学等许多应用学科，还包括系统论、控制论、信息论等横断学科，是一个相互渗透、相互融合的有机体系。这个科学体系为相应的技术体系的诞生和应用，奠定了坚实的基础，开辟了广阔的道路。在新科学技术革命蓬勃兴起的过程中，信息技术、生物技术、新材料技术、新能源技术、航天技术、海洋开发技术等正在迅速成长。这些新科学技术相互促进、相互渗透，形成一个技术群，共同对军事领域发生影响。其中，信息技术居于整个新科学技术体系的首脑和心脏的地位，它制约甚至决定着其他科学技术的发展。40 年代末 50 年代初，电子计算机在美国研制成功并应用于军事领域；1971 年美国又研制出第一块微处理器，微型计算机得到迅速发展。从此，以电子计算机为核心的自动控制装置不仅逐步得以完善，而且取得了独立的存在形式。与此同时，信息要素也从战斗力其他要素中分化出来，相对独立，成为战斗力中的一个新的要素，甚至是核心要素。

进入信息战斗力时代的自动武器装备体系，已经不是从前那种比较简单的、单

① 许良英等编译. 爱因斯坦文集(第 3 集)[M]. 北京：商务印书馆，1979 年版，第 203 页。

参量调节的、自动化程度不太高的武器装备体系，而是由电子计算机控制的、多参量全自动的、取代了人的部分脑力劳动功能的武器装备体系，是人化了的智能武器装备体系。这种质的变化，可以称得上是一种革命性的变化，对军队战斗力发展产生了巨大的推动作用。信息技术的广泛应用，使得军事领域有相当大的一部分作战主体从事军事信息工作，战斗力中有相当大的一部分是由军事信息部门或靠军事信息创造出来的。军事信息技术将会发挥着越来越重要的作用，也将会使军队战斗力发生质的飞跃，即从热核武器时代进入信息化时代。信息化战斗力的特点主要体现在战斗力诸要素发生的明显变化之中，具体表现为以下五点：

其一，作战主体表现出新特点。作战主体在信息化时代已经并将继续发生许多明显的变化，呈现出许多新的特点：一是作战主体的因素将更多地通过"物化"形式表现出来。现代科学技术的发展，使作战主体的智慧和技巧越发成为创造性的物化劳动，并且使其作用在更广阔的领域和更高的层次上得到充分发挥。作战主体借助电脑等先进的技术装备，提高大脑功能，延伸其他器官。这种日益高级物化劳动的结果，将把战争推进到高技术时代，并出现更多的智能化的武器装备。军队直接投入战斗的作战主体相对减少，而作战效能却成倍地增长。二是作战主体的因素将以超前对抗形式显示其威慑力。现代战争，依靠军队的强大力量战胜敌方。未来的战争中，智能角逐的成分越来越大，作战主体的因素将通过制定军事战略、作战理论和讲究谋略来展现，通过掌握高度发达的科学技术和威力巨大的高、精、尖技术兵器，力图给对方构成一种威慑，使其不敢轻举妄动，或者在战场上以智慧的力量战胜对方。由此可见，战前的较量即超前对抗已成为战争准备的重要组成部分，并成为战胜对方的重要手段。三是作战主体的因素将更多地在间接对抗中发挥作用。现代条件下的战争，既要依靠与之相适应的战争能力，又需要雄厚的支持战争的潜力；既需要直接参战者，又需要战争的组织者和保障者。未来战争中，由电脑控制的自动化兵器日益普及，兵器的打击距离不断延伸，敌对双方直接对抗活动减少，间接对抗活动增多，作战主体的因素在"幕后"所起的作用越来越重要。四是群体智能的较量更趋明显。作战主体把高技术战争推上历史舞台，高技术战争又要求由与之相应的作战主体来驾驭。但是，这个作战主体不是指军人个体，而是一个军人群体，即一个军人群体智能的综合体。在未来战争中，既需要多学科的联合与协作，同时也需要多学科的专家组成"智囊团"，处理大量军事信息，进行科学决策，指导或指挥战争。作战主体因素所表现出的这些新特点，构成了作战主体素质的必然要求，即需要造就高素质的作战主体，使其知识结构更趋合理与科学。

其二，智能武器占据重要地位。进入信息化时代，武器装备将发生新的质变，以高科学技术的物化形式出现，以智能兵器作为标志。武器装备将向多层次、多方向、多功能的复杂结构发展，成为一个整体上综合配套的大系统，主要包括软杀伤型武器和硬杀伤型武器。软杀伤型武器是以计算机病毒为代表的网络攻击型武器和以电子战武器为代表的电子攻击型武器；硬杀伤武器主要是指精确制导武器和各种信息化作战平台。精确制导武器能够获取和利用目标的位置信息，进行弹道修正并准确命中目标。信息化作战平台，装有大量的电子信息传感设备，并与指挥控制系统联网。它们集侦察、干扰、欺骗和打击于一体，既可实施战场探测，为实施精确打击和各种战场行动提供目标信息，又可实施信息攻防作战。核武器日益朝着高精度、小型化方向发展。武器装备的费用日益昂贵。新的空间武器将会逐渐问世，超级大国的太空军事计划将走出实验室，逐渐加快部署的步伐。争夺空间的控制权将是未来信息化战争的首要作战行动。空间领域将成为反卫星、反卫星导弹、定向能武器（包括激光武器、粒子束武器）、动能武器等新一代战略武器的战场。大量新概念武器会不断涌现和应用于战争。这些新概念武器具有与传统武器完全不同的杀伤和破坏机理，它不以大规模杀伤对方人员的生命为目标，而是通过使对方的作战人员和武器装备丧失作战功能，或通过改变敌国的生态和自然环境来达成战争目的。如次声波武器、电磁波武器、激光武器和气象武器等。执行各种作战职能的“机器人”将充斥战场。作战主体能按自己的意志指令武器杀伤目标，智能武器能“提醒”和帮助作战主体选择最佳行动。

其三，作战空间急剧拓展。随着航天技术特别是以计算机技术为核心的信息技术在战争中的应用，战场空间发生了新的变化，不仅从陆、海、空三维物理空间扩展到了外层空间，而且新的作战空间——信息空间（电磁空间、网络空间和心理空间）正在悄然形成。信息化战争将以质量取胜取代传统的数量取胜。战争在空间上将是立体战、合同战和总体战，时间上表现为更大的突然性和速战速决。战略专家预测，随着军队机动能力的增强，未来地面战场，一小时能决定战斗胜负，一天将决定战役的结局，一个月甚至更短的时间将决定一个国家的命运。同时高科技与和平力量的发展，核武器的恐怖与高技术兵器的并存，以及受到一定的政治、外交的限制，将制约着战争的规模和范围，使局部战争呈小型化趋势。在国家利益上升为各国决策压倒性因素的21世纪，通过高技术兵器以较小的规模完成达到一定政治目的的军事行动，或者以高、精、尖技术兵器构成强大的威慑力量达到“不战而屈人之兵”的目的，将是未来战争的主要样式。国际关系结构和战略格局将进一步向“多元化”发展。战争的主要形态是核威胁下的各种级别、规模、时限和强度的常规有限战争与武装冲突。战争的难度将大大增强。传统的争夺目标不会减弱，争夺的主要方向将更多地转向海洋和敏感地带等。

其四，指挥控制手段高度自动化和智能化。其标志是C^4ISR系统的高度成熟和发展。C^4ISR系统将真正实现侦察监视、情报收集、通信联络和指挥控制的无缝链接，构成作战指挥与控制的信息高速公路，确保指挥员实时地感知战场情况，定下决心，协调、控制部队和武器平台的作战与打击行动。计算机是自动化指挥控制系统的核心，是实现智能化作战指挥的基础。未来的计算机功能，将由运算、存储、传递、执行命令转向思维和推理，并代替和延伸人的脑功能，从而为作战指挥提供更加先进的智能化手段，使作战指挥与控制真正进入自动化、智能化的时代。

其五，军队组织将高度小型化和一体化。一是军队的规模将加速小型化。在未来信息化战争中，由于军队的作战力极大提高，小规模的高度一体化和智能化的军队，即可完成过去由数量庞大的军队才能完成的战略使命。因此，军队的总体规模将大幅度缩小，建制规模将更加小型灵巧。二是军队的编成将高度一体化。未来军队编成的一体化主要表现为，按照系统集成的观点，建立"超联合"的一体化作战部队。军队的编成，将打破传统的陆、海、空、天等军种体制，按照侦察监视、指挥控制、精确打击和支援保障四大作战职能，建成探测预警子系统、指挥控制子系统、精确打击与作战子系统和支援保障子系统。这四个子系统的功能紧密衔接，有机联系，构成一个大的一体化作战系统。

信息化战争是由以信息技术为代表的现代科学技术直接引发和推动的。它以信息技术为基础，以高技术武器装备为支撑，以支配、控制信息和以信息引导能量释放为主要手段，努力提高军队的非对称、非接触杀伤能力。这种力量形态及组合方式催生了信息化条件下的战斗力生成模式。

充分发挥信息的主导作用，将各种不同类型的作战单元集成为一体化的作战体系。信息的主导作用主要体现为信息流主导物质流和能量流，即先有信息流动，而且流动的信息所反映的内容代表或决定着物质和能量的流动。在信息技术不发达的时代，信息流的速度比物质流和能量流快不了多少，信息主导不了物质和能量。随着信息技术的高度发展和广泛应用，信息可以脱离它所反映的事物而独立存在，并以光速传播和实时共享，信息主导成为可能。信息主导体现在战争中，就是以军事情报信息流来反映和决定各部队的作战行动及其用于摧毁敌方目标的能量投向和投量，最终将各种不同类型的作战能力集成为相互依赖、相互影响的一体化的作战体系。因此，信息化军队战斗力生成过程中各要素的作用效果，不仅与其自身的性质和大小有关，更取决于主导信息的优势情况，战斗力生成模式也就自然地将充分发挥信息在战争中的主导作用作为其总体要求。

加强和创新信息化条件下的作战理论，确保战斗力生成方向的正确性和功能的超前性。一套严密、系统的作战理论能够比较全面地照顾到战斗力生成的方方面面，而那些不顾理论需求、在实践中跟着感觉走的办法，容易导致顾此失彼，最终陷入重复建设或死胡同。从纵向上讲，先进的作战理论往往关注未来10—20年的战争发展，这是在当前发展速度下基本上可以预测的时间段，也是新一代武器装备从立项到装备部队并形成战斗力所需的大概时间，以此作为未来作战理论研究的着眼点，能够较好地照顾可行性和超前性两个方面。在横向上看，信息时代战略战役战术等不同层次、海陆空军等不同类型的作战理论间都应该具有一致性。这主要是由于信息化战场空间由三维发展为陆、海、空、天、电"多维一体"，各种作战力量之间必须实现紧密融合才能形成信息主导下的整体作战能力，要求它们在保持自身特色的同时寻求作战理论上的一致性，并以理论上的一致性牵引战斗力建设和使用上的统一性。这样可使各军种从统一的作战理论出发，研究开发出适应自身特点的个体具体作战理论，既保持了军种间联合作战思想的一致性，又满足了各自作战的实际需要。

开发高性能、多样化的武器装备，为信息化军队战斗力生成提供物质支撑。科技对战斗力的一个最重要影响就是改变武器装备的性能、样式和作用机理。现代武器装备的性能档次相差悬殊，在战斗力生成过程中占据越来越重要的地位。当今世界各军事强国无一例外地将高技术武器装备作为推动其战斗力生成的根本着力点，强调通过武器装备的发展实现作战能力上的突破。事实上，战斗力作为用于摧毁敌方目标的物质暴力，其生成过程中任何一个步骤的实施、任何一项具体能力的获得，都离不开技术支撑。信息时代，通过一些特殊技术的应用，军队获得了许多不同类型的针对性极强的作战能力，如石墨炸弹、反辐射导弹、电磁脉冲弹等可以提供对付某一特定类型目标的专用能力，极大地改变了战斗力形态，提高了作战效能。因此，通过先进的科学技术开发高性能、多样化的武器装备为战斗力生成提供物质支撑，就必然地成为信息化军队战斗力生成模式的一个重要方面。

通过小型、多能、通用的模块化编组结构，实现战斗力各要素在战场上的灵活组合。信息化战争是典型的非线性、非接触、非对称作战，要求军队既能在广阔的战场空间内进行分散部署，又能将各自的作战能力融入作战体系以发挥整体效能。这就要求基本作战单元必须具有极强的灵活性和广泛的适应性，能够根据战场需求迅速调整自身位置及与其他作战单元间的关系。显然，机械化时代那种适应于线式、浅纵深战场作战的固定式大兵团编组是达不到上述要求的，需要用小型、多能、通用的模块化编组结构来实现各要素间的灵活组合。在信息化战场上，各个小型作战单元可以通过网络实时协调其作战行动，并不影响实际的火力集中，而且采用多种类型作战单元的混合编组必然具备遂行多种作战任务的能力。更重要的是，标准化的小型作战模块一般不需特别的战前调整就可以和其他作战单元实施联合行动。在实践中完全可以按照作战环境和任务需求，选取具备特定功能的作战模块进行合理的积木式组合。这种编组方式的实用性很强，随时可以根据任务需求进行功能和数量上的增减调整，能灵活地应付不同性质、不同强度的多种冲突，并在遭受打击后迅速进行“重组”或“重构”，使作战集团具有很强的针对性和灵活性。

总之，从冷兵器时代的刀剑角力，到热兵器时代的炮火连天，再到信息化时代的智战决胜，伴随着人类社会的发展，军队战斗力生成模式的具体着力点也在不断地发生着变化。这种变化的本质反映了人类对战斗力生成规律的把握和对不同时代客观历史条件的充分利用，其中也体现了人类对更强的能力、更快的速度、更好的效果、更大的节约等战斗力目标的普遍追求。

第三章　战斗力生成模式的系统分析

从系统科学角度来说，模式通常是指构成事物的某些要素存在着一定的稳定结构和结合方式。从实践意义上讲，是研究某些问题一种系统化理论化的思路、方法，是达成某种目的需要遵循的一种规范、手段或原则。将模式的思想运用在战斗力形成领域，就是战斗力生成模式，即指在军队建设和发展过程中，形成军队战斗力所遵循的一种思路、方法和规范。要认识战斗力生成模式，必须对战斗力系统进行全面的分析。

一、战斗力系统要素梳理

系统科学认为，任何事物都是由诸多要素构成的体系，这些要素存在着一定的结合方式，从而使其具有一定的功能。军队战斗力系统也是如此，军队的战斗力系统也是一个由诸多因素构成的复杂系统。具体来说，军队战斗力系统的构成要素有实体性要素、渗透性要素、组合性要素。每一个要素都有着丰富的内涵。要科学地了解战斗力的生成模式，需要对战斗力系统的每一要素进行深入的梳理。

（一）实体性要素

战斗力的实体性要素通常是指作战主体、武器装备、作战附属条件。实体性要素是战斗力系统的最基本的要素，是战斗力存在的基础，没有实体性要素，战斗力是无源之水、无本之木。

1. 作战主体

在哲学意义上讲，主体是相对客体而言的一个范畴。客体的人类活动所指向的对象，分实践客体和认识客体。实践客体是指人类实践活动所指向的对象，如自然客体、社会客体等。主体是处在一定社会关系中从事认识活动和实践活动的人。分个人主体、集体主体和人类主体。在军事实践活动中，军事活动的主体就是指处在一定社会关系中参与军事作战活动的人。

人总是存在于一定社会关系中，正如马克思所说，“人的本质不是单个人所固有的抽象物，在其现实性上，它是一切社会关系的总和”①。军队作为一种政治性的武装集团，构成军队的主体必然要体现出其政治性。同时，军人的精神要素、科学文化素质也是其重要构成部分。可见，军队主体是具有一定的政治觉悟、军政素质和科学文化素质，能够掌握和运用武器装备、作战手段或其他形式，直接或间接地参加战斗的军人。

---

① 马克思恩格斯选集（第1卷）[M]. 北京：人民出版社，1995年版，第60页。

军队是一个复杂的大系统，内部存在着不同的分工，存在不同的军种，每一军队又分有不同的部门。所以，参与军事作战活动的人也是多样的，既包括直接使用作战工具进行战斗的官兵，也包括不直接参加战斗，但在战斗开始前后的各个环节上发挥着一定作用的军人。例如，参加战斗后勤保障工作的医务人员、军用仓库保管人员、研制武器装备人员、政治工作干部、宣传干部等。他们虽然不直接参加战斗，但执行着组织、指挥、协调等职能。

战斗力系统是一个人与武器装备紧密联系的统一体。在这个体系中，武器装备对战争的胜负产生着重要的影响，是衡量战斗力系统作战水平的一个重要标志，但不是决定因素。在战斗力系统中，作为作战主体的人依然是最活跃、最能动的因素。无论战争形态如何变化，战争胜负的基本规律是不变的，即进行战争的主体人才是战争制胜的决定因素。战略方针的制定、战术方法的选择、武器性能的发挥，都是人的能动因素的发挥。正如恩格斯指出："枪自己是不会动的，需要有勇敢的心和强有力的手来使用它们。"①这说明，再先进的武器装备，一旦离开了人，将是死的东西，不会发挥其任何效能，是废铁一堆。

军队作战主体本身就是一个物质与精神的统一，是体力与智力的统一，是身体素质与精神素质的统一。

良好的身体素质是作战主体的基础，是其他要素的载体。不论是直接从事战斗的军人，还是间接参与战斗的军人，都应具备一定的体力，需要有良好的身体素质。克劳塞维茨在《战争论》里曾经论述了战争中劳累对人智力的影响。他说，如果让一个人在冻得四肢麻木或渴热难当、饥饿难忍和疲劳不堪的时刻来判断战争中的事件，那么能够得到的在客观上是正确的判断的机会很少。同时，他还指出：体力，是一切力量的系数，正像只有弓箭手强大的力臂才能把弓弦拉得更紧一样。

作战主体的身体素质是其本身所固有的、运用于战争实践之中的物质力。战争中的作战主体，首先是一种客观的物质力量，是一种有自觉能动性的物质力量。作战主体的身体素质包括速度、力量、灵敏、耐力、柔韧等。速度是主体行动的快慢问题。在军事斗争中，自古都是以快打慢，无论是冷兵器战争还是现代的信息化战争，都是如此，加强军人主体反应速度的训练是军事训练的重要内容。力量是主体在军事活动中力气的大小。不同时代的军事活动对军人气力的要求不同。在冷兵器时代，力气的大小对军队战斗的胜负有着直接的影响，有时甚至是决定性的要素。在历史上，许多勇将都是气力比较大的人。在武术谚语上所谓"会拳的怕有力的"就是讲力气在军事斗争中的重要意义。今天，尽管面对面的厮杀没有了，或比较少，也就是说，拼力气的作战少了，但是，对武器装备的使用，搬运、安装，哪个环节不需要气力？哪个环节离开力气会自动完成？军事活动依然是体力支撑下的活动，没有体力，就是一粒子弹，也不会上膛！可见，拥有一定的气力依然是军事主体

① 马克思恩格斯全集(第16卷)[M].北京：人民出版社，2008年版，第211页。

的基本要求。灵敏度反映的是军事主体对外界刺激的反应能力。军事活动是在知己知彼的基础上进行的,需要对内部和外界发生的情况及时了解和把握,并做出正确的判断,这就需要有良好的对信息的敏感度。耐力也是如此,军事活动往往是一种持续性的活动,作战的胜负往往比的就是耐力,军事主体的耐力是赢得战争胜利的基本要求。可见,军事主体的身体素质是实现战争的基本条件,良好的身体素质对赢得战争的胜利有着重要的影响,不仅在冷兵器时代是如此,在现代化战争中同样如此。现代战争虽然武器装备先进、机动性强,但战争实践的残酷性、劳苦性、危险性依然没有改变,军人依然时刻面临着紧张、恐惧、死亡的威胁。在这个过程中,军人犹如竞技场上的运动员,体力的消耗量巨大,如果没有坚强的体魄、充沛的精力是难以接受战争的考验的。

在我军历史上,有许许多多杰出的将帅和大批优秀军事人才,在长期的革命战争过程中,经受着残酷的战争考验,忍受着艰难困苦战斗生活的超强度体力消耗,承受着对心力的极大消耗,给人们留下了深刻而难忘的印象。在高技术条件下的战争,战场的空间更为广阔,环境要素复杂多变,不确定要素增加,军事行动的快速性、机动性,要求军事人才的身体要能承受高强度的体力消耗,只有身强体壮,才能适应残酷、劳累、异常紧张的军事生活,才能在危急关头迅速做出反应而决断;如果没有强健的体魄、持续的耐力、顽强的意志就难以完成各项作战任务。在 1982 年的英阿马岛战争中,英海空军之所以能在当时气候恶劣的马岛作战,其中部队的身体素质较好是一个重要原因,英军伞兵第 2 营主力向达尔文港推进时,每个士兵负重 50 多公斤,在沼泽地和严寒条件下进行长途徒步行军,如果没有良好的身体素质,是难以实现的。

精神素质也非常重要。孙中山先生曾经说过:“武器为物质,能使用此武器者,全恃精神,两者相比较,精神能力实居其九,物质能力仅得其一。”[①]德国著名军事理论家克劳塞维茨认为,“物质原因和结果不过是刀柄,精神的原因和结果才是真正的锋利的刀刃。”[②]战争历来是充满危险、劳累和不确定性的领域,精神要素极为重要。精神要素是多方面的,不同的国家要求虽有所不同,但也有其共性。一般来说,政治素质、爱国主义情怀、科学文化素质、战斗精神、指挥艺术以及心理素质等是其主要组成部分。

军队是建立在一定经济基础之上的政治设施,是执行国家政治任务、实现国家政治要求的武装集团,是维护国家利益和统治阶级的工具。军队的这些特点使军队必然要体现国家的政治意志、意识形态和社会制度等的要素。有人以为,西方一些国家已经是“军队国家化”,似乎军队与政治无关。岂不知,西方的军队依然是政治上层建筑的一部分,维护统治阶级的利益,实现统治阶级的意志是其必然要求。

① 戚厚杰. 以对联为革命武器的孙中山[J]. 钟山风雨,2006 年 3 期,第 2 页。
② 克劳塞维茨. 战争论(上卷)[M]. 北京:解放军出版社,1996 年版,第 65 页。

西方国家政党的轮换改变的只是一些治国策略调整，并没有改变它们资产阶级政党的性质，也没有改变它们相对稳定的政治制度、政治体制、政治路线和社会意识形态。国家的一系列政治制度、意识形态等，无论哪个党来执政，都必须遵守。所以，政党依然要落实和执行国家的宪法、国家的一系列成文的法律。军队依然是国家的军队，要听从国家领导人的指挥，例如，美国规定了总统是军队的最高统帅，三军将帅必须服从总统的指挥；我国则坚持了党对军队的绝对领导，坚持军队为党、为国与为人民的要求，都体现了军队的政治要求。

军人的政治素质同样是军队的政治要素的组成部分。军人的政治素质主要是指军人担负军事智能、履行军人职责的观念体系，例如，军人的核心价值观、政治信仰、道德品质等。军人的政治素质在现实中主要表现在服从国家的需要，服务国家，例如，西点军校的"责任、荣誉、国家"，法军提倡的"纪律、忠诚、献身"以及日本自卫队倡导的"忠节、奉公灭私、以国为家"都是对军人政治素质的基本要求。当前，我军提倡"忠诚于党、热爱人民、报效国家、献身使命、崇尚荣誉"的革命军人核心价值观教育都是为使我军能够保持良好的政治素质。军人的政治素质良好，有利于提高军人活动的自觉性，是听从指挥、勇于战胜敌人的重要前提。

爱国主义是一种高尚的道德感情，一旦形成信念，就会产生巨大的热情，去为祖国的安宁、人民的幸福而战斗。这种道德情感是一种奋发的、积极的、热烈的、不可抗拒的精神力量，是人产生与实现远大理想和处理好个人与国家、集体与国家关系的基础。列宁曾经指出："爱国主义就是千百年巩固起来的对自己祖国的一种最深厚的感情。"①这种感情不是抽象的存在物，而是有着活生生现实的表现，这种表现往往体现在反对侵略、维护国家的独立与尊严以及献身国家解放事业等具体实践中。在历史上，我国涌现出了无数爱国将士，从抗金英雄岳飞的"精忠报国"到抗元英雄文天祥的"留取丹心照汗青"，从林则徐的虎门销烟到义和团抗击八国联军，他们都将国家的尊严看得至高无上。在抗日战争中，为了抗击日本帝国主义的侵略，也涌现出了无数的爱国将领，他们为国家的独立和尊严有的献出了生命，有的贡献了青春。他们的爱国精神永远激励着后人。正如江泽民同志在纪念抗日战争胜利50周年座谈会上曾经指出的，"中华民族有着深厚的爱国主义传统，这是我国各族人民风雨同舟、自强不息的强大精神支柱。50年前，正是在爱国主义精神感召下，为了不当亡国奴，誓死挽救民族危亡，举国上下，各阶级、各党派、各民族万众一心，一致对外；正是在爱国主义精神感召下，广大抗日军民不怕牺牲，前赴后继，用血肉筑成新的长城，粉碎了日本帝国主义者妄图灭亡中国的迷梦。在进行改革开放和现代化建设的新时期，我们仍然需要大力弘扬爱国主义精神"②。

---

① 列宁选集(第3卷)[M].北京：人民出版社，1972年版，第608页。

② 中共中央文献研究室编辑.江泽民论有中国特色社会主义(专题摘编)[M].北京：中央文献出版社，2002年版，第404页。

科学文化素质是军事人才成长和发展的基础素质。一个人素质和能力的提高，很大程度上受文化知识、科学技术的影响和渗透。军人如果具有较高的文化水平、深厚的理论功底和高新科技知识，就能冲破传统的思想束缚，克服盲从迷信，促进观念变革，形成科学的逻辑思维；能把现代科技知识、管理知识应用于军事领域，使战役指挥、驾驭全局、临机处置的科学决策能力得到提高；就能制造出新的武器装备，熟练掌握运用各种武器，产生对付敌人的科学谋略和对策。克劳塞维茨在论述战争的性质时对军人的科学素质在战争中的作用给予了明确的说明，他说："战争无非是扩大了的人的一种搏斗。战争是迫使敌人服从于我们的一种暴力行为，是用技术和科学的成果装备自己来对付暴力。没有科学技术的武装，要对付敌人的'暴力搏斗'是难以想象的。"①可见，科学技术知识是一种装备军人的精神力量，是打赢战争的必要手段。在历史上，推动战争形态转变的是科学技术，提升军人军事能力的也是科学技术。未来战争将是浓缩了高科技知识的战争，科学技术将得到更广泛的运用。20 世纪 90 年代以来打的几场局部战争本质上是高技术战争。不掌握科学技术知识，没有良好的科学素质，要打赢现代战争是一句空话。为此，江泽民指出："要打赢现代技术特别是高技术条件下的局部战争，不懂高技术，缺乏高技术知识，是不行的"；"学习和掌握高科技知识，是摆在我们面前的一项紧迫的战略任务。"他要求全军同志要"充分认识它的重要性，切实增强学习的自觉性，真正形成热爱高科技、学习高科技、运用高科技的浓厚空气，努力培养适应军队现代化建设和高技术条件下作战所需要的各类人才"②。这是江泽民深刻分析了未来战争形态、战场环境、作战手段等问题之后，对军人提出的要求。所以，大力提升军人的科技素质，是军队建设的必然要求，科学文化素质的高低已经成为衡量军队现代化建设水平的一个重要标志。

军事素质是作战主体所具备的有关与军事专业相关的知识、技能和素养的总和。军事行动与普通人的日常生产和生活的其他行动不同，军人活动的目的是通过武器装备来打击敌人，保护自己的活动。有效地消灭敌人、保护自己是军事活动的一般常态。如何能够有效地消灭敌人，除了先进的武器装备以外，人与武器的结合程度、军人的军事素质是其重要组成部分。军事素质是军事人才履行职责的"功能部"和"战斗部"，是新型军事人才全面素质的核心。过硬的军事素质是军事人才实现军人价值的基本条件，更是履行军人使命、赢得未来战争胜利的关键所在。不同的军人由于其所处的地位、岗位、军种的不同，对其军事素质的要求也不一样。例如，对于陆军的狙击手来说，过硬的军事素质最起码要有敏锐的观察力、孤军作战的勇气、视力好、反应快、沉得住气、打得准等。而对于一个指挥官，特别是高级指挥人员，其军事素质要求更高，正如江泽民指出："军队干部，尤其是高级干部，指

① 克劳塞维茨. 战争论(上卷)[M]. 北京：解放军出版社，1996 年版，第 7 页。

② 顾伟. 军事科技与新军事变革[M]. 上海：复旦大学出版社，2004 年版，第 3 页。

挥千军万马，责任重大，必须有较高的马列主义、毛泽东思想和军事理论水平，有较高的组织指挥才能，有较强的训练部队、管理部队的能力。”[①]对现代高技术条件下的战争来说，军队高级人员必须能够纵观战争风云，洞察现代战争的本质，把握现代战争的特点，善于总结和吸取现代战争的经验教训，才能指挥作战、管理训练部队，赢得战争的胜利。

战斗精神也是军人的重要品质。早在2500多年前，我国著名军事家曹刿就指出“夫战，勇气也”，强调了作战靠的是勇气。《孙子兵法》强调“故三军可夺气，将军可夺心”[②]，这里的“夺气”就是军人的士气，“夺心”就是将帅的战斗精神。战斗精神是官兵在战斗中表现出做出反应来的思想境界、精神状态、敢打必胜的信念和勇于自我牺牲的精神；战斗精神是军队战斗力的灵魂。英国著名军事家利德尔·哈特在其《战略论》里指出：“在战争中的英勇行为，可以算是一种最有效的武器，一方面可以减弱敌人的抵抗意志，另一方面又可以提高本身的精神力量。”[③]强调了战斗精神对作战的影响。

20世纪90年代以来的几场局部战争，战争结局出现了技术优势一方压倒性地战胜另外一方的局面，一些人心里产生了技术决定论的思想，以为在高技术条件下决定战争的因素是武器，而不是人，唯武器论的观点一度回潮，认为只有高技术才是赢得战争的唯一手段。然而，海湾战争结束后，美军国防部给国会提交的报告指出，“在海湾战争中，有什么其他的因素显示了重要意义？首屈一指的是人”，是“青年男女士兵在战场上表现的勇敢牺牲精神”。美陆军上校沙利文也说：“即使在信息时代，主导战争行动的仍然是人。技术装备的变化，不会导致勇气、无私精神、战友之情和领导能力等作用的消失。”这些都说明，即使在现代高技术条件下，“决定战争的因素是人而不是物”，正像恩格斯曾经指出的：“枪自己是不会动的，需要有勇敢的心和强有力的手来使用它们。”[④]这些重要论述都说明，即使在高技术战争条件下，战争依然是人与人之间的较量。高技术改变的是战争的形式，高技术延长的是人的器官，而没有改变战争依然是人与人之间的对抗，冰冷的武器后面依然是人。战斗精神，依然是信息化条件下夺取战争胜利的重要条件。

机动灵活的作战艺术也是构成军人素质的重要品质。老子曾经指出：“以正治国，以奇用兵。”“正”是指法制、规章制度，“奇”讲的是谋略。孙子在继承老子奇正思想的基础上，进一步指出：“凡战者，以正合，以奇胜。”“战势不过奇正，奇正之变，不可胜穷也。奇正相生，如环之无端，孰能穷之哉。”[⑤]这些重要论述说明了一个深刻的战争哲理：作战不仅有主动权，也应有机动权。出奇制胜、灵活机动始终是赢

---

① 卫宗沛.江泽民军事人才思想研究[M].北京：解放军出版社，2004年版，第67页。

② 齐豫生.孙子兵法[M].北京：北方妇女儿童出版社，2006年版，第20页。

③ [英]利德尔·哈特.战略论[M].北京：战士出版社，1981年版，第172页。

④ 马克思恩格斯全集(第16卷)[M].北京：人民出版社，2008年版，第211页。

⑤ 齐豫生.孙子兵法[M].北京：北方妇女儿童出版社.2006年版，第16页。

得战争胜利的重要法则。战争是动态的，所谓“兵无常势，水无常形”，能因敌变化而取胜者谓之神。毛泽东领导红军取得“四渡赤水”的伟大胜利，使红军最终摆脱被动挨打的局面，其根本原因在于毛泽东采取了灵活机动的战略战术。敌变我变，避实击虚，出其不意，攻其不备，纵横穿插于敌重兵之中，不断调动敌人，使其始终处于疲于奔命的境地，真正实现了毛泽东同志所说的“完全主动作战”，在战争舞台上演出了一幕幕威武雄壮的活剧。

在高技术条件下，战场的空间更大，立体性更强，涉及的兵种和武器装备更加多样。高技术兵器的命中精度高、射程远、反应速度快，机动性好，特别是信息技术的广泛使用，使战场系统更加复杂多变，充满了变数。在这种情况下，实时指挥、实时打击、实时机动成为打赢战争的基本条件。特别是面对强敌的时候，不能很好地应变，难以掌握主动权，被动挨打的局面就会发生。在海湾战争和伊拉克战争中，伊军之所以处处被动挨打，就是因为其指挥系统被破坏以后，军队失去了主动和机动的能力。反之，在科索沃危机中，南联盟军队面对以美国为首的北约军队，利用高山和丛林的掩护，适时地机动，躲闪不定，在北约军队长达 70 天的狂轰滥炸的情况下，利用灵活机动的战略战术，与敌人进行了卓有成效的对抗，较好地保存了自身的地面重装部队，并以击落 F-117 隐形战斗机的事实，打破了高技术武器不可战胜的神话。可见，良好的战斗力不仅强调高技术武器装备的先进性，还需要加强灵活机动作战艺术，将军队武器装备的硬件建设与灵活机动的作战艺术有机结合。

军人的心理素质，是指表现在军人身上的经常的、稳定的、本质的心理特征和品质，诸如兴趣、气质、风度、情感、性格、态度、意志、胆识、魄力等心理特征和行为表现。心理素质过硬也是作战主体的一个重要素质。打胜仗固然需要先进的武器装备、灵活的战略战术和高超的指挥艺术，但这一切都要以军人良好的心理状态为基础，在战场上，良好的心理素质是正确决策的关键。一个基层军官如果具有良好的心理素质，就能承受紧张、激烈的训练、作战等军事活动带来的巨大心理压力，排除不利的心理干扰，从而作出正确的决策。如果军人的心理受到打击而出现异常反应，不仅会出现决策的错误，还会严重影响其对武器的正常操作，进而抑制武器效能的发挥。所以，无论在任何时候，具备坚强的意志品质，有积极、稳定的情绪、情感和良好的人格以及健康的心理状态，并具备勇敢顽强、临危不惧、机智果断、准时守纪等的心理素质，是优秀军人必备的因素。

2. 武器装备

马克思曾经指出，批判的武器不能代替武器的批判，物质力量只能用物质力量来摧毁。武器装备作为履行战斗的物质手段，它是人的智力的物化形态，它延长了人类的物质器官，使感知更远、作用的距离更远，是战斗力发挥作用的物质手段，因而成为战斗力实体性要素的重要组成部分。武器装备有狭义与广义之分。狭义的武器装备，是指直接用于杀伤敌人有生力量和破坏敌方军事设施的工具，例如，枪、炮、地雷、炸弹等；广义上的武器装备是指直接或间接用于武装斗争的工具，即包括战斗武器、保障武器两大部分。

从历史上看，自从有了人类便有了战争。在阶级社会里，战争是用以解决阶级之间、民族之间、国家之间、政治集团之间矛盾的一种最高斗争形式。战争往往是这些矛盾和冲突发展到一定程度和一定阶段，任何其他手段都无法解决的时候，也就是需要通过暴力手段来解决的时候爆发的。作为履行战争手段的武器装备也在伴随着人类认识的发展而不断推陈出新。人类武器装备的发展经历了冷兵器、热兵器、热核兵器和信息化兵器四个时代。

最初的冷兵器也是一种劳动工具，平时主要用在劳动生产上，只有在战争时才作为武器装备使用。由于生产力和科学技术的落后，选择制造武器的材料也只是木、竹、石、陶、皮、骨等简单的初级材料，制造工具主要是手工。所以，制造出的武器也主要是石制工具和一些棍棒，武器的构造也比较简单，战斗力也较弱。

金属兵器的出现使军事装备出现了新的特点。最初的金属兵器是由青铜炼制的。古代的青铜器主要有戈、矛、戟、钺、刀、剑、匕首等。戈，流行于商至汉代，用于钩杀，由戈头、戈柲（用于手执的木、竹、铜柄）、柲冒（柲顶端的铜冒）和铜鐏（柲末端的铜头）4 个部分组成。矛，流行于商至汉代，用于刺杀，矛身有一锋二刃，中部为隆起的脊。商早期矛身短而狭；商晚期、西周和春秋初期矛身宽大。戟，流行于商代至战国。

青铜兵器与木石打磨的技术属于完全不同的两个技术体系，青铜技术在军事上的运用，拉开了第一次军事革命的序幕。依靠青铜技术实现战斗力提升成为当时各国军队追求的目标，我国出土两千年前的“越王剑”，体现了当时短兵器制造的最高水平。但是，铜制兵器质软、易脆，限制了其使用范围的扩大。大约在公元前 1000 年左右，铁制兵器问世，铁制兵器主要包括铁剑、铁杖、铁锥、铁鞭、铁锏、铁枪等。随着炼钢术的不断进步，铁兵器的质量和形制及种类也不断发展、完善，其形状逐渐趋于统一和定型，但性能仍没脱离近战的以直接杀伤为主的范围。铁制兵器质地坚硬，贮藏丰富，因而，铁制兵器得到了广泛的应用。随着金属武器的出现，武器的形状、结构、技术等都有了发展。铁制兵器的发明和改进，有力地推动了冷兵器军事变革的发展，并成为衡量其战斗力水平的重要标志。

火药的发明使武器装备发展进入了一个新时代。早期的火器基本上都是利用火药的燃烧性能所制造的燃烧性火器，在军事的使用中主要是用以烧毁敌人的作战物资和阻滞部队的机动，杀伤力很微弱。后来，发展起来了爆炸性火器，爆炸性火器杀伤性强，但是投放不方便，所以，最初的爆炸性火器的使用，也是与冷兵器技术条件下的抛石机分不开的。管形火器的出现以及不断地改进分化，出现了各种各样的火枪、火炮，以及依然借助火力打击的坦克、飞机、舰船发展等，与冷兵器时代的作战形式比较，战争形态发生了质的改变，人类战争进入了热兵器时代。

原子能技术的发明及其在军事上的使用，是人类军事装备史上的一个重要里程碑。热核兵器包括核武器的运载以及发射、指挥控制、作战保障等武器系统。核武器有核裂变和核聚变武器，无论是哪一种核武器都是一种核爆炸，放出的能量巨大，与热兵器的化学能释放比较，杀伤性更加巨大，破坏性更为剧烈，将火力杀伤推到了极致。与一般的热兵器比较，热核兵器的使用在摧毁目标时，也带来了其他方面的附带性破坏，甚至也会给使用者带来灭顶之灾。所以，尽管许多国家装备了热核兵器，除了在二战时日本的广岛与长崎遭到原子弹的攻击以外，其他地方再也没有使用。因此，热核兵器是一个特殊的时代，拥有热核兵器的意义是威慑大于使用。

二战以来，信息技术得到了飞速发展，武器信息化、信息武器化成为武器装备发展的一种新的态势，从太空的卫星、空中的飞机、地面的装甲车辆到水面、水下的舰艇等，装备的武器日益多样化、自动化、智能化、信息化，使人类的战斗力形态发展到信息战斗力时代。

武器装备是战斗力水平的重要标志，是履行作战任务的主要手段。斯大林在总结卫国战争胜利时曾指出："假如以为我们获得胜利只是由于我国军队勇敢，那就更加错误了。没有勇敢精神，固然不能获得胜利，但是单靠勇敢精神，也还打败不了军队众多、装备优良、军官训练有素和供应良好的敌人。要能经受这样一种敌人的打击，并且给以回击，最后彻底打败敌人，那么除了我国军队那种无比的勇敢精神以外，还必须有完全现代化的并且是数量充足的装备，以及组织得很好的并且也是数量充足的供应。"①毛泽东在总结抗日战争初期日本军队之所以能够长驱直入时也曾指出："敌以不及我数之兵力而能节节深入者，除了我之政治原因外，我之技术落后是主要原因。"②革命导师的论述揭示了一个真理：武器装备对战争的影响非常重要，有时成为战争胜负的决定性因素。技术决定战术，特别是现代战争，拥有先进武器的一方往往是单向透明、先敌进攻，做到出其不意，先发制人。而技术落后的一方在战场上往往是处于被动挨打的状态。所谓战争的非对称性本质上是履行战争的物质手段的非对称。所以，无论哪个国家，要使自己的军队战斗力提升，除了加强军事训练、提升谋略水平外，提升武器装备的技术水平是极其重要的环节。

3. 作战附属条件

马克思主义认为，任何事物的发展变化是内因与外因共同作用的结果，内因是根据，外因是条件，内因通过外因而起作用。军事斗争也是如此，是在内因与外因共同作用下实现的。如果说武器装备和作战主体是内因的话，那么作战附属条件就是其外因。

附属，从哲学意义上讲是与主要事物相关联的外部联系，是构成事物的次要方

① 斯大林. 斯大林全集(第七卷)[M]. 北京：人民出版社，1958 年版，第 133 页。

② 毛泽东. 论新阶段，中共党史参考资料(第八册)[M]. 解放军政治学院编，1979 年版，第 198 页。

面。从作战行动上来讲,作战附属条件是指履行作战行动不可缺少的物质保证。它虽然不是构成事物的主要因素,但是获取战争胜利的必要前提。因而,作战附属条件是战斗力实体性要素的重要内容。作战附属条件也是一个有多方面因素构成的体系,其中后勤保障系统,武器装备的科研、生产系统和工程保障系统等是其主要内容。

后勤保障系统。我国古代著名军事家孙子在作战篇中指出:“凡用兵之法,驰车千驷,革车千乘,带甲十万,千里馈粮。则内外之费,宾客之用,胶漆之材,车甲之奉,日费千金,然后十万之师举矣。”在军争篇中又说:“军无辎重则亡,无粮食则亡,无委积则亡。”[①]斯大林也曾经指出:“世界上任何一支军队没有稳固的后方就不能获得胜利。后方对于前线极为重要,因为它,也只有它,不仅以各种给养支援前线,而且还以人力、战士、情绪和思想来支援前线。”[②]这里,实际上告诉我们在作战行动中后勤保障系统的重要性。

为什么后勤的支持对战争如此重要?这是因为战争是一个以人为主导的物质系统的对抗。该物质系统发挥作用的前提是系统的结构、组织完善,运行良好;倘若结构破坏了,组织瘫痪了,其战斗力功能就失去了效力。事实上,战争一旦开打,必然存在着作战系统的破坏。

一是武器装备的损耗。作战是物质力量的对抗,物质力量只能依靠物质力量摧毁。要保证战斗力系统正常发挥作用,就必须及时地补充、修复和完善武器装备。在海湾战争中,多国部队投入的飞机为 2 780 多架,共出动 11.2 万架次,平均日出动达 2 600 多架次,投弹万余吨,耗油 4.5 万吨,再加上日耗零配件等物资,1 天耗费物资达 3.4 万吨,价值 10 亿多美元,且每天还要 5 万—6 万人次为其完成技术保障任务。

二是物质资料的消耗。战争无论打到哪里,军人无论走到哪里,生活、装备的消费就到那里,所谓“兵马未动,粮草先行”就是这个道理。历史上,因为后勤问题导致战争失利的例子比比皆是。在我国历史上袁绍以其强大的兵力败于曹操,不就是因为曹操将其粮草烧毁所至吗?拿破仑在攻打俄国大败而归,同样是因为后勤补给困难所致。现代战争中,由于武器打击的精确性高、毁伤性大,对战斗力系统的破坏达到了空前的地步。在马岛战争期,英军平均每日耗油 7 000—8 000 吨,平均每人日耗油量在 200—230 公斤左右。以 74 天计算,共耗油近 60 万吨。弹药消耗总量在 1.5 万吨左右,平均每天约 200 吨,人均耗弹药 430 公斤。可见,没有强大的后勤是难以取胜的。

三是人员的伤亡和战地救护需要大量的后勤人员。在战场上,人员的伤残比死亡更易造成。伤残往往需要 1—2 人来帮助,而死亡则可以留给后续人员来处

① 齐豫生.孙子兵法[M].北京:北方妇女儿童出版社,2006 年版,第 20 页。

② 斯大林全集(第七卷)[M].北京:人民出版社,1958 年版,第 217 页。

理。同时,人员的死亡往往是由于救助不及时所致。所以,战场上的伤亡人员往往需要及时处理和救治,这对及时挽救伤员的生命,减少伤残,恢复战斗力巩固战斗力和对伤员的进一步治疗都有着重要的意义。所以,战场救护非常重要,是战斗力系统中的重要附属要素。第四次中东战争只打了 18 天,双方共损失兵员 110 万人。在两伊战争中,伊拉克和伊朗打的都是消耗战。在 1982 年 3 月 22 日,伊朗对提斯孚尔——舒什地区的伊拉克阵地发动了“人海”攻势。伊朗以相当于 4 个师的兵力,从凌晨 3 点发起进攻,取得了较大的战术突然性。由于伊拉克部队准备不足,伊朗部队在从侧翼包围了伊拉克两个装甲师之后夺回了提斯孚尔东北边界上的达赫劳兰林。实际上摧毁了试图阻挡伊朗的第十装甲师。伊拉克还损失了第十一特务旅、第九十六步兵旅、第六十装甲旅及其他一些独立部队。估计伊拉克伤亡达 2.5 万人,其中击毙近 1 万人;伊朗伤亡可能超过 1 万人,其中死亡近 4 000 人。面对如此巨大的伤亡,没有及时的救护处理和恢复,要进行持续的作战是难以想象的。

系统科学告诉我们,一个生命系统健康状况的维持需要与其环境之间不断地进行物质、能量和信息的交流。如果将直接从事作战的系统称为战斗力系统的内系统的话,则后勤保障系统是战斗力系统的外环境。作战体系的恢复和战斗力效能的持续发挥,需要保障系统及时提供作战系统所需要的人力、物力的支持。可见作战系统对后勤保障系统有着很大的依赖性,并受其影响和制约。

武器装备的科研和生产系统。恩格斯在其经典著作《反杜林论》中就指出:“暴力的胜利是以武器的生产为基础的,而武器的生产又是以整个生产为基础,因而是以‘经济力量’,以‘经济情况’,以暴力所拥有的物质资料为基础的。”①他还说:“在任何地方和任何时候,都是经济的条件和资源帮助暴力取得胜利,没有它们,暴力就不成为暴力。”②马克思更为形象地比喻说:“刺刀尖碰上尖锐的‘经济’问题会变得像软绵绵的灯芯一样。”③革命导师在这里已经深刻揭示了战争与生产的密切关系。

战斗力系统是物质系统,战斗力表现是物质力量的表现,这种物质力量的表现主要通过武器装备性能的发挥来表现。而武器是生产出来的,需要机器、生产设备和能够从事生产的工人,需要其他生产部分的配合与协调,需要经济的支持,可见武器的生产不仅体现了生产能力,也是一个经济实力的表现,同时,也反映出科学技术水平。历史上的每一次重大的武器装备的发明与使用,都和生产能力与经济实力有关,金属兵器的使用,反映了金属的冶炼技术、生产技术和经济实力;火药兵器的使用反映了火器武器的生产能力与经济实力;坦克和飞机的使用,反映出了生

① 马克思恩格斯全集(第 20 卷)[M].北京:人民出版社,2008 年版,第 186 页。
② 马克思恩格斯全集(第 3 卷)[M].北京:人民出版社,2008 年版,第 206 页。
③ 马克思恩格斯选集(第 1 卷)[M].北京:人民出版社,1995 年版,第 317 页。

产坦克和飞机的能力和经济实力。二战期间，美国和苏联之所以能够主导战争并最终战胜法西斯，与其强大的生产能力和经济实力分不开。当代，美国之所以依然能够以武力称霸世界，是以其强大的生产能力和经济实力为后盾的。

工程保障系统。战争离不开物质力量的投送，需要有舰船、车辆来运输，这就需要修筑道路、架设桥梁、开设渡场等工程的运作；战争离不开构筑工事、实施伪装、进行破坏性作业、排除障碍物等，这就需要附属的工程保障。工程保障系统就是配合战争实践活动的一种附属工程建设活动，它在直接影响着战斗力系统功能的发挥，决定战争的胜败，因而是战斗力系统功效发挥程度的重要因素。在抗美援朝战争期间，鸭绿江上的大桥被多次炸毁，我志愿军工程部队、道路抢修队以及当地的中朝边民冒着飞机不断投弹的威胁，多次及时地将大桥修复，恢复通车，有力地保障了前方志愿军战士战斗力的发挥，因而鸭绿江大桥被称为炸不毁的大桥。现代高技术战争条件下，无论是侦察能力还是打击能力都达到了前所未有的水平，无论是构筑工事、道路桥梁的修筑维护，还是军事设备或工事的伪装，对工程保障系统都提出了更高的要求，赋予了新的内容，任务更加艰巨。工程保障系统已经成为赢得现代战争的必要条件。

（二）渗透性要素

渗透，本是一种化学学科的术语，通常是指低浓度溶液中的水分子或溶剂通过半透膜进入高浓度溶液的过程。借用在社会科学领域，通常比喻为一种要素或力量逐渐进入另外一个领域，该要素往往表现为一种软的或非物质的力量。但是，它可以通过转化，与物质实体结合能够表现出一种巨大的物质力量。战斗力系统中的渗透性要素，通常是指进入战斗力系统中的能够与战斗力系统实体性要素结合起来的一种非物质因素，通常包括军事技术、军事教育训练、战斗精神和军事信息等内容。

1. 军事技术

正像“科学技术”一词一样，实际包含了科学与技术两个概念。由于现代科学技术的发展，科学技术化、技术科学化，从而使得科学与技术的关系更加密切，因而人们习惯上将科学与技术合起来称为“科学技术”。军事技术，也是一种习惯的说法，有时亦称国防科学技术，通常是指在军事领域中研究、发展和应用的科学技术，主要包括武器装备的研究、设计、制造、试验（包括模拟训练和使用在内）和国防设施或军事设施（如国防仓库、基地、机场、港口、防御工事等）的设计建造等方面的科学技术，侧重于自然科学在军事领域的运用。军事技术与一般的科学技术并没有明确的界线，只是应用范围不同而已。可以说，各门科学技术的在军事上都有直接或间接的应用。

军事技术的战斗力功能主要表现在它的渗透力作用，利用军事技术的原理、思想和方法转化为实体性要素，从而提高战斗力系统的功能。

在人类历史上，最新的科学技术往往首先应用在军事领域。每一次重大的军事上的革命都是由军事技术的应用带来的。从木制兵器、石制兵器到金属兵器的使用，是金属冶炼技术和金属兵器制造技术的渗透。就是同样是金属兵器的青铜兵器到铁兵器的转变，标志着金属冶炼技术的巨大进步。铁制兵器与青铜兵器的最大不同在于冶炼铁的温度要高得多，冶炼好的熟铁还需要经过在炭火中渗碳转变成为钢，以及淬火和锻造技术的应用。

火药的出现标志着人类进入了热兵器时代。火器兵器中不仅包含着火药技术，同时对金属管造技术有了新的要求。火药的燃烧温度高，只有金属管道才能够承受得住火药燃烧产生的高温与膨胀产生的巨大压力。热兵器的产生是兵器制造技术体系的又一重大突破，开创了兵器非接触式的热杀伤模式。这一时期，战斗力系统中人的作用相对下降，技术作用随之上升，人数众多的军队往往不敌人少但兵器技术更胜一筹的军队。例如，西班牙人凭借火枪屠杀、驱赶了大批中美洲的印第安人，第二次鸦片战争中只有约 1.6 万人的八国联军横扫驻守京津地区的 11 万清军，这除了清军的腐败以外，技术装备差也是一个重要原因。可见，军事技术渗透在武器装备上，使战斗力发生了巨大的飞跃。

在第一、第二次世界大战时期，西方人已经认识到科学技术的战斗力功能。二战中，英国为了抵御德国飞机的空袭，研制并装备了雷达，实现了早期预警。当时，德国虽然飞机数量众多，但是并不知道有雷达这种东西，更不了解它的作用，因此，不列颠空战英国得以以少胜多。德国也大力增强科技实力，先后研制了 V1、V2 导弹，推动了火箭技术、航空动力学和导航技术的发展。二战中，德国人甚至在坦克上装备了红外夜视仪，借此在夜晚对苏军进行偷袭。此时的军事技术因素对于战斗力系统至关重要，谁掌握了先进的技术，谁就能占据战场的优势。

当前，人类已经进入信息化时代。20 世纪 90 年代以来，世界上发生的几场局部战争均具有相同的特点：高技术、非对称、信息化。作战双方战斗力系统科技水平的差异是决定战争胜负的重要因素。自此，科技因素的作用上升到最重要的地位，科学技术成为第一战斗力。

军事技术不仅通过物化为军事装备提高战斗力，同时，还通过教育训练，提高军人的军事文化素质，从而使战斗力提升。这是因为，任何武器都是人造的，包含了科学技术；武器装备的使用，需要了解武器的工作原理、性能；战略、战术的制订也是建立在对军事装备性能深刻了解的基础之上的；作战附属条件的发挥，也需要对军事技术知识的掌握；就是对战场所处的环境的利用，也需要了解和掌握军事技术知识。三国演义中，诸葛亮利用夜雾的掩护成功上演了一出“草船借箭”。鲁肃对此非常惊奇：“先生何以知今日如此大雾？”诸葛亮答：“为将而不通天文，不识地理，不知奇门，不晓阴阳，不看阵图，不明兵势，庸才也。”“草船借箭”的成功，首先在于诸葛亮的博学多才，上通天文，下识地理，智慧过人，他科学地认识自然规律，尊重自然，并且善于巧妙地利用自然现象，从而完成了“草船借箭”的历史话剧。

在上世纪 90 年代初发生的海湾战争中，美军作战计划是由一群硕士制定的。

具体策划和指挥这场战争的美国 7 名高级将领中有 6 人受过研究生教育，而这 6 人中还有一名具有博士学位，参战的美军军官 98%以上达到大学文化程度，其中具有硕士或博士学位的科学家、工程师占军官比例的一半以上，仅直接操作“爱国者”导弹的人员就有 1/3 是“白领”型技术专家。因此，有人称海湾战争是“硕士导演的战争”。

现代战争是利用高技术武器的密集性的战争。由于高技术武器装备的原理结构十分复杂，技术要求高，涉及面广，要确保对高技术武器装备的正确使用和维护修理，必须要求军事技术人才具备丰富的科学文化知识和很高的专业技术水平。如“爱国者”防空导弹的操作程序有 600 多道，要掌握这种高技术武器装备的操作使用，必须具备很高的专业技术素质；又如 S—27 飞机的驾驶员至少需要航空工程专业的大学本科学历水平。如果科技素质低，即使有高技术武器装备，也难以发挥作用。在海湾战争初期，伊军曾从科威特缴获一批“隼”式导弹，令美军十分担忧，但伊军却由于科学文化水平很低，不会使用这些先进导弹，从而消除了美军的担忧。

所以，加强对作战主体军事科学素质的提高，对发挥武器装备的效能，提高战斗力水平，有着十分重要的意义。

2. 军事教育训练

恩格斯曾经指出：“虽然民族热忱对战斗有巨大的意义，但是如果缺乏训练和组织而仅凭热忱，任何人都不能打胜仗。”①美军《作战纲要》中也明确指出，“训练是战场上取得胜利的基石”②。军队是从事武装斗争的特殊集团，军队要想在战争中取得胜利，必须具有较高的战斗力水平。军队战斗力水平的高低，主要取决于两个方面：一是武器装备，二是教育训练，两者缺一不可。从某种意义上说，教育训练具有更重要的地位，因为武器是死的因素，仅仅是军人履行作战任务借助的一种物质手段，而武器效能的发挥，战略战术的运用，则“需要勇敢的心、智慧的头脑”以及娴熟的军事技术，而这些都需要通过教育训练来实现，可见，教育训练在战斗力系统中始终处在十分重要的地位。

对于军事教育训练的内涵问题，我国著名学者高连升曾经给予过明确的定义，他说：“所谓军事教育，是按照一定社会或一定阶级的要求，根据一定政治和战争的需要，对作战主体的思想政治觉悟、作风、意识、组织纪律性、技战术等诸方面施以影响的一种有计划的活动。所谓军事训练，就是有计划、有步骤地使作战主体具有某种特长或技能。教育包括：科学文化知识的教育和政治、思想、道德、作风、军事等教育；军事训练包括政治、精神、技战术、作风、体力等方面的训练。”③

① 马克思恩格斯军事文集(第 5 卷)[M]. 北京：战士出版社，1982 年版，第 81 页。

② 杨罡，管振团. 美军模拟训练新动态[N]. 解放军报，2000-08-01(6)。

③ 高连升著. 战斗力论[M]. 北京：军事科学出版社，1992 年版，第 44 页。

教育训练的内涵与要求在不同的时代有着不同的要求。在古代的冷兵器时代，武器比较简单，体能、力气和技巧是决定作战胜负的重要因素。所以，除了谋略的学习以外，加强体能和掌握武器的技能的训练使其熟练地运用是军事教育训练的主要任务，也是选拔人才的一项重要指标。由于战争往往是在复杂的环境中进行的，不仅要求能够熟练地使用一种武器，对其他武器也要精通，所谓"十八般武艺，样样精通"就是这个道理，这是冷兵器时代训练的一个基本要求。从夏商西周的校、庠、序等军事训练机构，到春秋战国的私学、宋明的武学等，军事教育培养的人才主要是适应了冷兵器时代的作战方式。正如《孙子兵法》在始计篇里明确指出的，决定作战胜负的重要条件之一是"士卒孰练"。

随着火药技术的发明在军事上的使用，火枪、火炮成为军事斗争实践的一项重要工具。火枪和火炮的使用，需要掌握弹道原理，了解火药的特性，弹药的保管，火枪、火炮的维护以及练习瞄准等，所以，军事教育训练日益丰富，掌握相关科学文化知识的学习日益重要。例如，在晚清时代，出现了一些与火器作战相适应的军事教育，如福州船政学堂、北洋武备学堂等，无论从教具还是教学内容，都反映了枪炮战和海战的要求。

机械化兵器的出现，战争中逐步使用了坦克、汽车、飞机、舰船、雷达、电报通信等，战争的形式明显发生了变化，战场出现了立体化的特点。机械化兵器不仅专业强，包含的科学技术原理更加复杂，仅仅靠简单的学习和训练是不够的。掌握机械化兵器的原理和使用方法是形成战斗力的必要手段，因此，需要专门的专业学习和训练，专业分类更加细致、门类越来越多，而且学校也开始专业化，如世界各国的空军院校、海军院校、陆军院校、坦克院校、通信与雷达院校、电子科技院校等专业院校的训练机构，在教学内容、手段和方法等方面都反映了军事变革转型的要求。

当前，随着高新技术的发展，战争已经进入高技术时代。高技术战争的特征和规律，决定了高技术条件下军队教育训练的内容、方式、手段等都发生了巨大的变化，呈现出了一些时代的特点，在军事教育训练的内容上日益丰富、更加多样。

一是注重信息技术为主导的军事教育训练。当前，世界范围内掀起的新军事革命浪潮是在信息技术引导下进行的，无论是武器装备的改变、军队编制体制的改变，还是作战方式的变化，没有信息技术的引领都无从谈起。所以，以信息技术为主要内容的军事教育训练是实现军事转型的必要条件。当前，要加强以网络化为平台的军事训练，模拟复杂电磁条件下的综合演练，使军队的教学、训练适应实战的要求。

二是增强创新实践能力途径的训练。孙子曰，"兵无常势，水无常形"，战场上充满了变数，要在变化不定的战场上能够适时合理地以变应变，作出正确的判断必须有较强的创新能力。为此，首先必须培养创新意识，在观念上要确立通过创新来解决问题和矛盾的思想。任何困难都可以解决，任何问题都存在答案，所以，在思想上确立创新是实现创新的前提。其次，掌握创新方法。有了创新思想，未必会创新，掌握创新方法非常重要。方法是指路的明灯，走向成功的路径，科学思维方法的掌握既是一个理论问题，又是一个实践问题，它是理论与实践的统一。所以，加强理论素养的养成，加强科学方法的训练，是实现创新的重要环节。

三是以一体化联合作战为牵引教育训练。克劳塞维茨曾经指出，战争无非是扩大了的人的搏斗。现代战争更由于卫星、飞机、坦克、雷达、舰船、电脑网络等高技术的使用，使战争出现了大纵深、高立体、全天候、多领域、全频谱的特点。这种情形下的作战本质上是多军种联合的一体化战争。一体化战争有一体化战争的要求，每个军种都是这个战争体系的一个要素，每个军种、每个作战单元都是这个作战大系统的功能节点。战斗力系统功能的体现离不开每个节点功能的发挥，每个节点功能的发挥通过实践来提高，所以，加强联合作战能力的提升需要以一体化联合作战为牵引的训练。例如，美国在2002年的《美国国防报告》中强调"美军必须按照作战的要求训练，按训练的方式作战"，并在2002年7月份展开了"千年挑战2002"试验性联合军事演习。此后，也进行过多次联合作战演习，通过演习提高其联合作战能力。在2003年4月公布的美国《国防部转型计划指南》中又明确提出"发展国家联合训练能力"，其核心是通过构建一体化联合训练的新模式，不仅实现陆军、海军、空军和海军陆战队等各军兵种的高度一体化，而且实现常备力量与后备力量之间、军队与政府各部门之间、本国军队与盟国军队之间的全面一体化。近年来，为了提高打赢信息化条件的联合作战能力，我军也进行过多次联合军事演习，如2009年10月份举行的代号为"前锋2009"基本战役军团的联合演习，这次演习是首次真正意义上的基本战役军团联合作战、联合训练活动，这是中国军事改革的重大创新实践活动，表明联合训练已经成为我军军事训练的重要模式。

（三）组合性要素

任何战斗力系统除了存在的实体性要素以外，还存在着使这些实体性要素有机结合，从而使战斗力系统充分发挥作用的组合性要素，即编制体制、军队指挥管理和军事信息等，通过这些要素使战斗力系统各要素实现有效的编组、协调和配合，战斗力效能才能发挥。

1. 编制体制

无论什么时代的军队，都是按一定编制体制组合起来的。编制体制是一种习惯的说法，它是两个既有联系又有区分的概念的组合。体制是指军队的组织结构形式和等级权限，军语上有"军队的组织系统、机构设置、建制、领导和指挥关系，以及各级的职能等统称"的解释。编制是指各级、各部门的具体编成，以集团军为例，集团军辖师（旅），师辖团，团辖营，营辖连，这是集团军的体制形式，至于师（旅）、团、营、连如何组成，编配多少人，配备哪些武器装备，这都属于编制问题①。习惯上，人们往往将编制体制联合起来使用，指军队的组织系统、各军队集体和人员、装

---

① 郭其侨，姚廷进. 军队建设学[M]. 北京：国防大学出版社，1989年版，第235页。

备的编配规定，以及军队机构设置和管理权限划分的制度。编制体制在军队战斗力系统中的地位非常重要，主要表现在以下几个方面：

第一，编制体制是战斗力发挥的有效组成部分

系统科学原理告诉我们，任何系统都是有许多要素构成的，这些要素存在着一定的组合方式，组合方式不同，其结构就会有差别。例如，同样是由碳原子构成的金刚石和石墨，由于内在结合方式的不同，其功能差别很大，一个无色透明、亮光闪闪，而另外一个则灰黑、光滑。军队的编制体制也是如此，同样的要素，结合方式不同，也会带来战斗力的差异。这是因为，战斗力系统功能的发挥，是一个由多种功能模块共同作用的结果，而每个功能模块在大系统来说是要素，在小系统来说是系统。无论是大系统的集团军，还是小系统的一个师、一个军，每个系统的战斗力发挥都是多种要素模块共同作用的结果。克劳塞维茨曾经说，现代战争无非是扩大了的人的搏斗，他的思想在编制体制方面依然是适用的。对个人的搏斗，往往是眼、耳、鼻、舌、脑、四肢并用；对战争来说，这种搏斗大大扩展了。战争是多种武装力量的配合与协调，例如，一个小的战斗力系统中存在多种功能模块，有的执行的是侦察，有的执行的是信息传输，有的执行的是决策指挥，有的执行的是打击，有的执行的是支援、有的执行的是后勤保障等。在这个系统中，每一个环节都很重要，任何一个环节缺失，都会带来系统功能的降低。例如，决策指挥失误，会带来战争的损失；侦察系统失灵，对敌人的情况不了解，在战场上就会被敌人牵着鼻子走，失去主动权，犯了兵家大忌，离失败也就不远了；如果友军支援不力，也会带来灭顶之灾；如果后勤不力，也会降低战斗力功能的发挥。反之，在作战中若配合得当，则能极大提高作战的效率。美军战斗发展实验司令部曾就步兵排担负突破任务时的编组问题进行过模拟试验，结果证明，两个步兵班担任冲击时，对敌方既设阵地的突破率只有 25%；而如果一个班担任冲击，两个班担任火力支援，突破率就可以提高到 80%。此试验说明了不同编组形式，对部队作战行动和作战能力有直接影响①。

小的战斗力系统的作战如此，大到集团军，甚至一个战区的军队编制体制也是如此。集团军打的是大仗，往往是由多兵种构成，科学合理地构建不同的军事力量，并将其有效地配合、协调是实现作战胜利的必要条件。所以，任何一个国家的军队，根据不同时期战斗力的要求，科学合理地编排或设置军队的编制体制，使物尽其用、人尽其才，使战斗力系统内的各个要素都能够充分地发挥作用，是建设军队的基本要求。

当前，随着信息技术的发展，战争的特点发生了巨大变化，作战往往是海、陆、空、天、电、磁、网等多种力量的使用，在多个领域里展开，指挥控制一体，多种作战力量一体，战场多维一体，作战保障一体，作战已经成为一个系统的对抗。在这种情况下，军队的编制体制的调整必须适应现代战争的特点和规律，不仅要素要全，

① 郭其侨，姚廷进. 军队建设学[M]. 北京：国防大学出版社，1989 年版，第 237 页。

而且体制的编制要合理，使军队的编制体制向精干、高效、灵活、合成、模块化、功能化方向发展，无论是指挥体制，还是后勤保障机制等都必须反映信息化战争的特点。

第二，编制体制的发展变化体现出动态性

编制体制是一个动态的概念，它随着国家的政治制度、经济发展状况、科学技术水平、军事战略以及国际形势的变化而不断发展变化。

军队的编制体制首先与军队的发展战略有关。战略往往是指一个国家或地区在一定时期或一些领域里重大的、带全局的、规律性的谋划，包括其战略目标、战略方针、战略部署、战略布局和战略措施等。其主要特点是长远性和全局性。军队的发展战略是军队发展的一些重大的、长远的谋划和发展。军队的发展战略与军队的战略目标、战略方针等有关。在冷战时期，美国和前苏联都奉行的是全球战略，在建立各自的军事同盟的基础上，双方的军事竞争在确保有效核打击基础上全面展开。例如，双方都大力建设全球打击能力，大力发展核武器及其传送能力，建立自己的战略导弹部队。双方在空军建设方面，都发展自己的远程轰炸机和远程运输工具，前苏联的图-160 战略轰炸机、美国的 B-52、B-2 战略轰炸机就是那个时代的产物。海军方面的战略核潜艇等也是执行核打击能力的要素之一。同时，各自加强了指挥自动化系统的建设，将指挥、通信、控制、计算机和情报有机结合形成了 C^4I 等。这些决定了的军事编制体制是一个多元有效的统一体。

军队的编制体制首先与科学技术发展有关。马克思早在上个世纪中叶就已经指出："随着新作战工具即射击火器的发明，军队的整个内部组织就必然改变了，各个人借以组成军队并能作为军队行动的那些关系就改变了，各个军队相互间的关系也发生了变化。"①这里，马克思已经将科学技术的发展对军队编制体制的影响给予了清楚说明。

科学技术的发展之所以对军队的编制体制带来影响，这是由科学技术在军队战斗力系统的地位决定的。武器在战斗力系统中处于重要地位，它为遂行作战的任务提供了能力支持，武术谚语上讲"一寸长则一寸强"就是这个道理。科学技术的使用，相当于人体器官的延长，提高了人的战斗力水平。例如，望远镜延伸了人的眼睛，火枪延长了人的手臂，车辆延长了人腿，计算机延伸了人的大脑。武器装备延伸到哪个程度，作战形式就发展到哪个程度，军队的编制体制就应该适应到哪个程度。人类最早意义上的兵器是冷兵器，在火药产生前，冷兵器一直是陆军的主要装备；有了火药技术，军队中就编制了火枪队，其后火炮普遍使用后又出现了炮兵；有了炮兵，为了防御火枪和炮兵的打击，出现了坦克部队；随着通信技术的发展，出现了通信兵。坦克兵、火枪队、炮兵和通信兵的出现带来了军队结构的变化。

飞机的出现是军事领域的一项重大变革，它第一次使作战的力量进入空中，无

① 马克思恩格斯全集(第 1 卷)[M]. 北京：人民出版社，2008 年版，第 362 页。

论是打击、侦察还是投送兵力都可以突破山河、沟渠、森林等地形障碍的限制，从而促成了各类空军部队的发展，如侦察部队、轰炸机、干扰机、歼击机等，现在各国又在大力发展无人机部队等。可见，飞机的出现使战争的形式发生了巨大的变化，战争的立体性表现了出来。

核武器的出现是人类军事革命的又一次重大性变革，它不仅带动了火箭技术的发展，而且在新材料、计算机、通信、自动控制等领域也带来了新的改变，各种类型的导弹部队也随之产生了，例如，前苏联的“战略火箭军”、美国的战略导弹部队和中国的第二炮兵等都属于这种情况。

当前，随着以信息技术为主的高新技术群的飞速发展，催生了一些新的军种，例如激光部队、黑客、网络战部队、太空军等。同时对指挥系统提出了新的要求，不仅要反应灵敏，而且要指挥高效，能够实现一体化联合行动。同时，对部队的建设提出了更高的要求，要求“精干、高效、模块化”等，这些都说明科学技术的发展对军事编制体制的变化产生的影响①。

第三，编制体制的确立应该遵循的原则

编制体制事关一个国家军队战斗力系统的结构、功能，是战斗力发挥功能的组织保障和制度支持。所以，军队的编制体制建设是军队建设发展的重大课题，必须结合军队任务要求和环境条件的因素，将军队的编制体制建设按照科学的轨道运行。为此，编制体制的建设必须遵循以下几个原则：

一是平战结合原则。军队是为战争而存在，军队的编制体制首先要考虑作战的需要。结合可能发生的军事斗争准备，确保能够应付战争的需要，在数量、质量和种类上体现出来。例如，我军在建国初期的主要军种是陆军，曾经发展到 70 个步兵军，人数多达 500 多万。新中国成立以来，我国在相当长的一段时间里，“早打、大打、打核战争”一直是国防和军队建设的指导思想。后来，随着国内外形势的变化以及新装备的研发，进行过多次整编和军种的调整，一度也出现过两次人数高峰。1985 年，在党中央对战争与和平的形势作出正确判断的基础上，国防和军队建设指导思想实现了战略性转变，决定裁军 100 万，在 1991 年底，我军总员额降低至 300 多万。后来，又经过两次裁军，目前，保持在 230 万员额之间，形成了陆、海、空、二炮等多兵种的军队，在和平与发展成为世界重要主题的情况下，有效地维护了我国经济和社会的发展。

二是合成的原则。由于科学技术在军事上的广泛使用，使用不同武器装备的军种不断出现，新军种的分化越来越多，新军种的专业化程度越来越高，战争的目的、手段和实现途径往往需要由多个军种联合来实现，战斗力系统已经成为一个由多军兵种构成的合作系统。在这种情况下，军队的编制体制必须以战斗力生成目标为基础，综合考虑诸兵种之间的合成关系，即注意它们之间的相互协调、相互配

① 温熙森，匡兴华. 国防科学技术论[M]. 长沙：国防科技大学出版社，1995 年版，第 377 页。

合和契合。为此，在贯彻合成原则时必须注意以下两方面的内容：一方面是合成的比例。战斗力系统中战斗力的功能是通过不同军种的协调配合来实现的，决不是以某一军种的单打一来完成的。历史上曾经流行的"制海权"、"制空权"等都是强调了空军、海军某一时期在战斗力系统的重要性，但不是决定作用，更不能取代其他军种履行使命。当前流行的"制太空权"、"制电磁权"、"制网络权"说的是航天技术、电磁优势以及网络优势在军队作战中的重要地位，但不是决定作用。所以，国家在设置不同军种时，一定要根据国家的需要，合理地设置不同军种之间的比例，做到不偏离、不缺编，保证战斗力系统能够有效履行战斗力的功能。另一方面，要注意合成的质量。合成不是不同军种的简单的拼凑，不是拉郎配，不是简单的1＋1＝2的关系，而是合成，是一种新功能的体现。系统科学告诉我们，系统的最主要的特征是整体性，而整体性后面的基础是其关联性。不同军种之间的合成，就是通过之间关系的协调、配合，达到了单个军种所不具有的功能。现代战争强调联合作战，实际就是强调不同军种、不同协调单位的有机组合，联合实现其强大的功能。

三是适应性原则。军队的编制体制是一种现实的存在，与社会的经济、军事战略、装备技术、民族特点和自然环境等有关。所以，无论是什么样的国家，在设置其军队的编制体制时都必须考虑这些因素。首先，编制体制与国家的经济基础有关。无论是武器装备的研制、配发、维护、训练，还是军人的衣食住行，都需要耗费国家的财力，特别是在随着科学技术的发展，武器装备的研发、生产、配发和实验等费用越来越高的情况下，如果国家的财力水平不高，要装备是非常困难的。例如，世界上许多海洋国家或者沿海国家都想造航空母舰，想装备航空母舰，岂知航空母舰的花费是非常高昂的。一艘核动力的航空母舰造价近60亿美元，其正常的年运行费用达4亿多美元，每年还要维护、设备的升级，以及日常的训练、弹药的耗费和弹射器的损耗等，都需要大量的开支，有人将航空母舰以30年的服役期算，一艘航空母舰大概要花费300亿—400亿美元的费用。同样，美国为了发展更加先进的飞机，以代替目前依然在服役的F-15战斗机，投入了280多亿美元进行研发。目前，一架F-22战斗机，其价格高达1亿美元，就连世界上经济最发达的美国都不得不减少对F-22的采购。可见，一个国家选择编制什么样的军队以及选择什么样的武器装备不是随心所欲的，必须考虑自己的经济实力。其次，与其所处的地理环境条件有关。如果是内陆国家，没有海洋区域，不可能去发展海军，但是，可以在陆军和空军方面多考虑；如果是多山地区，发展山地师、特种兵等。在一些高寒地区，例如挪威、瑞典、芬兰等国家，夜长、积雪多，依然在发展摩托化雪橇步兵等。此外，一国的编制体制的数量、质量还与其国家的军事战略有关。有的国家发展军事仅仅是为了维护其国家的主权、领土完整，没有对外军事扩张的需要，所以，在数量和质量上控制在一定的规模上。而有的国家，为了自己的全球霸权利益，往往是穷兵黩武，发展各种类型的军事武装，无论在数量规模还是在质量上都必须维持一定的水平，否则，难以维持其霸权地位。

四是法治原则。无论是军队的编制还是领导体制，都需要严格按照制度办事，绝不能把想当然、非理性的因素用在军队编制体制的建立。首先，在军种的设置上要体现科学的规律。一个国家到底建设什么样的军队，以及如何建立军队，绝不能因为经济状况好就多养军队，也不能因为经济状况不好就少养或不养军队。同样，不能因为一些军种重要就多建设，而另外一些军种不重要就不建设或少建设。一定要按照根据国家的战略需要、军事目的、经济状况、技术水平、民族特色等条件综合考虑，无论是军队建设的种类、规模、质量都必须遵循一定的要求来进行。其次，在领导体制上有利于战斗力的高效发挥。一方面，军队要接受国家的领导。军队作为国家武装力量的一部分，在政治上，必须接受国家最高领导人的领导。西方一些国家鼓吹"军队国家化"，似乎军队与政治无关。岂不知，西方的军队依然是政治上层建筑的一部分，维护统治阶级的利益，实现统治阶级的意志是其必然要求。军队依然是国家政治的一部分，要听从国家领导人的指挥。例如，美国规定了总统是军队的最高统帅；我国则坚持了党对军队的绝对领导，坚持军队为党、为国与为人民的要求，都体现了军队的政治要求。另一方面，在围绕具体作战任务时，不同军种在协同或联合作战上必须有有力的制度安排。战争的协同以及联合的特点决定了任何一方必须按照作战目的的要求，适时、高效地发挥自己的作用，绝不能因为可能会影响或损害自己小集体利益而在执行协作任务时打折扣，从而影响整体战斗力功能的发挥。

2. 军队指挥管理

有战争就有战斗力系统，就存在兵力与武器装备资源的配置和运用，就存在着指挥管理问题。指挥管理一般是军队用语，通常是指在军队建设过程中，通过组织、控制、协调军队系统内外关系，达到特定目标的社会实践活动①。军队指挥管理是战斗力系统组合性要素的一个重要组成部分，也是战斗力建设的一项长期性的工作。

(1) 军队指挥管理的特征

一是目的性。任何指挥管理都是为了一定的目的而进行的活动，军队指挥管理也是如此。军队的指挥管理是提高战斗力、实现战斗力、保证履行军事任务的前提。军队活动必然要涉及人员的安排和组织、武器装备的使用、军队的决策和指挥、后勤等。所有这些要素通过科学的组织和安排，减少内部的不和谐和浪费，从而实现战斗力的发挥。

二是强制性。常言道："军令如山"、"服从命令是军人的天职"，这里实际包含了军事指挥的强制思想。我军早在红军初创时期就明确提出"一切行动听指挥"，强调了军事指挥管理的强制性和严肃性。在军事行动中，特别是重大的军事斗争中，必须严格地协调和管理一切战斗力要素，特别是人员要素，如果被指挥管理者

① 李祥斌. 军队管理哲学[M]. 北京：国防大学出版社；2002 年版，第 33 页。

仅仅从个体或小集体的利益出发，不服从命令，或凭个人意愿行事，往往会造成整个军事斗争的失败。因此，在军队的指挥管理上，离不开严格的条例和条令的规范，需要强化纪律的权威性。无论平时还是战事，令行禁止，才能保证指挥的权威性和军事活动的有效性。

三是动态性。孙子曰："兵无常势，水无常形"，就是说，军事活动处于不断地变化之中，敌人在不断地变，我也需要不断地变化。军队的指挥管理就是要做到能够因敌而变化，所谓"以变应变，变化之道也"。特别是一些重大的军事斗争活动，战场瞬息万变，战斗力系统的要素可能会增加或减少，战斗力系统的功能会存在或丧失，军事指挥必须适时地把握时机，作出相应的调整。

四是风险性。毛泽东曾经指出："政治是不流血的战争，战争是流血的政治。"①战争是"以剑代笔"的政治。战场上没有第二，生死的较量在军事斗争实践活动中是一种常态。由于力量、时机、信息等原因，在军事指挥管理上存在着不确定性，这种不确定性的存在往往使军事活动"失之毫厘，谬以千里"，从而使指挥管理上存在风险。可见，风险与军事指挥管理同在，没有风险的军事指挥管理是不存在的。面对指挥管理的风险性，我们需要学会识别，对可能发生的风险做出一定的估计，对各种可能性做到有预案，从而使指挥管理的风险降到最低。

五是受约性。军队的指挥管理是分层次的。任何军事指挥管理总是处在一定的层次中，必然要受到上一级领导的指挥，也会受到下一级单位情况的制约。所以，军事指挥管理者必须明确自己在战斗力系统中的位置，明确自己在战斗力系统中的功能作用，不仅要学会指挥下级，同时要学会服从上级。有时，为了整个战斗力系统的利益，必须绝对服从上级的指挥；有时，在战斗力系统中，根据战场的实际情况，也需要"将在外，君命有所不受"，灵活机动地处置出现的情况。

（2）军事指挥管理的原则

任何军事指挥管理都必须遵循一定的原则。原则是出发点，是经过长期的实践检验的基本合理化做法，是军队指挥管理过程遵循的基本规律。在军事指挥管理过程中应该遵循以下原则：

一是党绝对领导原则。我军是党一手缔造的军队，坚持党对军队的绝对领导是一条不可动摇的原则。只有党对军队的绝对领导才能保证人民军队的性质和全心全意为人民服务的宗旨，才能保证人民军队的阶级属性和与人民的血肉关系。所以，任何政党不能在军队内部建立团体，没有党中央的命令不能插手或染指军队。坚持党对军队的绝对领导就是军队必须在政治上、思想上、组织上与党中央、中央军委保持高度一致，一切行动听从党中央、中央军委的指挥。这是军队指挥管理的大原则。

二是官兵一致原则。所谓官兵一致就是军队内部之间、上下级之间一致，政治

① 毛泽东. 毛泽东选集(第2卷)[M]. 北京：人民出版社，1991年版，第480页。

上一律平等，生活上相互关心，情同手足，患难与共。我军是无产阶级的军队，经济基础一致，每一名官兵都是人民的一分子，没有贵贱之分，都是为了捍卫国家的主权和尊严，维护国家的安全这个共同目标走到一起。利益一致、理想一致，官兵只有职务之分，没有阶级对立。所以，官兵一致的原则是我军在指挥管理上必须坚持的基本原则，是战斗力生成和发展的基础，是战斗精神的源泉和动力。

三是依法治军原则。依法治军就是依法来管理军队。依法治军是依法治国的重要组成部分，依法治军是军队管理的正规化、革命化和现代化的客观要求，是战斗力生成的必要条件。我们的党和国家领导人向来重视依法治军，在毛泽东军事思想里就涵盖着丰富的依法治军思想，“三大纪律八项注意”就是依法治军的最好体现；邓小平同志指出：“军队非讲纪律不可，纪律松弛是不行的。”①也强调了纪律在军队管理中的作用；江泽民同志指出：“从严治军是军队的铁律。”“全军同志要适应社会主义民主法制建设的发展，更加自觉地贯彻依法治军的方针，把国防和军队建设事业纳入法制化的轨道，做到有法可依，有法必依，执法必严，违法必究。”②江泽民同志的这些论述对于我们坚持从严治军、依法治军的方针，实现我军现代化建设的跨越式发展，具有十分重要的现实指导意义。在新世纪新阶段，胡锦涛同志特别强调：“要把从严治军与依法治军统一起来，狠抓条令条例和规章制度的落实，坚决做到有法必依、执法必严、违法必究。”③2010 年 6 月，军委主席胡锦涛同志签署命令，发布施行新修订的《中国人民解放军内务条令》、《中国人民解放军纪律条令》和《中国人民解放军队列条令》，这些条令是我军的基本法规，是我军革命化、现代化、正规化建设的重要依据，是正规化管理的基石，对于在新的历史起点上推进我军革命化、现代化、正规化建设，巩固和提高部队战斗力，无疑具有十分重要的意义。

四是战斗力生成原则。军队是为战争而存在，和平是通过战争来实现的。既然军队与战争直接相关，那么战斗力就是军队的生命线，战斗力强，就有生存的能力，否则就会被歼灭，军队的指挥管理的目的是为了提高或生成战斗力。管理的一切活动必须围绕战斗力的生成或提高为主，脱离了这个目的的任何管理都没有意义，所以，战斗力生成或提高，是衡量管理成败的标准。为了提高军队的战斗力水平，就需要在多个环节上下工夫，要熟悉管理的领域，从要素上讲，有政治思想、文化教育、人员素质、武器装备、行为心理以及后勤活动等；从管理过程讲，有信息的收集、加工、分析、处理、决策等。要将管理看作一个系统工程，目标就是战斗力。

五是集中统一原则。任何一个国家的军队，都包括了海陆空等多种军种组成，

---

① 邓小平文选(第 2 卷)[M]. 北京：人民出版社，1994 年版，第 81 页。

② 江泽民.《论国防和军队建设》[M]，北京：解放军出版社，2003 年版，第 366 页。

③ 中国人民解放军总政治部编印. 树立和落实科学发展观理论学习读本[M]. 北京：解放军出版社，2006 年版，第 205 页。

而每一军种又包括了众多的集团军,分布在不同的区域。但是,无论是多少军种,无论是分布在哪个地区,军队姓公不姓私。军队不是某个个人或集团的军队,是国家的军队,体现国家的意志。对我军来说,还是人民的军队,党的军队,要体现党和人民的利益和意志。所以,军队指挥管理中必须遵循集中统一的原则,就是说在治军理念上、编制体制上、武器装备的配置上以及军队的调用方式上,都必须高度的集中统一。对我军来说,要求全军在思想上和行动上与党中央、中央军委保持高度一致。要坚持用马克思列宁主义、毛泽东思想、中国特色社会主义理论体系武装广大官兵的头脑,使全军官兵想问题、作决策、办事情都能立足于国家的利益、人民的利益、党的利益为基点,成为国家的利益、人民的利益、党的利益的拥护者、捍卫者、忠实执行者。在行动上,必须一切行动听指挥,体现当代革命军人核心价值观:忠诚于党、热爱人民、报效国家、献身使命、崇尚荣誉。

(3) 军队指挥管理的基本原理

原理主要指的是自然科学和社会科学领域里具有普遍意义的规律,它是在大量观察实验的基础上,经过归纳、概括总结得出的结论,具有普遍的实践指导意义。军事指挥管理也是如此,也存在自己运动的内在规律。军事指挥管理的主要原理有系统论原理、控制论原理、信息论原理和人本原理。

第一,系统论原理

系统论认为,任何一个事物都是由不同要素组成的系统,要素之间存在着相互的关联性,正是这些关联关系的存在使得系统构成为一个有机的整体。系统的功能是由结构决定的,系统与环境之间存在着物质、能量和信息的交流。系统论的这些本质和属性在军队管理中依然是适用的。

军队也是一个系统,无论是大到集团军队,还是小到营、连、排、班,都是由一个个系统构成的。在这个系统里,从实体性要素来看,有武器装备,战斗人员;从指挥的角度来看,有信息的收集、传输、处理和决策的过程。从时空上来看,无论敌我都处在一定的地点、方位,是在一定的时间点发生的;从人员上有军人的政治素质、知识结构、心理特点、战斗精神等。不仅如此,军队系统不是生活在封闭的环境里,它与社会之间有着密切的联系,军人来源于社会,武器装备来源于社会,后勤保障来源于社会,社会的思想文化、经济政策、政治思潮等都会影响军人的思想观念。由此可见,军队内部要素之间存在着相互作用、相互影响和相互制约的关系,军队系统与周围社会环境之间存在着相互作用、相互影响和相互制约的关系,所以,在这种情况下,运用系统思维方法筹划军队的指挥管理有着良好的方法论意义。

运用系统原理进行指挥管理时,必须注意把握以下几个方面的问题:

一是指挥管理的目的性。运用系统管理时,必须明确战斗力系统的功能就是战斗力。军队指挥管理的一切活动都是围绕战斗力这个中心展开的,这就需要研究该系统的战斗力要素包括哪些方面的内容,这些要素与战斗力之间有什么关系,如何使战斗力得到最大化的实现。同时,战斗力的生成与要素之间的结合方式有关，与其运作机制有关。所以，军队的指挥管理必须考虑其结合方式与组织的运作机制，使其效能的最大化，也就是服务于战斗力的功能最大化。

二是指挥管理的整体性。任何战斗力系统的要素都是处于相互作用、相互影响和相互制约之中的，他们之间存在着复杂的联系，这些联系有的是对功能有利的，是实现战斗力的必要条件，有的联系是有害的。所以，作为军事指挥管理必须了解和掌握这些联系，使战斗力系统的结合向有利于战斗力功能的方向发展。指挥管理的整体性强调系统要素构成的有机体，整体的功能不是各个部分的简单相加，而是优化联系的结合，是 1＋1＞2 的结合，是战斗力系统功能的涌现性。倘若将系统还原为各个部分，其战斗力的功能将不复存在，所以，注意指挥管理的整体性是实现系统战斗力提升的重要条件。

三是指挥管理的层次性。管理的层次性是指其组织形式就像金字塔一样，假设最上级是 A，代表了最高层领导，B、C、D、E……代表次一层的管理层次，而每一个中间层次下面又分成若干职能部门 F、G、H、I 等，依此类推一级一级设置下去，仿佛是一个金字塔结构。军队的特殊职能决定了军队指挥管理的层次性是普遍存在的。对我军来说，军委是最高的指挥机构，各大军区是次一级机构，各集团军又是次一级机构，以此层层设置，一直到师、旅、团、营、连、排等。并且，在一些层次里又包含军务、后勤、宣传、保卫等部门。金字塔管理的优点是决策由上级作出，下级只有执行，职责明确，便于集中统一指挥。但是，这种金字塔式的指挥管理由于指挥链条过长，往往也会带来指挥信息的失真；相邻部队之间的联系不畅，不利于军队联合行动；同时，基层的实际情况传递到上层很难也很慢，特别是在信息化条件下的战争，要求不同的作战单元能够迅速作出反应，甚至是立即作出反应，没有时间与上级信息的往来，否则，就会失去战机。所以，面对信息化条件下的战争形态，必须对军队指挥管理做出调整，使金字塔式的指挥结构变成网络型结构，最底层可以直接接收最高层的信息。同样，最高层也根据需要指挥最底层。

四是指挥管理的开放性。在军事活动中，尽管每一个军事单位或作战单位是相互联系的，但是，又具有相互独立性，是一个相对独立的系统，存在一定的边界。系统的相对独立性就必然会带来物质、能量和信息的流动，要通过一定的边界，例如，作战信息的上下传达，武器、后勤的支持保障，人员的进出等，就需要通过边界。边界的通达与否反映了该作战系统的开放性程度。在军事活动中，该系统的职能是根据任务的变化而不断作出调整的。调整，就需要针对外在环境中的因素对系统内的战斗力要素作出及时的安排，或在结构上、功能上作出改变，这就需要不断地与周围环境进行物质、能量和信息的交流。所谓“兵形像水”就是讲的军势的变化，强调了外界的变化和内在的变化。孙子在讲到与敌方斗争时指出“知己知彼，百战不殆”，这里“知彼”就是对敌方信息的了解和掌握。可见，充分了解和掌握敌方的信息是正确作出指挥决策的必要条件，而要对敌人充分地了解和把握，就需要指挥管理的开放性。

第二,控制论原理

控制是指在一个有组织的物质系统中,根据内部和外部条件的变化进行调整,以克服系统的不确定性,使之稳定地保持或达到某种特定的运行状态或使系统按照某种规则(或规律)变化的过程。控制论方法,就是通过信息(尤其是反馈信息)处理的能动过程使系统保持稳定状态或处于最佳状态,从而实现系统规定的功能目标的方法。

一个控制系统均由被控系统和施控系统两部分组成。施控和被控的矛盾是控制过程的基本矛盾、控制论方法就是通过信息变换,不断地解决这对矛盾。控制论方法的一个基本概念是反馈原理,所谓反馈指由控制系统把信息输送出去,作用于被控制对象(系统),并产生一定的结果,再把产生的结果返送到原信息输入端,并根据作用的结果对信息的输入进行调整,从而对信息的再输出发生影响,这一信息传输和变换的过程,叫做反馈。反馈的特点是根据过去对系统的操作情况来调控系统未来的行为。

反馈分为正反馈和负反馈。正反馈,是指被控系统的反馈信息与输入信息相作用的结果,加剧系统正在进行的偏离目标的运行,使系统趋向于不稳定状态,乃至破坏稳定状态。负反馈,是指被控系统的反馈信息与输出信息相作用的结果,纠正或反抗系统正在偏离,从而消除目标差。

军队是一个非常有组织的系统,上下级之间的关系明确、清楚。所以,上级组织对下级组织或领导对下级下达指示时,一定要注意下级组织或部下的信息回馈,让信息能够双向流动,及时了解下级的反应。军队的这种管理某种程度上就是控制过程,是对战斗力各要素的组织和协调的工程,目的是使整个战斗力系统按照组织的要求运作。在战时,通过指挥控制实现战斗力的生成;在平时的训练活动中,促进战斗力的生成。

在军事指挥管理中运用控制论方法需要把握以下几个环节:

一是信息反馈是实现调控(调节控制)的重要机制。控制方法就是通过信息的传输、变换、加工和处理实现的,反馈对系统的控制与稳定起着决定性的作用。在战斗力系统中,军队的组织具有相对稳定性,军队的这些关系也具有稳定性。这种稳定性是暂时的,必须根据战斗力生成的要求来调整战斗力系统要素的性质或结构,通过对战斗力系统实行有效的调控,选择最佳功能和适应一定的环境变化,以达到控制的目的,从而带来战斗力功能的改变。

二是在动态中考察物质系统的运行机制、结构和功能。“兵无常势,水无常形”,能因敌变化谓之神。无论在战争年代还是和平时期,指挥管理都必须从动态中把握战斗力系统。我国著名军事思想家金一南曾经指出:“军人生来为打胜”,这说明军队的存在无论是在和平时期还是在战争年代都是为打胜而准备的。在和平时期,针对现代战争的特点,在动态中训练,在动态中掌握和管理部队。信息技术条件下,战争情况瞬息万变,非线性特点明显,只有在动态中指挥管理部队才能真正地提升部队的战斗力，管理好部队。

三是系统的有组织性是实施控制的必要条件。控制是通过一系列机制实现的，机制反映的是系统要素之间的关联性，也是要素之间的结合方式。系统的机制运行科学、合理和高效与组织有关，科学的组织安排、上下级关系和谐、同级之间关系通畅，控制的信息可以实现顺利的传导。反之，在任何一个链条上的断裂都会带来信息的不流动，从而失去控制。在军事指挥和管理上也是如此。指挥管理同样存在着控制，为了达到组织的一定目标，需要对构成该系统的单位、人员给予一定的控制，而控制往往不是直接具体到每个人，而是通过组织之间实现的，特别是面对比较复杂的体系，上下级层次比较多的情况下，系统组织之间的协调至关重要。所以，系统有组织性是达到控制的必要条件。

四是信息量和对信息的选择是控制的基础。控制是控制主体（控制器）对控制对象（被控制系统）进行的控制。在控制主体与控制对象之间的联系是通过信息的流动来实现的。要达到对系统的控制，需要借助于信息的获取、传送、加工、处理来实现。控制主体与控制对象之间传递的信息愈准确，控制的效果则愈好；如果信息失真，传递的信息错误，则会带来系统的紊乱。所以，掌握丰富的信息、真实的信息、有效的信息，是实现控制的基础。在军事活动中，特别是在战争活动中，要达到对军队的有效指挥，就需要对敌我双方信息充分地掌握，所谓“知己知彼，百战不殆”就是这个道理。

第三，信息论原理

所谓信息论方法，是指运用信息的观点，把系统看作是借助于信息的获取、传送、加工、处理而实现其目的性的运动，通过对信息流程的分析研究来揭示物质系统的性质和规律的一种研究方法。

信息论原理的特征主要表现在以下几个方面：

一是以信息基础进行分析、研究和处理问题；二是完全撇开对象的具体运动形态和具体资料，把系统的运动过程抽象为信息变换过程；三是直接从整体出发，用联系和转化的观点综合地研究系统的信息过程；四是信息反馈的存在是实现系统控制的有效手段。

在军事指挥和管理活动中，为了有效地运用信息论原理，必须注意以下几个环节：

第一步，获取信息。根据军事活动的要求和目的，利用现代各种技术手段去搜集信息资料。有人员收集，也有空中收集。例如，空中收集，太空中有各种侦察卫星、空中有各种侦察机等；美国在海湾战争的军用卫星达到 70 多颗，其中各类侦察卫星 29 颗；伊拉克战争也使用了 50 多颗卫星，其中各类侦察卫星 20 多颗。通过侦察，将伊拉克军方的雷达位置、工作频率、机场位置、导弹部署、坦克集结地、炮兵阵地及前沿兵力部署、调动等掌握得一清二楚，为实施军队的指挥和管理创造了条件。

第二步，处理信息。对获取的军事信息进行核实、考证和选取，然后进行科学的分析、判断和思维加工。任何军事活动都有其运动状态和存在形式，也就必然有军事信息的存在。一般来说，军事信息都是从正面来反映事物的信息，掌握了这些信息就有助于揭示对方的军事活动意图。但是，由于其军事活动的保密性和诡诈性，往往展现的信息未必是真实的，有时恰恰是相反的，这就需要发挥主观能动性，运用科学的思维方法，去粗取精、去伪存真，透过现象看本质。

第三步，信息传输。无论是信息的输入还是信息的输出，都是一个信息的传输问题。信息通道通畅、传输速度快、传输信息量大、信息失真小，是实现传输的基本要求，也是正确决策的必然要求。所以，良好的军队指挥管理系统首先是一个信息传输通畅的系统。

随着信息技术的发展及其在军事上的广泛运用，现代战争已经成为一个多兵种、多领域、全天候、高立体、大纵深等的领域，战争系统已经成为一个复杂的信息系统，由于其开放性、层次性和系统的涌现性等特征的存在，对现代军队的指挥管理愈加困难，及时地了解和把握信息，并对信息进行有效的处理和传输，是打赢现代化战争的必要准备。信息论方法的使用对我们加强军队的指挥和管理提供了一种有益的方法。

3. 军事信息

从哲学意义上讲，信息是对物质运动状态的表征，包括了事物的运动形式、存在的环境、组成结构、性质和功能的概括。在军事上侧重于与军事活动有关的信息，是对军事活动双方的作战力量、武器装备构成、部队编制体制、目标位置等与作战有关的事物运动状态的表征。

(1) 军事信息的特征

根据军事信息的本质及其表现形式，一般来说，军事信息具有以下几个特征：

第一，普遍性

战斗力系统是一个复杂多样的要素构成，而每一个要素都有自己的存在状态、运动特征、结构关系、功能关系等。同时，该战斗力系统与周围环境密切联系，与周围环境也存在着物质、能量与信息的交流。例如，敌方的一个作战单元，它使用的武器性能、作战人员数量、文化水平、指挥官的素质、训练水平、与友邻的关系、编制、领导体制、当时的气象环境、所处的地理位置等等，可以说，无论是战斗力系统的信息还是其要素，都有其大量的信息。可见，树立信息意识是军事作战的一个重要特点。

第二，多样性

不同的战斗力系统的信息不同，同一的战斗力系统里存在着不同的要素，其信息的表现也不一样。例如，人员的组成、武器性能、所处位置、执行的作战任务、作战能力、指挥员素质等都不同，这说明，军事信息存在着多样性。军事信息的多样性意味着我们在从事军事信息的收集过程中，要注意甄别、分类，不能把不同的信息混为一谈。

第三，流动性

在军事活动中，任何一个战斗力系统涉及要素是多样的，而每一个要素都是不断变化的，有主动变化的，有被动变化的，通过这种变化来形成新的结构和功能。同时，战斗力系统又是一个开放的系统，不仅不断地与外界环境交换着物质、能量和信息，同时，在与环境的物质、能量和信息的交流中又发生着新的变化。正因为如此，孙子曰："兵形像水"、"兵无常势，水无常形，能因敌变化而取胜者，谓之神"①。这就告诉我们，行军打仗必须时刻注意敌人的动静、敌人的一切信息，有效地了解和掌握对方的军事信息，在信息的拥有上占着绝对优势，形成信息的不对称，单向透明，对作出正确的战略决策、实现军事活动的机动和主动提供了重要前提。所谓"知己知彼，百战不殆"就是在这个意义上讲的。

第四，复杂性

孙子曰："兵者，诡道也。故能而示之不能，用而示之不用，近而示之远，远而示之近。"②这里实际将军事信息的表现复杂性给予了深刻揭示。军事信息本身表现复杂，真假难辨，加上干扰、欺骗，来源困难等，军事信息往往表现出复杂性。在军事斗争实践中，任何一方的战斗力系统都处于高度的紧张、快速的运转中，一方面要不断调集各种军事力量实现战斗力的生成，从而表现出系统信息的迅速变化，各种新信息不断产生；另一方面，在军事斗争实践中，敌我双方为了迷惑敌人，或通过施计用诈，隐真示假；或通过人为遮掩，信息封锁；或通过人为散布谣言，大量地释放出虚假的信息等；从而使人们获得信息不是更加困难，就是获得信息相互交织、相互矛盾、真假难分，在这种情况下，军事信息往往表现得非常复杂。

(2) 军事信息的功能

尽管军事信息表现出上述特征，但是，在军事斗争实践中，依然需要大量地、尽可能充分地获取军事信息，这是因为军事信息还具有以下一些功能。

一是军事信息显示功能。马克思主义唯物辩证法认为，任何事物都是现象和本质的统一，现象是对外部的表现，而本质是对事物内在的规律反映。现象是外露的，本质是内藏的，要认识事物必须透过现象看本质。从军事信息角度看，军事信息就是军事活动中所表现出来的反映军事活动本质的外在表现。军事信息与其他信息一样，也具有显示功能，能够将军事活动的本质暴露出来，为人们认识军事活动的本质提供材料。可见，要科学地认识军事活动的本质，必须从认识军事信息入手。

二是军事信息具有联系功能。所谓联系，是指事物之间的相互作用、相互影响和相互制约的关系。在军事活动中，不仅战斗力系统内部存在着相互影响和相互作用，不同战斗力系统之间也存在着相互的作用和影响，而这些影响和作用除了通

① 齐豫生. 孙子兵法[M]. 北京：北方妇女儿童出版社. 2006 版，第 13 页。

② 齐豫生. 孙子兵法[M]. 北京：北方妇女儿童出版社. 2006 版，第 3 页。

过物质、能量的交流以外，很大部分是通过信息的交流来实现的。反之，若不同战斗力系统之间或战斗力系统内部不同要素之间的联系不畅，整个战斗力系统就会处于混乱状态，战斗力的功能就会瓦解。可见，有效的、健康的军事信息之间的联系是连接和协调军事要素的纽带。

三是军事信息具有启示的功能。无论是正面的信息还是反面的军事信息，都是对军事活动本质和规律的反映，对接受主体来说，能够启发人们进一步探究，它是思考的材料。从系统科学的角度来看，军事活动是在战斗力系统功能的发挥下实现的，而战斗力功能的发挥通过系统内部要素的结合以及与环境的相互作用来实现。军队指挥者在决策的时候就必须对军事信息进行甄别，哪些信息给予了哪些启发，哪些信息揭示了哪些事实。战斗力系统是一个以人为主导的人机系统，战斗力系统功能的实现是人的一种自主的选择，而人在选择的时候靠的是信息。所以，必须对接收的信息进行全面的思考，善于把握一些军事信息透视的玄机，发挥科学理性的思考，从而揭示军事活动的本质。

四是军事信息具有消除不确定性。这是从信息论角度来谈的。著名科学家神农曾经指出，当一接收者（信宿）对某一事件的估计存在多种可能性时，该信宿的熵是比较大的，它的状态是不稳定的。一旦获得了对该事件的某些认识，对该事件的认识的确定性就增加了，该信宿的熵就降低，系统的稳定性就增加。军事实践活动依然如此，当我们在军事活动时，对所要认识的敌人的某些信息不清楚、存在多种可能性时，我们对它的认识往往建立在多种猜测的基础上，一旦获得了对敌人比较全面的认识，对其可能性的估计就降低，对其确切的把握性就增加。可见，获取信息有利于消除不确定性，增加确定性。

五是军事信息具有建构功能。马克思主义认为，我们不仅能够认识世界，而且能够改造世界，在认识世界的基础上，发挥我们的创造性思维，发挥我们的自觉能动性，达到对世界改造的目的。军事信息是对军事活动对象运动状态的表征，人们可以利用这些军事信息，结合我们的创造性想象，构建出新的思想、谋略和方法。军事活动就是要利用敌人的信息，而不断调动敌人，在战场上获得主动权。这个主动权的获得，就是在既有信息的基础上的创造性活动。三国时期诸葛亮的“空城计”，就是利用了司马懿的多疑，以及司马懿对诸葛亮用兵谨慎的信息，从而建构出了空城计这一谋略。

六是军事信息具有决策功能。决策，简单来说就是做出判断和选择。决策往往是为了达到一定的目标，运用一定的科学方法和手段，在多种可能的方案中进行选择。决策的重要特点是要有明确的目的性和选择性，科学的决策是建立在丰富信息资料占有的基础上的。军事活动中决策至关重要，它往往决定了军人的生命、某一战斗力系统功能的发挥程度，甚至影响到某一战局的胜负，所以，军事决策非常重要。要做好决策，首先要对军事信息尽可能全面地了解和掌握。同时要对信息进行分析、甄别，确立哪些是有用的，哪些是无用的。将科学反映事物本质规律的信息运用于决策，有利于做出正确的判断。反之，若信息不完全，凭想当然、胡乱拍脑袋，往往会带来严重的后果，甚至带来军事活动的失败。

(3) 军事信息优势

在军事斗争中，获得高质量的信息对军事活动有着积极的意义，是打赢战争的基本条件。高质量的信息往往是真实可靠的，反映了事物的本来面目；高质量的信息也是及时的，真实地反映了军事形势的变化；高质量的信息也是完备的，是对敌情信息的全面反映，所以，获取大量的、高质量的军事信息就成为军事竞争的重要手段。当前，一些发达国家在获取信息手段方面占着绝对的信息优势。在太空，有各种侦察卫星不分昼夜地窥探着地球的每一个角落，例如，电子侦察卫星不停地搜集地球上发出的每一个电磁信号，进行着分析、甄别，将与军事有关的信息建立数据库；照相侦察卫星不停地扫描着地面上的每一个角落，连续不断地拍照；雷达卫星也在不停地监视地面的各种工作体制；在空中，各种有人和无人的侦察飞机不时地飞行在敏感地区的上空进行侦察；地面、水下也是如此。

不仅如此，一些发达国家的军队，特别是美军为了实现打赢信息化条件下的局部战争，更是将获取信息手段推向极致，并且与打击手段相结合。例如，美军通过建立全球信息栅格(GIG)，以及发展和装备数据链，努力把 C^4ISR 系统建设成信息与打击密切结合、一体化程度更高的 C^4KISR 系统，从而确保实现陆、海、空、天、电多维战场及各种作战能力、支援保障能力的一体化。在这种情况下，发达国家处于信息优势地位，先于敌方获得信息，信息质量优于对方，信息的数量优于对方，信息的传输优于对方，信息的利用优于对方，从而在战争中处于单向透明的状态，为赢得战争创造了条件。

当前，发达国家的军队信息化建设的确走到了我们的前面。面对发达国家的信息优势，要提升我军的获取军事信息能力，一定要首先确立信息制胜的作战理念，确立"信息化"建设在军队建设中的核心地位，将"制信息权"纳入军事斗争领域，全面推进信息化建设。同时，要大力发展信息技术，把军队建设的着眼点放在增强"信息能力"上，打破发达国家军队的"信息垄断"、"信息的不对称"和"信息的单向透明"的态势，确保在战争实践活动中的信息主动权。只有获得了信息的主动权，在军事活动中才可以获得主导权，打赢信息化战争就有了保障。

二、战斗力要素的组合方式

从系统科学的视野来看，研究战斗力不仅要分析战斗力的构成要素，同时，也要研究战斗力生成的条件和实现方式。任何战斗力的生成总是在一定的条件下实现的，也总是存在一定的生成方式。

(一) 战斗力生成的条件

1. 要素齐备

战斗力的生成是战斗力系统功能的体现，战斗力要生成首先必须要素要全，也就是说，涉及战斗力的要素必须缺一不可，缺少任何一个要素都将会影响战斗力的生成。战斗力的要素包括多个方面，有实体性要素、渗透性要素和组合性要素。实体性要素主要包括作战主体、武器装备和作战附属条件；渗透性要素主要包括军事技术、军事教育训练等内容；组合性要素主要包括编制体制、军队指挥管理和军事情息等。战斗力要素齐备是战斗力生成的客观要求，是不以人们的意志为转移的。

尽管不同时代的战斗力构成的要素不同，但是，其基本要素是一致的，有作战主体、武器装备、军事教育训练、编制、指挥和信息等基本要素。没有这些基本要素，战斗力的生成无从谈起。以军事信息为例，对敌我双方信息的确切把握是实现作战指挥的必要条件，孙子所说的"知己知彼，百战不殆"就是在军事信息把握基础上的打赢。现代信息化条件下战争中经常提到的掌握"信息优势"、"单向透明"这些词语也是对拥有军事信息优势的一方来讲的。

战斗力要素的齐备在不同时代的要求也不同，在冷兵器时代，战斗力规模比较小，战斗力要素不多，要素之间关联也简单，战争的节奏慢。以战斗力主体的素质为例，冷兵器时代的武器主要是棍、棒、枪、剑等，对战斗力要素的主体来说，体力和武艺是其主要方面。随着军事技术的发展及其在武器装备上的广泛运用，武器装备逐渐增多，科技含量增加，战争的规模加大和作战主体成分的增加，对军事人才的素质提出了新的要求，不仅要有强健的体力，需要有智力和丰富的科学文化知识，特别是现代信息化条件下的战争，武器装备的科技含量高，涉及技术原理复杂，结构复杂，功能综合，作战主体没有一定的专业技术知识和技能，是难以胜任现代战争的。所以，在军队战斗力建设过程中，一定要注意战斗力系统的全面建设，战斗力的实体性要素、渗透性要素和组合性要素要全面发展。

2. 技术匹配

战斗力系统是一个有机系统，战斗力要素之间的结合是一个有机的结合，要素之间的有机结合必然存在着要素之间的匹配问题。所谓技术匹配是指以战斗力为目标的战斗力要素之间的最佳结合，是实现战斗力功能发挥的结合。这里的技术是广义的技术，是指战斗力要素之间的技术状况和技术水平的匹配。无论是战斗力大系统不同军兵种的技术匹配，还是同一军种内在要素之间的结合都存在着技术匹配问题，技术匹配得好，有利于战斗力的生成；反之，会影响战斗力功能的发挥。

战斗力系统内要素之间技术的匹配在任何时代都是存在的。冷兵器时代，武器系统与人的体力、智力需要匹配，关公的大刀只有关公来使用，其他人使用就不行；战争中的阵列也只有在冷兵器时代才有意义，在火器时代就会带来巨大的人员伤亡；同样，飞鸽传书、烽火报警在冷兵器时代的徒步行军可以，现代信息时代就失去了其意义。现代战争条件下，战斗力系统是一个多兵种的一体化联合作战，战争在多领域里展开，战斗力系统要素的有机配合是实现联合战争战斗力生成的必要条件。倘若战斗力要素匹配差，一些战斗力模块的功能强，而另外一些功能模块差，该联的联不起来，需要协同配合的配合不好，就会使战斗力功能降低。例如，美国的战斧巡航导弹其性能优越，如果没有卫星制导的匹配，发射出去的导弹也犹如无头苍蝇，起不到打击效果。同样，不同军种之间的联系也是如此，倘若通信的密码不同，或联系的接口不一致，或软件的版本不统一，也会使二者之间不能够更好的联合。后勤的补给也是如此，前沿部队的推进与后勤的补给也要匹配，后勤服务的质量与水平也直接影响到战斗力水平的发挥。

战斗力系统要素的技术匹配是普遍的要求，不仅是武器装备之间的匹配，也存在于军事理论、编制体制、军事信息等的非实体性要素之间。指导古代冷兵器时代阵列的作战理论就不适应火器时代的散兵队形，现代高技术条件下的非线性作战理论需要新的创新，联合作战不仅是武器有新的发展，对军事理论、编制体制和军事信息等都有新的要求。所以，在当前强调加强新军事的变革，不仅是武器装备的变革，编制体制、军事理论都需要做出重大的调整，对军队的信息化建设也需要有新的措施，这些都是战斗力系统技术匹配的客观要求。

3. 数量均衡

任何战斗力系统都是由实体性要素、渗透性要素和组合性要素构成的，这些要素的有机结合形成了一个有机的战斗力系统。这些要素的结合在数量上存在着一个均衡问题。所谓数量均衡指的是根据战斗力系统目的和任务决定的，在战斗力系统内各战斗力要素之间、每个基本要素内部各个具体要素之间都要求按照一定的比例进行组合。也就是说，在一个战斗力系统中，不同要素的组合搭配要科学、合理，尽可能达到不浪费、不缺项，没有"短板效应"的存在。例如，一个航母战斗群，其舰载机、预警机、雷达、护卫舰、潜艇、驱逐舰、数据链的传输等必须合理地搭配。没有一个健康的数据链，没有有效的雷达，没有护卫舰，航母战斗群无非是活靶子。同样，航母战斗群舰载机的数量、战斗人员的数量等也是有一定的安排的，不是越多越好，否则也会带来战斗力效能的降低和成本的增加。可见，战斗力系统中要素的数量均衡并进行科学的优化组合是生成战斗力的客观要求。

战斗力要素的数量均衡与技术水平有关。技术的发展带来战斗力要素的质的改变，也带来了战斗力能力的变化，必然会带来战斗力要素数量匹配的改变。完成同样的作战任务需要的人员与武器的装备也不同。在冷兵器时代需要数以百计、千计的人能够完成的攻击任务，今天在高技术兵器支持下，需要几个或几十个人就可以完成。美军在越战期间，为了炸掉清化大桥，曾出动几十架飞机，投下数百吨炸弹，依然无效。然而，用激光制导炸弹两三枚就可以解决。这说明，武器技术含量的改变使战斗力要素的数量均衡发生了新的变化。火器的使用是人人一支枪，而战略导弹的使用是千人一杆"枪"；冷兵器的驿站传输信息是多人多马的连续传递，今天是一个电话就可以解决。但是，不是说不要战斗力要素的均衡了，而是在新技术基础上的新的均衡，是在保证战斗力生成基础上的均衡。

战斗力要素的组合与作战任务有关。战争任务小，战斗力系统的要素涉及少，功能简单,对要素的组合要求也简单。倘若战斗任务大,投入的兵力多,特别是现代信息化条件下的联合作战,不同的军兵种、不同的作战单元、不同层次的指挥机构,以及后勤保障等,更需要考虑战斗力系统要素组合的均衡,否则,就会出现相互掣肘、内耗,从而使战斗力效益降低。

战斗力要素的数量均衡与军种有关。陆军往往是陆地作战,其机动性、灵活性要求较高,武器装备相应的要求也简单。在同样的条件下,往往是人员多,战斗力相应就高,在人员的配置上,表现出弹性来。但是,对于空军和海军就不同,油料、维护、雷达、弹药补给、气象、通信、导航、电磁防护等都需要有专门的机构、设备和人员,在这种情况下,战斗力要素数量的均衡就更加重要,不均衡,同样会带来战斗力效能的降低或削弱。

(二) 战斗力要素的组合方式

在战斗力生成系统中,不仅存在战斗力要素的齐备问题,还有战斗力要素的组合问题。战斗力要素具备的只是一种潜在的战斗力,只有将战斗力要素进行有效的组合,战斗力系统的功能才能发挥出来。从军事哲学意义上讲,战斗力诸要素的组合方式有:质态组合、量态组合、空间组合等。战斗力要素的组合对战斗力的形成与效能的发挥有着直接的影响。

1. 质态组合

马克思主义哲学原理告诉我们,任何事物都存在自己的质,质是一事物区别于它事物的内在规定性。质是与事物直接同一的。任何事物都有自己的质,不同事物的质不同。在战斗力系统中谈战斗力要素是质,主要从该要素是什么武器,以及具有什么功能来说的。将质的原理运用在战斗力系统研究,战斗力系统的各要素体现的是不同质的事物。战斗力要素的组合也就表现为质态属性的组合。

(1) 质态组合

根据我国著名学者高连升的理解,战斗力系统的质态组合,是“指战斗力诸要素在构成战斗力时,在物质属性上联系状态的相互适应性”①。也就是说,在战斗力要素的组合过程中,不同要素在性质上保持相互的适应。战斗力要素组合的标准是是否有利于战斗力各要素功能的发挥,战斗力系统是否是一个高效、机动的系统。

(2) 质态组合的适应性

第一,是实体性要素之间的相互适应

一是主体要素与其他实体性要素相互适应问题。在战斗力系统中,主体性要素是战斗力的主导要素,武器的使用、武器性能的发挥,全赖于主体要因素的作用。主体与其他实体性要素的适应就是主体能否将其他实体性要素的性能发挥最大。不同时代,不同技术含量的兵器,对主体的素质要求不同。

---

① 高连升.战斗力论[M].北京:军事科学出版社,1992年版,第51页。

在冷兵器时代，科学技术不发达，兵器简单，对兵器的使用与性能的发挥，全部依赖主体体力和技艺，体力大，技艺高强，在他的手里，简单的兵器也可以发挥出较大的作用。在历史上所谓“大刀王五”、“杨家枪”、“张三丰太极剑”等都是讲这些人技艺高强，从而使兵器作用发挥得更好。

热兵器时代，不仅讲体力，同样也讲技艺，但是，这里的技艺是对兵器作战原理的掌握和对武器性能的熟练运用。例如，要发射一枚炮弹，如果不懂弹道学原理，不了解炮弹的运行轨迹，以及风、雨等因素对其的影响，要想打中目标显然是很难的。

现代，高新技术广泛地运用在武器装备中，武器的结构越来越复杂，包含的技术原理越来越多，装备之间的联系越来越密切，需要处理的信息量越来越大，要正确地操作这些装备，不仅需要掌握一些基础知识，而且需要掌握专门的技术才能实现，否则，很难形成战斗力。

二是非主体的实体性要素之间的适应问题。在作战过程中，不仅主体与非主体的实体性要素之间需要适应，在非主体的实体性要素之间也存在相互适应问题。任何大小的作战体系，都是一个多种战斗力要素构成的作战体系，在作战体系中的非主体要素之间需要有机的结合才能生成战斗力。这里的有机结合是相互适应的结合，是通过发挥各自的作用，满足对方的需要，实现整体功能的最大化。从系统科学的角度来看，系统之间的要素只有结合成为一个统一体，才能够产生系统的整体涌现性。例如，一个联合作战体系，侦察和监视系统、指挥和控制系统、打击和评估体系等，这些系统又是由更加小的要素构成的，这些系统之间或要素之间，必须在技术上匹配、性能上各自发挥作用并有机结合，整体的战斗力功能才能发挥出来。侦察和监视的信息必须迅捷地传输到指挥控制系统中，指挥与控制系统所指挥的打击力量和评估体系必须实现有效的指挥，而且整个活动都是在一体化的系统里进行。倘若一些环节不适应，技术不匹配，接口不统一，参数不一致，该联的没有联上，使战斗力体系像一盘散沙，将导致战斗力系统的小系统或要素成为活靶子。

三是实体性要素、渗透性要素和组合性要素之间的适应。一个战斗力系统是一个有机整体，战斗力系统中的各要素必须有机配合才能发挥战斗力作用。有了实体性要素，还必须有渗透性要素融入其中。通常讲科学技术是第一战斗力，就是指科学技术通过渗透到实体性要素而言的。科学技术融入武器装备中，才能提高武器装备的性能，用科学技术武装军人，才能提高军人的军事科技素质，从而提高军人的作战技能，使战斗力系统的各个要素发挥作用。不仅如此，任何时代的军队总是存在着一定的编制体制，编制体制的发展与武器装备水平必须适应。随着科学技术的发展，武器装备在不断地发生变化，军队的编制体制必须跟上其变化要求，或在军种上改变，或在作战功能上进行调整。例如，火器的出现产生了火枪队，坦克的出现产生了坦克部队，飞机的出现产生了空军。现代技术条件下，电子战部队、雷达部队、网络战部队、导弹部队等层出不穷，这些不同部队的出现，如何科学编组,如何有效地进行组合和协调,对战斗力的生成都有直接的影响。

军事训练也是一个重要的环节。军事训练形成战斗力的一个重要环节,根据战斗力的要求,根据武器装备的性能,科学有效地进行训练,实现人与武器的有机结合,最终实现战斗力系统的完美统一,必须通过军事训练来实现。在新技术条件下,研究新的高技术战争的特征,加强军事训练,是实现战斗力生成的一个主要手段。

第二,质态组合方式

从系统科学的角度来看,系统的功能是由结构决定的,即结构决定功能。战斗力系统由多种要素组成,这些要素之间存在着一个特定的结构。军队的组织结构是多样的,主要有两种:直线式结构和矩阵式结构。直线式结构的整个系统按军、师、旅、团、营、连、排、班分成台阶的层次。目前,军队营以下组织主要是采用这种形式,这种结构形式的优点是机构精简,领导关系明确,责任清楚,指挥统一、灵活;不足是纵向层次多,横向幅度窄,权力结构集中,决策集中在高层,上下沟通距离长,难以应付复杂局面,难以做到周到细致。

另外一种是矩阵式结构,是在建立纵向管理结构的同时,再分别按地区或任务建立横向管理结构。如我军的空军、海军,除纵向指挥管理机构外,各大军区(战区)也设立指挥管理机构,负责辖区内空、海军部队的指挥管理。这种结构型的优点是双重领导,加强管理的灵活性,便于处理和兼顾全局和局部的关系,可迅速对变化了的环境作出反应;缺点是结构复杂,要求管理者有较高的管理能力和主动精神。随着军事技术的发展,战斗力系统增大,诸兵种的联合作战将作为主要的作战形式,破除这种自上而下的垂直高耸的结构,减少管理层次,增加管理幅度,加强同一军种的上下级之间、不同军种之间横向的联系和协调将变得越来越广泛和频繁,这种组织结构带来了指挥和管理的统一,战斗力系统将发生新的变化。

第三,影响质态组合的因素

战斗力要素的质态组合存在着一个动态的发展过程,影响战斗力的质态组合的变化因素是多种多样的,其中,比较重要的因素是技术要素、经济要素和作战任务需要。

在实体性要素中,武器装备是十分重要的因素,技术是物化成为武器装备的基础,各个不同时代武器装备的区别取决于技术的差别。冷兵器时代,科学技术不发达,棍、棒、刀、剑等是其主要装备,战斗力的要素简单,军种少,组合也简单,作战队形主要是阵列,在作战中强调阵法的变换。随着火器的出现,火枪、火炮的使用,战斗力要素日趋复杂,作战队形变成了散兵,阵地战出现了,同时,不仅对军事后勤中弹药的配给、输送和使用提出了新的要求,对军人使用火器的技能也有了新的要求。随着空军的出现,战场纵深扩大,作战进入空中,能否掌握制空权对生产力的形成起着重要的作用。对战斗力不同要素的组合有新的安排,陆军、空军如何配合,后勤补给、场站的防护、编制种类、数量等都会对战斗力的生成形成影响。特别是在当代信息化条件下的高技术战争，是一种多兵种、多领域的展开，大纵深、高立体、全天候等是其主要作战特点，能否将多军种编成一个有机体系对战斗力的生成至关重要。可见，战斗力实体性要素的质态组合要随着技术装备的改变而及时调整。

经济因素对战斗力质态组合也有直接的影响。战争是一种物质力量的较量。正如马克思所说："批判的武器当然不能代替武器的批判，物质的力量只能用物质的力量摧毁。"①战斗力的生成首先是物质力量的生成，是武器装备、军事人员及其基础设施建设的集成。而武器的研制，人员的征用，军事基础设施的建设等都需要巨大的财力支持。从作战的角度来看，在战争中，交织双方的人力、物力和财力的消耗、各种设施的损失、国家经济发展的影响等，都是一种物质财富的损耗。因此，为了赢得战争，各国总是想方设法地提高自己的战斗力水平，竞相发展武器装备，扩充军人数量和种类，加强军事训练等。这些要素的发展水平和程度对战斗力的质态组合产生着重要的影响。国家经济发展水平低，财力不足，在发展武器装备方面不是缺项，就是数量不足，在战斗力要素组合时自然受到影响；反之，战斗力要素完整，这些要素之间的联系紧密，从而有利于战斗力的生成。

战斗力要素的质态组合与执行的军事任务有关。不同的国家、不同的军队承载的军事任务不同，不同的任务对战斗力的要求不同，从而对战斗力要素的组合要求也不同。对以美国为首的西方国家集团，其维护的是全球的霸权利益，军事力量的建设、全球的布局、理论的指导和策略等都要适合其全球的战略需要。所以，美国军队的战斗力建设的力量布局、战斗力要素的组合方式等都是满足其执行的全球作战任务需要的。我国是发展中国家，维护国家的安全和稳定，捍卫国家的尊严，保障我国现代化的建设，是我军的主要历史使命，在这种情况下进行战斗力要素建设和进行战斗力的生成，都是基于这种要求进行，其战斗力要素的组合也要服从这个要求。

2. 量态组合

量态组合是指战斗力诸要素在组合成战斗力时的数量配比，即诸要素相互结合时在数量上需要保持一定的均衡性②。任何事物都是质和量的统一。质是一事物区别于它事物的内部规定性；量是事物存在和发展的规模、程度、速度以及它的构成成分在空间上的排列等可以用数量表示的规定性。量态形式，是事物存在的基本形式，战斗力是事物的一部分，无论其规模的大小、程度的高低，都有其量态的规定，战斗力的组合就有其量态的组合。

战斗力量态的组合有以下几个特点：

一是比例性。任何战斗力系统中，不同要素的组合总是存在着一定的比例关

① 马克思恩格斯全集(第1卷)[M]. 北京：人民出版社，2008年版，第9页。

② 高连升. 战斗力论[M]. 北京：军事科学出版社，1992年版，第65页。

系,有实体性要素之间的比例,也有实体性要素和渗透性要素之间的比例。例如,武器的技术含量与军人的受教育水平相关,武器先进,技术含量高,完成同样的军事任务需要较少的人,反之,则需要更多的人员。

二是结构性。任何量态的组合总是存在一定的结构。军事任务的完成需要不同部门的配合,对一个国家的战斗力系统来说,往往存在许多不同的军种,每个军种又存在不同的要素,这些不同军种或要素之间存在什么样的关系,在执行任务的过程中如何配合,存在什么样的体制,这些都是一个结构问题。结构合理,配合和谐,战斗力的功能就好,反之,互相扯皮,关系不顺,战斗力功效就下降。

三是技术性。军队武器装备的发展与军事技术发展的关系密切。一般来说,先进的技术往往首先应用在军事领域,所以,战斗力系统的实体性要素的变化、渗透性要素的变化和组合性要素的变化必然受到技术因素的影响,从而使战斗力要素的组合表现出技术性的特征。

四是动态性。战斗力要素的量态组合不是固定不变的,随着科学技术水平的发展,作战任务的改变以及编制体制的要求,对战斗力要素的量态组合都会产生影响。一般来说,随着科学技术的发展,装备的技术含量在增加,军人的科技素质在提高,人与武器装备的互动性增加。武器装备已成为现代战斗力系统的重要因素。

随着军事技术的发展和作战任务的改变,战斗力的量态组合也在发生着变化,与国家的经济实力、军事战略和科学技术水平的发展有关。

第一,科学技术的发展是量态组合变化的直接基础

在冷兵器时代,科学技术发展水平比较低,武器的装备简单、人力的数量对战斗力生成有着直接的影响,战斗力的生成往往是通过简单的量的增加来实现的。随着科学技术的发展,武器装备的种类有了一定的增加,出现了新的军种,战斗力的生成表现出不同军种的组合,有了结构上的调整和数量上的配比。例如,火器的出现,军队不仅有使用刀、剑、棍、棒的部队,也有火枪队、火炮队等火器部队,也就有火枪、火炮在军队中的比例大小及其数量上的规定性。同样,坦克的出现,有了坦克部队,飞机的出现产生了空军,导弹的出现产生了导弹部队,网络的出现产生了网络部队等。信息技术的发展,现代战争是多兵种的联合军事行动,涉及军种多,每个军种的规模、人员的比例配置都需要有适当的规定,并不是人员越多越好。有时一些军种的人员或设备的配给过多,往往带来不必要的浪费。过少,也会影响部队战斗力的生成。因此,在一定技术条件下的人员数量是有一定的数量规定性的,不是随意决定的。

第二,国家经济实力是量态组合的坚实后盾

战斗力要素种类不同,每一种要素的量态也不一样,量态不同,其组合状态必然不同。如果说军事技术解决的是装备的有无问题,那么,经济实力解决的是数量问题。在战斗力系统中,无论是哪一种要素的存在和发展都需要有强大的经济作后盾。例如,军人的衣食住行需要经济支持;发展军事技术需要经济支持,特别是

武器装备的发展，没有强大经济后盾是难以为继的，因为，武器装备是生产出来的，需要消耗生产资料和劳动力，而生产资料和劳动力的生产同样需要经济的支持。在不同的时代，武器装备对经济的依赖性不同。在冷兵器时代，最初的棍棒可以作为兵器，其原材料直接来源于自然对象，对其进行适当加工就可以使用，对经济的依赖性比较小。而铁兵器的生产就复杂多了，需要生产铁矿石，需要炼制，需要进一步加工。随着军事技术的发展，武器装备进一步复杂，特别是现代高技术武器装备，涉及要素更加多样，技术密集，原理复杂，要研制和生产往往需要多种学科和多种部门的联合进行，没有强大的经济实力作后盾是生产不出来的，就是生产出来了，也不能达到装备数量的要求。例如，战略核武器，无论是生产、维护和使用，都需要强大的经济实力作后盾，需要其他部门的配合支持，所谓“千人一杆枪”就是这个道理。可见，经济因素是战斗力要素量态组合的直接因素，有时甚至是决定性因素。

第三，量态的组合与国家的军事战略有关

军事战略反映了一个国家在某个时期军事建设的目标、规模和程度，与其执行和需要完成的军事任务有关。一般来说，当国际环节处于相对和平时期，面临的危险小，国家发展的目标集中于经济和社会的发展，在军事力量的发展上相对投入少，战斗力要素的量态少，或者简单，其量态的组合简单。如果国家面临的危险大，或者由于经济和社会的关注点多、利益多，其量态必然多，种类也会复杂，其量态的组合也会复杂。例如，美国立足于全球战略，以全球的经济、政治和军事利益考量，所以，其军事力量的量态形式必然多样、复杂，其量态的结合形式也复杂。目前，美国是在国外建立军事基地最多的国家，也是国外驻军最多的国家，同时还是干预国际事务最多的国家，如果没有其强大的军事实力是难以为继的，而强大的军事力量建立在战斗力要素多样化与组合复杂的基础上。例如，美国拥有全球最多的卫星、全球最多的战斗机、全球最先进的 C^4ISR 系统，也是在全球军费开支最多的国家。中国的军事力量主要立足于本土防御，或维护国家的经济与政治的安全，所以，我们的战斗力要素建设与美国比较，无论在数量还是在质量上都有比较大的差距。

需要说明的是，不是战斗力要素有什么样的量态，就自然存在一种量态的组合。战斗力要素的组合生成战斗力需要战斗力要素的量态的存在恰当合理，结合恰当合理。倘若要素量上的不匹配，或结合形式存在问题，必然会带来战斗力的下降。例如，一个国家的空军的战斗机比较多，但是，预警能力不够，或防空能力差，面对具有强电磁干扰的军队，其战斗机往往就成了活靶子。在伊拉克战争中，伊军的飞机、坦克也不少，为什么面对美军这些装备都成了活靶子，就是由于其预警和防空能力差。可见，在加强战斗力系统的量态建设的过程中，一定要主要不同战斗力要素量上的匹配。

3. 空间组合

田忌赛马的故事人们都耳熟能详。田忌与齐威王各自选定上、中、下三等马进行比赛。比赛的时候,要上等马对上等马,中等马对中等马,下等马对下等马。由于齐威王的每个等级的马都比田忌的马好一些,自然每次比赛,田忌必然会输。这个故事说明了一个道理,战斗力要素其空间组合不同时,其战斗力水平会有差别。这仅仅是三匹马的出场次序的变换,就会有这样的功能。在现实军事战斗力要素的组合中,无论其要素的种类还是数量都要多得多,其空间组合要复杂得多。

我们知道,任何事物总有一定的空间,空间是事物存在的基本形式,空间与事物具有同一性。战斗力系统也是如此,任何战斗力系统都是有多种要素的存在,这些要素之间存在着空间上的并存关系和关联状态。在军事上将战斗力诸要素的这种在空间上的并存关系及其关联状态,称为战斗力要素的空间组合。战斗力诸要素的空间组合反映了战斗力系统诸要素在空间上的集聚性。

战斗力诸要素的空间组合主要有以下几个特征:

第一,整体性。战斗力系统的诸要素空间之间的组合不是彼此之间独立存在,而是诸要素之间相互联系、互为条件的组合。无论是军事技术不发达时期的合同作战还是现代信息技术条件下的联合作战,都需要战斗力系统中不同要素的有机结合。倘若这些要素联系不紧密,或联系的链条中断,必然会带来战斗力功能的下降甚至失去。可见,整体性是战斗力要素空间组合的基本要求。

第二,动态性。战斗力系统的空间组合是处于不断变化的。孙子在虚实篇里指出:“夫兵形像水,水之行,避高而趋下,兵之行,避实而就虚;水因地而制流,兵因敌而制胜。故兵无常势,水无常形,能因敌变化而取胜者,谓之神。”①孙子在这里表达了用兵之道在于变化。战斗力要素的空间组合绝不是固定不变的,依然需要不断地变化,根据敌人的变化及时调整战斗力要素的空间结合方式,以结构的改变实现新的功能,从而为战斗力新的生成创造条件。不仅如此,战斗力空间组合方式的改变也会因为技术的变化而改变。战斗力要素处于不断地变化中,随着军事技术的发展,各种新的武器装备不断出现,从而使战斗力要素的种类在不断地增加,其功能也发生着不断地变化,从而改变了战斗力要素的空间组合形式。例如,火枪的出现,改变了短兵相接的器械格斗;飞机的出现使战场立体化;导弹的出现使战场走向大纵深;雷达的出现使侦察或探测走向超视距等。这些战斗力要素的改变都使其战斗力要素的组合方式发生变化。

第三,多样性。战斗力要素的空间结合方式随着战斗力要素与其执行的任务而发生变化。一是战斗力要素不同,其结合方式不同。战斗力要素的空间组合受到战斗力要素的制约和规定。例如,陆军的火炮、坦克、步枪和战斗人员的空间结合就与空军的飞机、雷达、防空导弹等不同,火炮的作战距离、坦克的推进速度和作战距离必须与步兵的作战特点密切配合,否则,就会出现一盘散沙的状况,其系统的作战能力下降;同样,空军的战斗机的作战半径、其雷达的侦测距离、空空导弹的

---

① 齐豫生.孙子兵法[M].北京:北方妇女儿童出版社,2006 版,第 13 页。

作战距离、地面导航系统的引导以及其他指挥、预警等附属战斗要素的配合程度，对空军作战效能也产生着直接的影响。可见，战斗力要素的空间组合必须考虑战斗力要素的多样性。二是战斗力系统执行的任务不同，其空间的结合方式也不同。战术级的战斗力系统、战役上的战斗力系统和战略意义上的战斗力系统中战斗力要素的空间组合形式都不同。一般来说，战术级战斗力系统中，其作战任务小，战斗力要素空间结合相对简单；而战役和战略级的战斗力系统庞大，涉及战斗力要素多样，结合方式复杂多了。例如，现代一体化联合作战系统，是一个多兵种、多领域、高立体、大纵深、全天候的作战系统，其空间的结合方式自然非常复杂，需要科学、全面地分析、结合才能够形成战斗力，任何一个环节的不协调都会带来战斗力系统功能的下降。

总之，战斗力系统的这些特点，决定了我们在布局战斗力要素的时候，运用辩证法的观点指导我们的工作，全面地、动态地和系统地考虑问题，战斗力的生成才是有效的。

三、战斗力系统演化规律

我们已经知道，战斗力是一个系统，包括实体性要素、渗透性要素和组合性要素等，这些要素之间存在着相互作用、相互影响和相互制约的关系。同时，这个体系与环境之间也存在着物质、能量和信息的交流，从而推动战斗力系统呈现动态的演化规律。

1. 战斗力系统的基本特征

特征是对事物的本质和规律的反映，是通过事物之间或事物内部诸要素之间的相互作用中表现出来。战斗力系统因其固有的本质属性在与其他外界事物之间或系统内诸要素之间存在的相互作用的过程中，表现出一系列基本特征。

第一，开放性

所谓系统开放性是指一个系统与周围环境之间存在着物质、能量和信息的输入和输出过程。输入和输出是表征系统开放性的两个方面。战斗力系统的开放性也主要是从这两个方面来讲的。随着科学技术的发展，以及军事战略任务的转变，战斗力系统的要素在不断地发生变化。以科学技术发展为例，历史上重大的科技革命创新往往首先运用于军事领域，从而使军事装备发生巨大变化。从冷兵器到热兵器的跨越对战斗力系统带来了一次飞跃。从冷兵器的作战的阵列队形到热兵器火枪、火炮时代的散兵队形，飞机在军事上使用带来的制空权到海军使用带来的制海权，以及今天电磁技术使用的制电磁权、卫星技术带来的制太空权和制网络权等战斗力系统一系列的变化，这些都是战斗力系统要素的变化带来的战斗力系统功能的变化。没有战斗力系统的开放性，新的战斗力要素不能够输入，就谈不上战斗力系统的演化。不仅如此，外在的军事信息对战斗力系统也会带来巨大的影响。军事战争是两个战斗力系统的较量，在较量过程中，保持部队的机动性和主动性是指挥作战的基本要求,也是赢得战争胜利的必要条件。而机动性和主动性获得的基本前提是对敌我双方军事信息的掌握,例如,敌人的作战力量、部署情况、士气状况、后勤补给等等都需要确切地把握,在这个基础上,才能够制定出正确打击敌人的战略方针、政策。同时,要对我方战斗力系统的基本情况熟悉。“知己知彼,百战不殆”就是在这个意义上讲的。

第二,动态性

孙子兵法中强调了用兵的规律像流水一样,没有一成不变的模式,需要根据敌情的变化制定不同的策略。战斗力系统是一个要素多样性的系统,实体性要素中有作战主体、作战客体和作战附属条件;渗透性要素中有军事技术、军事教育训练、战斗精神和军事信息等;此外还有编制体制、指挥管理等组合性要素。每一个要素都不是固定不变的,处于不停的变化之中,从而使战斗力系统充满动态性的特征。这种情况正像一个多元函数一样,战斗力系统的变化就像函数的变化,而自变量就是这些战斗力要素,要素的多样性变化决定了战斗力系统(函数)的变化多值性。从这里我们可以看出,考察战斗力系统一定要注意其动态性,从变化的角度来看战斗力系统的改变,从变化的角度来做战斗力生成的工作。

第三,层次性

系统科学原理告诉我们,系统总是分层次的,系统由要素构成,而每个要素相对下一层次来说,又是一个系统,其自身包含着许多要素。对于战斗力系统的构成也是如此,也是由多种要素构成,每个要素相对下一层次来说又是一个系统,而该系统又包含着复杂的要素。例如,对于一支陆军部队来说,有军人、武器装备等实体性要素,也有科学技术、军事教育、训练、信息等渗透性要素,也有指挥管理等的组合性要素。就军人这个要素本身来说,存在着不同的层次,不同层次之间有隶属关系。我军编制中的军、师(旅)团、营、连、排、班等层次,就是一个军队人员构成的层次。对于指挥机关来说,又有司令部、政治部、组织部、装备部、后勤部等;同样,从武器装备来看,存在着不同种类的装备。可见,战斗力系统的层次性是普遍存在的。层次性的存在反映了要素之间存在质的差别,层次性的存在也反映了系统的复杂性,层次性的存在也反映了不同要素之间的关联性。因此,加强战斗力系统的建设既要考虑系统要素的建设,也要考虑到该要素本身也可能是一个系统,注意运用系统思维的方法来思考问题。

第四,整体性

战斗力系统是一个整体,无论是大的战斗力系统还是小的战斗力系统,构成其战斗力要素的部分必须有机地结合为一体,部分的协助配合和有机的协调是实现战斗力功能的前提。克劳塞维茨认为,“任何形式的战争无非是扩大了的人的搏斗”,这句话揭示了战争是战斗力系统对抗的本质。战斗力系统的演变包含了整体性的演变。冷兵器时代科学技术不发达,战斗力系统构成的要素比较少,结构简单,要素之间的关系简单,不同要素之间的信息传递速度慢,其战斗力系统的整体性表现相对不明显。随着科学技术的发展,战斗力系统的要素变得多样,之间的联系复杂而迅疾,战斗力要素之间的结合方式、联系的方式和相互协助的方式,对战斗力功能的发挥起的作用越来越大。从某种程度上讲,战争力水平的高低不是看单个要素的多寡,而是连接方式如何?协调方式如何?协调不好,反应速度不够快,就算有足够多的战斗力要素,其依然是活靶子。在海湾战争和伊拉克战争中,伊军表现得那么差劲,不是由于他们单个的战斗力要素不足的问题,而是战斗力系统的整体性问题。系统要素的结合方式不好,反应慢,加上一些要素的薄弱,被击败是必然结果。可见,加强战斗力系统的建设,不仅仅是战斗力要素的建设,还必须加强系统的整体性建设。

2. 战斗力系统的演化规律

规律是事物发展过程的内在的、本质的、必然的联系,是事物运动发展过程中所表现出来的内在规定性。战斗力系统的演化也有其内在的规律,由战斗力系统内在要素的变化决定,其演化遵循出下面的几个规律。

第一,武器装备复杂化

武器装备要素是实体性要素的基本成分,战斗力系统的演化首先从武器装备的演变开始,武器装备发展了,战斗力系统的演化才有可靠的物质保证。在战斗力系统演化过程中,武器装备的演化遵循着从简单手工兵器到日趋复杂的现代化兵器的转变。

在科学不发达的冷兵器时代,最初使用的是从自然界中直接获得的物质材料,如棍、棒,以及石头打制的工具。随着冶炼技术的发展,出现了金属武器,最初是青铜兵器,其后是铁制兵器。金属兵器根据使用方式的不同,制作成刀、枪、剑、戟等不同的种类。但是,无论是什么材料制成,无论采取什么样的形式,其构造简单,形式单一,功能单一。

随着火药在军事上的运用,带来了军事上的一次革命。火药技术应用于战争,燃烧性火器、爆炸性火器、抛射性火器等各种各样的火兵器不断制造出来,各种火兵器也得到了迅速的演化。特别是在17世纪末,西方发明了燧发枪和预先造好的子弹,从而提高了射速。其后,随着机械制造技术的进步,火枪、火炮的制造进一步完善。

坦克的发明使用是火器时代进攻技术的一项重大变革。火枪、火炮的使用,使进攻变得更加困难,如何才能既利于进攻的推进又能够有效地防护,坦克技术应运而生,坦克的发明相当于一个移动的堡垒,既可以进攻又可以防御。当然,兵器的发展存在着相互否定的辩证法关系,反坦克技术因坦克的使用又被催生了。

随着飞行技术的发展,世界上第一架飞机出现了。早期的飞机由于结构相对简单,功能单一,只用于简单的侦察和轰炸,空战较少。随着飞机制造技术的发展和飞机性能的完善,歼击机、轰炸机、预警机、侦察机、干扰机等层出不穷。

20世纪50年代以来,随着信息技术的发展及其在军事上的广泛运用,武器装备更加复杂，功能越来越强。例如，为了提高导弹打击精准、飞行纵深，往往使技术高度密集；一枚战略导弹，由上百万个零件组成，需要数万家企业合作研制生成，集电子技术、自动控制技术、新材料与新工艺于一身，从而像长了眼睛一样，飞行上千公里甚至上万公里依然能够准确地打击目标；太空巡弋的各种卫星，犹如长着千里眼、顺风耳，及时地查听各种信息，其零部件达 30 万个；阿波罗登月飞船，零部件达 700 万个，其复杂性可想而知；等等。可见，随着科学技术的发展，武器装备的集成度越来越高、越来越复杂是其必然趋势。

第二，部队军种多样化

伴随着武器装备的发展，战斗力系统也在不断地出现分化。原来一些基本的军种有的退出历史舞台，有的出现了新的分化，产生了新的军种，有的军种内部出现了新的分工，形成了新的战斗力系统。在科学技术不发达的冷兵器时代，军队使用的武器主要是棍棒、刀、枪、剑、戟等冷兵器，军种简单，除了一些有大河与大海的国家有比较原始的海军以外，各个国家的军队主要以陆军为主，其内部有步兵、骑兵、弓弩兵、执盾手、战车兵等。随着火药的发明使用，火枪、火炮被研制出来，成立了火枪队和火炮队，但这依然是陆军内部的分工。当时，火枪队和火炮队与冷兵器配合使用。坦克的出现，使步兵获得了进一步的分工，最初是坦克与步兵配合使用，随着坦克数量的增加及其作战功能的加强，坦克部队成为陆军的重要组成部分。世界上第一次坦克参战是 1916 年 9 月的索姆河战役，当时，英国秘密运抵 32 辆坦克，德军面对这种枪弹不入的陌生的怪物束手无策，坦克第一次作战就取得了震撼性的效果。现在坦克技术的发展无论从坦克的质量、武器性能还是机动性等是当年无法比拟的，坦克部队也是现代陆战武器的重要组成部分。

空军的出现是军队一次具有重大意义的分化，它是在现代科学技术取得的重大成就的基础上诞生的。飞机可以跨越江河湖泊，翻山越岭，可以侦察、轰炸、预警。所以，飞机的使用使人类的战争形态立体化。目前，军用飞机的种类很多，歼击、轰炸、预警、侦察、干扰等可谓五花八门，空军自身内部也出现了诸多分化，形成了新的分工。当代，空军已经成为担负现代作战任务的一支重要的力量，一个没有空军的军队，不是一支有战斗力的军队。

导弹部队的发展是现代军事力量的一个重要组成部分。导弹是在火箭技术发展的基础上实现的，特别需要新材料、控制技术、火箭发动机和工业技术发展的支持，是现代技术发展的产物。导弹由于飞行速度快、大纵深、高立体、非线性、多领域、机动性、技术含量高、专业性强等特点，特别是信息技术的广泛使用使其具有精准的打击能力，使得导弹部队已经发展成为一支独立的作战力量，成为一个独立编制的军种。当前，各国都有其独立的导弹部队，装备有战略级、战役级和战术级别的导弹。导弹部队已经成为现代作战的利器，是赢得现代战争的必要手段。

海军是现代战斗力系统的重要组成部分。海军的历史很长，海军的发展是伴随着船舶技术的发展进行的。早期的船是独木挖槽的舟，后来出现了木板船，随着造船技术的进步发展出了各种各样的战船。当各种船舶运用于军队作战并成为一支独立的力量时海军就出现了。海军最初叫水师、水兵、水军等。古希腊就曾经建立过自己的海军。希腊地处巴尔干半岛南端，周围有地中海、爱琴海，这种依山傍海、岛屿众多的地理环境，决定了古希腊发展海军的必要性。据史料记载，古希腊曾经与波斯国家发生过三次战争，最后打败了波斯，一举成为海洋上的霸主。近代，老牌殖民列强荷兰、西班牙、葡萄牙依仗着强盛舰队，进行着瓜分全球的竞赛；后起的工业强国大英帝国用坚船利炮强行敲开古老中国的大门，一场鸦片战争把中国拖入了半封建半殖民地的深渊。我国在公元前 11 世纪武王伐纣就开始使用战船；春秋时代，吴国和楚国的水军就在江河湖泊上展开过战斗；明朝时期的郑和七次下西洋的船队中就有强大的水军做后盾。在 100 多年前，我国清军也有南洋、北洋、福建三支海军舰队。但是，由于清朝政府的腐败，在中法和中日海战中被消灭。

现代意义上的海军，无论在和平时期维护国家领海、领土的安全以及海上的战略通道，还是在战争中实现作战功能，都起到了十分重要的作用。所以，无论是海洋国家还是濒海国家都重视海军的发展。但是，海军是一个技术密集型的军种，对材料、生产工艺、防护、导航、通信、发动机等技术都有着较高的要求，所以，发达国家总是竞相提升自己的海军力量，以维护自己国家的安全。例如，美国海军有两洋舰队，即大西洋舰队和太平洋舰队，11 个航母战斗群，10 个舰载联队，80 多艘潜艇等。美军在几次的局部战争中其海军发挥着重要的作用。

此外，随着现代网络技术的发展，还将出现网络战军队；随着太空技术的发展，太空军队也将会粉墨登场。可见，技术发展到什么程度，军事技术的使用就会出现到什么程度，就会支撑新的专业化军队，甚至催生新的军种。

第三，战场指挥自动化

恩格斯曾经指出："一旦技术上的进步可以用于军事目的并且已经用于军事目的，他们便立刻几乎强制地，而且往往是违反指挥官的意志而引起作战方式上的改变甚至变革。"从系统科学的视野来看，战场指挥是指指挥员及其指挥机关对所属战斗力系统作战要素的组织领导活动，是实现战斗力功能的必要手段。战场指挥涉及指挥主体、指挥客体、指挥手段和指挥的信息。伴随着战斗力要素由低级到高级演化的过程，战场指挥的方式也在改变。

最初的战斗力要素简单，装备简单，军种单一，战场指挥往往就是统帅的国王或将帅，战场指挥明显带有"个体指挥"的特性。无论从战场的视察、情报收集、敌情研判，还是定下作战决心，往往是由将帅本人来负责执行的，有时军队的指挥者又是战斗员，甚至是冲锋陷阵的先锋。

随着军事技术的发展，新装备逐渐进入部队，战斗力要素增加，军队结构复杂化，战斗规模扩大，战斗力要素的空间布局、结构数量和执行的功能等都在发生改变。在这种情况下，靠单个人对战斗力系统的要素进行有效的组合和协调异常困难，需要变革军队的指挥方式，建立以统帅为首的指挥领导核心，例如司令部等，这实际上是一种“群体指挥”的机制。

从上世纪50年代以来，随着高新技术装备不断进入部队，也产生了新军种，卫星、各类导弹、战略核潜艇、预警机、战略轰炸机等都进入战斗力系统，战斗力要素迅速增加，而且，不同战斗力要素之间、不同作战单元之间或不同的作战功能模块之间的联系更加便捷，战斗力要素之间的结合日趋复杂。协调和指挥这些要素的指挥自动化系统应运而生。指挥自动化系统的发展经历了一个由简单到复杂、由低级到高级的演化过程。

美国于20世纪50年代，首先提出C^2——指挥、控制系统的概念，并率先研制出世界上第一个半自动化指挥控制系统——“赛其”防空指挥控制系统。20世纪60年代，随着通信技术的发展，通信被纳入指挥控制体系，C^2系统被扩充为C^3——指挥、控制、通信系统。1977年，美国防部专设一名助理部长负责指挥、控制、通信和情报工作，首次把C^3同情报合并起来，称为C^3I——指挥、控制、通信、情报系统。随着计算机技术的发展，计算机在指挥自动化系统中的地位与作用更为重要。因此，在20世纪80年代初，指挥自动化系统又从C^3I系统发展到C^4I——指挥、控制、通信、计算机、情报系统。

随着对信息在作战指挥中重要性认识的日益增强，在C^4I基础上，美国防部在1997财政年度国防报告中又把监视和侦察综合进来，提出了C^4ISR——指挥、控制、通信、计算机、情报、监视、侦察系统的概念，其内涵和外延更加丰富和充实。阿富汗战争后，美军又根据“网络中心战”的作战理论，提出了C^4KISR（指挥、控制、通信、计算机、杀伤、情报、监视、侦察）这一更新的集成概念，其中“K”表示杀伤，由目标发现、精确鉴别、跟踪和杀伤技术三部分组成，计划到2025年，建成C^4KISR系统，即实现预警探测系统、通信与指挥控制系统、各种打击系统的一体化。

3. 战斗力系统演化的动力机制

第一，战斗力系统演化的条件

系统科学认为，系统是由多种要素构成的有机体系，系统的演化是该事物从一种多样性统一体系转变成为另一种多样性统一体系的过程。系统演化主要表现在两个方面，一是出现了新的层次结构，二是要素之间产生了新的关联性质。战斗力系统的演化莫不如此。纵观战斗力系统演化的历史，我们发现战斗力系统的演化过程中依然遵循着这样的规律，系统越来越复杂、战斗力要素之间的关联性越来越丰富，战斗力系统从一种简单的多样性统一体向复杂的多样性统一体演进。推动战斗力系统演化的因素是多种多样的，有外在条件，也有内在因素。推动战斗力系统演化的外在条件主要有以下几个方面：

一是系统的开放性。战斗力系统的演化不是闭门造车，是对外在环境改变的适应。这就需要系统内部与环境之间存在着通道，能够使系统与环境之间存在着物质、能量和信息的交流。这里的物质、能量和信息主要是战斗力相关要素。例如，先进武器装备部队后，需要掌握先进武器的人员进入，需要相关的指挥单元，需要履行新的战斗功能，需要了解新的作战对象的信息。可见，一种新的武器装备进入部队，往往会带来该部队组织、结构发生变化，从而使该战斗力系统出现一种向新的统一体进步。

二是要素的相互作用。辩证法告诉我们，推动事物发展变化的因素不仅有外因，也有内因。内因是根据，外因是条件，外因通过内因而起作用，这里的内因是指战斗力系统要素之间的相互作用。战斗力系统是一个以人为主要实体性要素的系统，人的因素在战斗力系统中的作用处于主导性。为了适应新的军事斗争的需要，在军队的编制体制、军事理论、武器装备、战略谋划等方面都会作出调整，而这种调整必然带来战斗力要素的改变。战斗力要素之间不是孤立的，而是存在着相互作用、相互影响和相互制约的关系。一种要素的改变会带来其他要素发生变化，正是战斗力系统内部的这种相互作用使得整个战斗力系统发生变化，从而使战斗力系统产生向新的统一体进步。

第二，科学技术的推动作用

在战斗力系统演化过程中，科学技术始终起着决定性的力量。马克思主义认为，科学技术是生产力，强调了科学技术对生产系统的影响。这句话若用在军事上，就是科学技术是战斗力，强调了科学技术对战斗力系统的影响。事实上，科学技术一直是战斗力系统演化的推进因素。具体来说主要表现在以下几个方面：

一是科学技术带来武器装备的改变。前苏联军事学家基里扬认为，“科学技术，很多是应军事斗争的需求而产生的，几乎都首先运用在军事领域；科学技术的进步推动武器装备的发展，武器装备的发展又促进科学技术的进步，这是一个具有普遍意义的规律”①。军事技术发展传递给武器装备的刺激敏感程度远强于战斗力系统中的其他要素，它就像人体的心脏和动脉，每一次搏动、每一次重大创新，都将新鲜的血液输送到各个器官从而推动武器装备更新。从冷兵器时代到信息化兵器时代，数千年的时间中发生了五次大的军事变革，每一件新武器装备的诞生都依赖于军事技术创新。冷兵器时代，金属冶炼技术的出现，使金属制的刀、剑、枪等武器取代了原有的木石兵器。随着金属冶炼技术的发展，兵器的材质也发生了变化，铁质兵器取代了青铜质兵器，使军队装备了更轻便、更锋利的武器装备。火药兵器时代，火药技术应用于军事领域产生了火枪、火炮。随着制造工艺和机械设计的发展，又出现了可以连续发射的马克沁式机关枪。加农炮、榴弹炮、迫击炮等多种火炮的出现使大炮的火力和毁伤强度得到了很大提升。机械化兵器时代，蒸汽机的发明和船舶制造技术的发展使军队开始装备铁甲舰。内燃机的出现导致坦克、装甲车辆、飞机、潜艇、航母的出现。核物理学、原子物理学、量子力学、相对论和火箭

① ［苏］基里扬. 军事技术进步与苏联武装力量［M］. 北京：军事科学出版社，1984 年版，第 274 页。

技术的发展造就了原子弹，将人们带入到了热核兵器时代。如今，我们已处于信息兵器时代，微电子技术的发展使几乎所有的兵器都必须与信息技术相结合，而由此又诞生了一大批新的信息化装备。可见，军事技术发展，尤其是具有革命意义的军事技术创新，几乎立刻引起武器装备有所变化，这种变化导致新装备不断涌现出来，新旧装备实现更替。

二是军事技术发展带来编制体制的改变。编制体制反映了其组织形态、制度安排和运作方式，它是发挥人与装备这些实体性要素效能的杠杆，没有科学合理的编制体制作为纽带，就很难发挥出部队的最大战斗力。随着科学技术的发展，军队的编制体制不断地发生变化。例如，军事技术的每一次变革都带来新的武器装备，带来新的兵种产生，海军、空军、导弹部队、网络部队等无一不是科学技术发展带来的。不仅如此，科学技术的发展带来了部队战斗单元的小型化、精锐化、一体化。科学技术的发展，使武器的作战效能大大提高，这就促使军队的规模精益求精，用最少的人实现最强的战斗力。美海军在二战中建造的最强大的衣阿华级战列舰，满编人数达到 2 700 人。如今最轻型的一艘护卫舰的火力也大大超过衣阿华级战列舰，然而护卫舰的编制人数只有 100 人左右。伊拉克战争中，美军出动 1 架次 F-15E 战斗轰炸机投放 4 枚激光制导炸弹就相当于越战时期出动 40 架次 F-105 轰炸机的打击效果。科学技术的发展，军队的专业化水平提高，遂行战斗力需要不同军种之间的联系和配合，从而使战斗力系统一体化。

三是军事技术发展推进了训练方式的不断演进。大量先进的武器装备运用，使武器装备的技术含量大大提高，武器种类也越来越多，先进武器存在高复杂性、精密性、脆弱性的特点，为军事教育训练增加了新的困难。要实现人与武器的最佳结合，不仅需要作战人员拥有更高的综合素质，还需要进行大量的严格训练和操演。而现代军事教育训练内容呈现范围广、专业多、难度大、水平高的特点，传统的、一般性的军事训练难以为继，这就需要创新的军事训练手段。现代科学技术的发展为实现新的训练手段提供了可能。如电子计算机、声像技术、电子激光模拟器的运用，让电子虚拟训练更为逼真，这种训练既节省了资源又达到了更好的训练效果。由此可以看出，军事技术创新为军事教育训练提出了新的要求，也为军事教育训练提供了新的手段，所以说是军事技术创新推进军事教育训练方式不断演进。

第三，军事发展战略的牵引

军事战略，是指筹划和指导战斗力系统全局的方略，是根据国际形势和敌对双方政治、军事、经济、科学技术、地理等诸因素的分析判断，制定的战略方针、战略原则和战略计划，是指导战斗力建设所遵循的原则和方法。

军事发展战略在战斗力系统建设的过程中起到牵引的作用。

一是军事战略的需要决定了战斗力系统的发展方向。一般来说，国家的军事战略不同，其战斗力系统的建设发展水平和规模不同。在二战期间，苏联的军队主要是陆军，陆军的装备和数量在大国之间都是名列前茅。在冷战时期，前苏联在确立战略火箭军的主导地位以后，提出了军队进攻的首要目标是“位于战线后方敌国内地目标”，其次才是敌人的军队。强调达成军事任务的目标是消灭敌人的战略武器，破坏其经济基础，消灭陆战场和海战场的敌军。主张先发制人、突然袭击，以战略核武器对敌方实施毁灭性打击，所以，加强大规模杀伤性武器是前苏联发展战斗力系统的主要任务。为此，各种导弹、氢弹以及各种投送装备，诸如战略轰炸机、战略和战役级火箭系统和潜艇都得到迅速发展，使前苏联一度拥有世界上最强大的核力量，使前苏联的战斗力系统是一支以核打击力量为主的战斗力系统。前苏联从冷战结束后战斗力系统结构和功能的演化主要是由其军事发展战略决定的。

二是军事战略的需要决定了战斗力系统建设的水平。军队建设的目的是为了赢得战争的胜利，有效履行军队的使命。军事战略内在包含了军队建设发展的目标要求。在上世纪 80 年代初期，美军由于侵越战争失败，国防力量有所缩减，而苏联则利用此机会大力扩展。面对前苏联的进攻态势，美国提出了“灵活反应威慑战略”，其基本方针是，奉行“重整军备”的建军方针，力图取得对苏军事优势；一方面加强与盟国和友好国家的力量，另一方面加强核力量建设，提出了“星球大战”计划，企图建立攻防兼备的核力量体系，准备必要时打赢核战争。为了实现该战略，加强了军费预算，从 1981 年的 2 415 亿美元，到 1985 年增加到 3 255 亿美元，平均年增长率为 8.4%，仅星球大战计划项目，预计花费 1 万亿美元，计划的第一期的先前基础研究，就投入了 260 亿美元，同时，加强武器装备的研制质量，增加军人的数量规模，这些都对美军战斗力系统的建设产生了影响。

第四章 战斗力生成模式的基本特征

战斗力生成模式是战斗力生成的根本源泉，目的就是解决战斗力生成与需要的矛盾，提高军事力量的整体作战能力。随着信息时代的到来，信息成为军队战斗力的主导力量，军队战斗力系统的各个要素与环节都被注入了信息因素，使战斗力系统具有了人的“复杂性”。新的时代背景下，与战争形态转型相适应，战斗力生成模式在转变过程中开始涌现出一些新气象、新特征。

一、战斗力生成系统的实践性

（一）实践性特征的理论分析

战斗力生成模式随着军事形态的变化而不断发展。在战斗力生成模式的演变中，实践性始终是其关键的主导特征。首先，战斗力系统的构成要素具有鲜明的实践性。比如，在战斗力生成模式的诸要素中，人是最活跃、最具决定性的因素。随着现代科学技术大量应用于军事领域，人的因素在战斗力生成中的作用不但没有降低，反而更加突出。在未来信息化战场上，具备信息素质的新型军事人才将发挥越来越重要的决定性作用。其次，要素之间的互动呈现出实践性特色。科学合理的体制编制，是先进战斗力生成和发挥的重要基础。实现战斗力生成模式的转变，不仅有赖于高素质的人和先进的武器装备，更有赖于人和武器装备的最佳结合。信息化战争对军队的体制编制提出了新的要求，优化我军的体制编制是转变战斗力生成模式的重要任务。这种情况下，努力提高战斗力生成模式诸要素的有机组合程度是十分关键的。而这种结合，本身就具有鲜明的实践特色。再次，战斗力生成系统在演进过程中是始终处于实践状态的。战斗力生成模式随着军事形态的变化而不断发展，在战斗力生成模式的演变中，科学技术始终是十分关键的主导因素。科学技术既对战斗力生成模式的诸构成要素产生决定性影响，又深刻地影响其组合方式及实现途径。人类军事发展史表明，历史上每一次科学技术的巨大进步，都在军事领域引发新的军事变革，从而带动新型军事知识体系及能力结构的形成，提高武器装备的效能及人员的素质，提供高效率的教育训练手段，促进新的体制编制的产生，最终形成以先进科学技术为标志的新的战斗力生成模式。

（二）实践性特征的历史考察

战斗力生成系统是一个历史范畴，我们可以通过生成模式的转变这一角度，来考察战斗力生成系统的实践性特征。首先，战斗力生成模式的转变是战争形态向信息化转型的历史选择。战争形态的发展，促使战斗力要素的内涵发生新的变化。农业时代，兵力的数量规模是战斗力的主导，走、打、防构成了战斗力的基本因素；

工业时代，决定战斗力的因素主要是火力、机动力、防护力、指挥控制力；信息化时代，基于信息系统的体系作战能力成为战斗力的基本标志，其战斗力生成主要是利用信息流主导物质流和能量流，实现各作战系统的综合集成，形成以信息能力为主体的整体作战能力，夺取精度和速度上的优势。战争形态的变化和战斗力要素内涵的拓展，要求我们必须依据战斗力标准，尽快提高我军信息化作战能力。其次，战斗力生成模式的转变是新的历史使命的客观要求。新世纪新阶段我军肩负的历史使命，极大地拓展了国防和军队建设的战略视野，使军队建设和发展的内涵出现了新的变化。根据新的历史使命，我军不仅要维护传统的领土、领海和领空安全，还要维护海洋、太空和电磁空间的安全；不仅要具有处置突发事件、应对各种危机、遂行作战任务的打赢能力，还要在维护世界和平、促进共同发展中发挥重要作用。我们必须高度关注军队历史使命的新变化，积极适应这一变化对军队战斗力生成模式提出的新要求，切实把提高战斗力作为推进军事斗争准备的切入点，尽快提高我军维护陆、海、空、天、电全维安全的能力，为履行我军新的历史使命提供可靠保证。

（三）实践性特征的现实表达

虽然进行一场实战是推动军队建设快速发展的最佳途径，然而和平时期的军队建设，不可能人为地为了检验某一种军事理论而发动战争。从当今世界军事发展来看，未来战争将从“实验室”打响，战场的较量先期在“虚拟空间”的对抗中展开。信息时代通过信息技术手段构建身临其境的“虚拟战场空间”，使得“实验室”成为军事理论创新与军事实践创新的中介平台，加速了理论创新与实践创新的转化进程，形成了两者的“无缝化”互动。

以科学发展观为指导，实现战斗力生成模式根本转变，在军事实践上，必须实现由“经验归纳”型向“虚拟实践”型转变。虚拟现实技术是20世纪80年代末发展起来的，以创造逼真的“模拟合成环境”为主旨的综合性技术。应用于军事领域的虚拟现实技术由于能创造逼真的“人工合成环境”，因此受到世界各国军事界的高度关注。通过有效的虚拟性作战实践，可以从根本上实现由总结过去实践经验的“经验归纳法”转变为到预先设置的虚拟环境中去实践的“虚拟实践法”，提高作战能力和作战准备的针对性与时效性。未来战争，现代技术程度越来越高，然而在和平的现实环境中，没有战争的第一手资料对战争加以考证。世界各国都以虚拟实战寻求把握未来战争的走向，在虚拟实践环境中寻求作战规律和克敌制胜方略，并在军队的现代化建设中发挥其应有的“拓展”作用，实现军队战斗力向着更高的层次迈进。

虚拟实践就是运用计算机技术和模拟技术等科技手段，来预设未来战场环境和训练课题，让军人和参战单元能在这种虚拟环境中进行“预先实践”的训练实验活动。这种情况下，战斗人员不必动用实际装备，就能在各种复杂背景下进行多种近似实战的训练演习，积累战斗经验。它能使指挥官全身心地投入到虚拟环境中去，检验他们的战术思想，决定各种武器的最佳使用方式和使用时机，为作战行动趋向精确提供了量化依据。战争后果的严重性迫使人们对军事运动系统各要素及关系进行细致而准确的研究,力求用精确思维的方法,对模糊的军事客体作出精确的反映。虚拟实践技术作为提升现代军队战斗力的有效方式,可以为未来作战行动提供可靠的作战系统运行数据,使战争行动整体走上高速、有效、精确和可控的路子。通过先期科学的虚拟实践行为,可获得第一手的作战需求资料,在定性分析的基础上经过有效的量化分析判断,形成先期的预案和决策,进行预先的作战能力储备。能力储备以未来战争需求为依据,是基于作战潜力的一种培养与提升。如今,实现战斗力生成模式的转变,我们就是要挖潜适应未来作战的作战潜力,以虚拟实践成果促发军队战斗力建设的整体跃升。

二、战斗力生成系统的同步性

在军事领域里,战斗力是个极富实践指向,却变动不居、难以静态、定量把握的范畴。战斗力系统是一个按照特定体制编制、指挥控制、战术方法武装起来的具有职业素养的人员和各种类型的武器组成的复杂系统。在战斗力的生成过程中,系统内各要素之间呈现出同步性的特征。

1. 人和武器的有效结合是战斗力系统各要素实现同步发展的前提和基础

马克思主义发展观的基本原理告诉我们,人是生产力构成的第一因素,也是战斗力生成中最活跃、最具决定性的因素。在战斗力体系中,武器属于相对容易确认的、可测算的要素。武器本身就属于科学技术领域,是物化了的科学技术。实际上,除了19世纪的一段期间,大部分重要的技术和科学进展是海陆军的需要所直接促成的。而20世纪后半叶以来,自然科学的突飞猛进则直接规定了武器技术突破的方向,使得武器的发展开始紧紧追随技术的变革速度。在“技术决定论”的视野里,一个国家能否抢在其潜在对手之前,把前沿技术运用于军事目的以获取武器优势,向来具有首要的战略意义。20世纪80年代以来,世界军事头号强国美国就一直在谋求领先对手两代、领先盟国一代的武器技术优势,战争史上,也的确存在着被严格的保密措施掩盖的、以出敌不意的方式加以利用的武器决定战争战局的战例。不过,必须强调指出,含有新技术的武器或武器系统的列装本身并不是目的,实践证明,无论兵器的杀伤力有多大提高,新兵器在理论上跟军事战术和编制的兼容统一,要比新兵器的发明和采用重要得多,也就是说,技术优势转化而来的武器只有融入战斗力系统,才能为战斗力的生成作出贡献。

战斗力系统中的人,是训练有素、掌握了一定的基本文化、科技知识以及军事技能的军人。这些知识和技能本身,随着科学技术的内化和转化,成为一种可以生发出战略战术、能够使用手中武器包括新式武器的能力和素养。军事史已经并将继续证明,将合理而有创见的军事思想运用于战争指导,有时候要比发明任何新兵器意义重要得多。对于一支军队而言,缺乏活跃的、先进的军事思想和战略战术观念,新的武器技术的真正吸收必然会困难重重。很多时候,即使缺乏必要的技术条件，在没有新式武器的情况下，卓越的军事思想和战法也能改变军事事务的进程，解放战争和朝鲜战争就是这方面有力的佐证。数十年来，美国军方一直不大理解，装备显著落后的人民志愿军为何在几乎超出生理极限的条件下，以令其惊悸的战斗力赢得了朝鲜战场一次又一次的胜利？这其中原因固然很多，但重要的一点就是，志愿军指战员具有良好的战术素养，懂得对手的武器优势和劣势所在，懂得军事技术进步中的战争规律，为消弭对方的制空权和火力优势，他们挖筑的地下坑道长度不亚于万里长城。

美国国防部、国会和研究机构的分析报告中指出，“在海湾战争中，有什么其他的因素显示了重要意义？首屈一指的是人”，“我们参加‘沙漠盾牌’行动的部队是一支训练有素、目的明确的全志愿兵部队……我们这支由全志愿兵组成的队伍，98%的成员是高中毕业生，他们训练有素，一声令下，他们不但表现出高超的作战技能，还表现出勇敢无畏的献身精神”，在整个战争中，“美国各军种士气都是高昂的”，实战证明，“尽管技术是美国军事力量的一个重要组成部分，但是，抽象的高技术武器和军事系统毫无作用”。

提出了作战消耗评估模型——新平方律方程的美国军方前上校、军事理论专家迪普伊在《把握战争》一书中指出：“……有人曾引用拿破仑的话说：‘士气与物质的比为三比一’。大多数现代军事观点应该接受作战中士气（或行为）因素与物质因素之间存在这种相互关系。然而，实际上，我们所有的作战模型或作战模拟都忽略了人的行为因素，因为分析人员至今没有设计出一种令人满意的方法，可以测定作战中人的行为因素对作战结果的影响。如果说，拿破仑在说及物质和行为因素的相对重要性时几近正确的话，那么，在作战模拟和作战计划制定中，如果不考虑人的行为因素，势将严重影响我们国家的安全。”①“任何一种作战模型或作战理论，如果不能或者没有处置这些人为因素，都不可能是完善的。”②迪普伊把影响战斗力效能的无法准确量化的所有变量放在一起，组成了相对战斗效能指数（CEV），作为战斗力效能评估模型的一个因子。这里，相对战斗效能指数中关于人的行为因素大致包括领导艺术、训练、经验、士气和人员素质几种，其中最重要的就是士气这一精神因素。

在战斗力生成模式转变的过程中，人和武器的有效结合，始终是战斗力各要素协调、同步发展的重要基础和根本前提，这是由人的发展和武器装备发展的同步性决定的。当然，这种同步性是受客观历史条件制约的，并不排除在特定范围内或某一时间段，会表现出一定的“代差”，但从提升战斗力标准入手，着眼于整个世界范

① 迪普伊；军事科学院外国军事研究部译. 把握战争——军事历史与作战理论[M]. 北京：军事科学出版社，1993 年版，第 64 页。

② 迪普伊；军事科学院外国军事研究部译. 把握战争——军事历史与作战理论[M]. 北京：军事科学出版社，1993 年版，第 112 页。

围进行考察,这种“同步性”是确凿无疑的。

2. 科学技术与系统各要素在深度融合中实现同步发展

战斗力的生成与科技进步存在着深度关联。科学技术物化为武器装备,内化为现代军人素质至关重要的组成部分,并作为重要动力推动着体制编制、战略战术由低级状态向高级状态发展,发挥着关键的作用。然而,对科技融入战斗力系统仍需作全方位、系统化、客观的审视。依靠科技进步,转变、优化战斗力的生成模式,具有紧迫的战略价值和现实意义。

在战争实践中,判断技术进步带来的新武器或者重大的改进型武器能否融入战斗力体系,通常会有一些指征性的表现。譬如,战斗人员是否充满信心且灵活有效地使用新武器,新武器是否可以和现有的武器配合,给敌人造成更大损失,同时大大减少新武器使用者的伤亡,等等。而达成以上融入效果,显然需要具有了解新武器性能,并且能够开发出与新武器相配套的战术方法、训练方法的军事领导者和指挥员。基于这一层面理解,科学技术的进展已经作为一种知识和能力,融入了军队作战训练、体制编制、管理教育以及指挥控制等各个方面,渗透在战斗力构成、战斗力生成和战斗力发挥的全过程,并成为军人素质至关重要的组成部分,这一融入过程表现出典型的同步性。

在更多的情况下,要想使战斗力大为改观,就要运用科技成果对武器、人和编制体制等要素进行相当大的、多方面的革新,而不仅仅是对武器进行革新。否则,结果就会如同一战期间索姆河战役战场上突然出现的坦克那样,由于人们不懂得运用何种战术配合坦克作战,使首次登场的 18 辆坦克并没有对战斗产生决定性影响,而只是在战场上起到了对敌吓阻的作用。事实上,即便在殖民主义时代,16 世纪西班牙征服美洲印加帝国和 18 世纪英国征服印度的过程中,技术时代差和武器优势也不是西班牙人和英国人获得摧枯拉朽胜利的唯一原因。

从作战角度审视,战斗力代表了一种确保胜利的特质,交战双方谁拥有了战斗力优势,谁将赢取战争的胜利。当然,战斗力的高低必须通过战争的检验,未经战火考验的武器、人以及体制编制顶多代表着战斗的潜力。然而,对于大多数军队而言,从战争走向战争是不现实的,也是一种可怕的趋势,其战斗力诸要素的分化、整合以及跃升的过程更多反映于平时的军队建设之中。在军队建设中,认同“科学技术是重要的战斗力”,就应当坚持科学技术在人、武器以及人与武器结合方式的同步发展及生成模式,这将直接关系到军队战斗力的强弱,关系到战场战斗力效益的产生。

理论上分析,战斗力系统的模式调整与能量聚集可以通过多种方式,如:单纯改变体制编制、军事思想;采用新的战术方法,而武器装备无变化;渐次改变包括装备在内的诸要素的内在结构;对战斗力的要素包括硬件、软件在内进行全方位的根本性改变,等等。需要指出的是,战斗力系统全方位的根本性改变是存在风险的,历史上也是罕见的;仅仅调整编制、采用新的战术方法,而不改变武器装备水平的状况通常只有在危机环境和危机条件下发生。在和平建设时代，通过渐进的方式将一代又一代的新技术导入武器装备，纳入战斗力系统，进一步带动体制编制、兵力结构和战略战术的变化是一条阻力最少且好处很多的途径。当然，这会是一个长期而长效的过程，其核心不仅在于科学技术转化成了军人手中的武器，更在于要用科学技术知识武装军人，培养其操作新式武器的技能，进行与武器进展相匹配的作战方式、组织结构和指挥体制的革新，而后两者尤其依赖于军队的教育训练和管理水平的提高。

3. 统筹兼顾系统各要素，实现战斗力建设的协调性发展

坚持协调发展，强化综合集成，提高战斗力整体效能。非绝对的“同步”，本身就是协调发展的重要表现。信息化条件下的军队，已发展成为由庞大的人流、物流、信息流、能量流构成的复杂的分布式系统。要使战斗力各要素系统、高效、有序地运转，实现高度的一体化，必须强化综合集成，以发挥系统的整体优势和综合效能，大幅度提高作战系统的整体效能；要充分利用信息技术的渗透性和联通性，大力加强各种作战要素、各个作战单元、各支作战部队、各类作战力量的同步集成；要在技术层面上实现主战装备各种功能的集成，使主战装备实现从信息感知、传送，到指挥控制、电子对抗、火力打击、机动防护等功能的融合，把主战装备本身的综合效能充分发挥出来；要在系统层次上实现作战部队内部的集成，通过搭建先进的信息平台，实现主战装备与指挥、控制、情报、侦查、监视系统以及各种保障系统的互联互通，实现作战部队内部的系统整合；要在体系层次上实现诸军兵种部队之间的集成，通过以天基信息系统和通用数据链为重点的综合电子信息系统建设，把诸军兵种部队联结成一个有机的整体，成建制、成系统、成体系形成和发挥最大的作战效能。

坚持可持续发展，科学培养人才，增强战斗力发展后劲。军事领域的竞争，归根到底是人才的竞争，人是军队建设的主体，是实现战斗力模式转变的根本保障。要贯彻以人为本的思想，充分认识和全面发挥人的因素在军队战斗力生成中的决定性作用，按照胡主席“加紧实施人才战略工程”的重要指示，积极拓展人才培养途径。一是充分发挥军队院校主渠道作用，科学谋划，总体部署，建立和完善适应战斗力生成模式要求、具有我军特色的院校教育体系；二是依托国民教育资源，坚持走“军地结合、寓军于民”的路子，充分利用地方雄厚的教育资源、科研资源和人才资源，为我军培养和选拔所需要的人才，提高新型军事人才的培育起点；三是迈出外向型培养的路子，采取派遣访问学者、军事留学生和举行联合军事演习等办法，积极构建全方位的对外开放训练体系，加快与外军在各个层次上的人员培训和交流，提高新型军事人才的培养质量。

强化和谐高效的管理机制，促进战斗力生成系统的协调性发展。胡主席深刻指出，世界新军事变革不仅是一场军事技术和军队组织体制的革命，也是一场军事管理的革命。传统的管理控制，深度浅、精度低、速度慢、效益差、浪费大等问题越来越突出。要使军事管理控制适应一体化联合作战发展的需要，必须加大管理控制机制改革创新的力度，使管理目标由不明确到明确，管理内容由概略到精细，管理方法由经验到科学，管理制度由零散到完善，管理责任由模糊到明确，管理手段向自动化发展，形成和谐高效的管理控制模式，为战斗力各要素的协调提升打造良好的内部平台环境。当前，我们以科学发展观为指导实现战斗力生成模式的根本在管理控制上，就是要增强环境推力，以和谐高效为目标，打造战斗力生成模式转变的良好内部环境平台，推动部队正规化建设的持续、协调发展。

三、战斗力生成系统的跨越性

当前，军事斗争准备是我军最重要、最现实、最紧迫的战略任务，为能更好地完成这一战略任务，必须加速推动军队的全面建设。目前，我军建设的主要矛盾是现代化水平与打赢信息化条件下局部战争的要求还不相适应，军事能力与履行新世纪新阶段我军历史使命的要求还不相适应。而解决好我军建设主要矛盾的核心途径，是把工业时代适于打机械化战争的机械化军队建设成信息时代适于打信息化战争的信息化军队。在我军机械化建设的任务还没有完成，又面临信息化建设的严峻挑战的形势下，如果按部就班，就会坐失良机，就不能缩短与世界军事强国的差距。因此，立足当前，实施跨越式发展，是我军摆脱被动、争取主动的必由之路。

（一）军事理论与军事战略：战斗力生成模式跨越式转变的先遣

人类战争史上，任何一支成功的军队和任何一场有规模的战争，都离不开军事理论的指引。实践证明，军事理论是牵引作战样式和战斗力生成模式转变的巨大力量。此外，不同历史时期，各个国家都会根据自身安全和发展需要，制定其国防和军事战略。这些战略及其方针，是对国防和军队发展的宏观规划，是战斗力生成模式转变的引领力量。总之，军事理论与军事战略相辅相成，是牵引战斗力生成模式实现跨越式转变的先遣力量。

首先，军事理论与军事战略相互影响，作用于战斗力生成模式。军事理论研究是制定军事战略的基础，不同的军事理论和军事思维会形成不同的军事战略选择。当然，相对宏观和稳定的军事总体战略也规范和指引具体军事理论的研究，二者相互影响、共同前进。在这种情况下，军事理论会通过军事战略对战斗力生成模式的选择产生深刻影响。比如，美军选择遏制战略还是先发制人战略，对其武器装备的发展方向和战斗力生成模式的要求差距很大。

其次，军事理论牵引新的作战样式，促进战斗力生成模式的跨越式转变。作战理论的创新，必然引起作战样式的变革。如美军“空地一体战”和“网络中心战”理论引起作战样式的巨大转变。而作战样式的转变，必然引发武器装备、体制编制、组织指挥的一系列变化，从而使战斗力生成模式发生新的变化。如果作战样式发生革命性变革，则战斗力生成模式的转变也将是革命性的。

再次，军事理论具有直接设计新的战斗力生成模式的功能。军事理论的指导功能涵盖了国防、战略及军事的各个方面，其中，一个重要任务就是设计新的提升战斗力生成模式和道路。历史上历次划时代的军事改革无不是在军事理论的创新中获得战斗力跃升的。随着科技发展的日新月异，军事理论创新的步伐加快，对战斗力生成的塑造作用也越来越强，战争将迎来一个全新的时代。

（二）武器装备现代化：战斗力生成模式跨越式转变的基础

武器装备的技术水平，从根本上决定着军队的组织方式、作战方式、训练方式和保障方式，决定着战争的形态及其发展水平。面对打赢信息化战争的时代课题，我军必须建立能与信息化作战能力很强的作战对手进行有效抗衡的物质技术基础，否则，"打赢"未来战争就是一纸空文。目前，我军在武器装备信息化建设上与世界军事强国相比存在较大差距。要加快我军战斗力生成模式的转变，必须高度重视武器装备的信息化建设，力争实现跨越式发展。发展信息化武器装备，要坚持把提高自主创新能力摆在突出位置，努力增强原始创新、集成创新和引进消化吸收再创新的能力，力争在一些基础性、前沿性、战略性技术领域取得重大突破，真正把那些具有"命根子"意义的核心技术掌握在自己手中，推动我军高新技术武器装备的自主式发展、跨越式发展和可持续发展。

（三）促进我军战斗力生成系统跨越式转变的策略选择

一要实施"局部先行"策略。即根据我军武器装备现代化建设的实际，采取"有所为，有所不为"的策略，坚持舍次保主，局部先行；做到有先有后，先急后缓。按照具体化、系统化、配套化的要求，区分轻重缓急，集中人力、物力、财力，大力解决制约战斗力模式跨越式转变的突出矛盾，实施一点或几点率先跃升，以带动整体发展。

二要实施"巧取活用"策略。后发优势在于可以跨越先行者走过的弯路，减省先行者付出的高昂学费。所谓"巧取"，就是对先行者研制开发的先进技术，采取引进、移植、嫁接、粘贴、嵌入等手段，实现系统功能的迅速提升。所谓"活用"，就是不搞生搬硬套、机械模仿，而是在吸收、消化、融合的基础上实施改造创新。

三要"立足长远"。既要顾及近期需要，又要谋划长远发展，既要关注现实威胁，又要适应未来挑战。因此，要依据我军武器装备现代化建设的发展战略，制定出要素全、管长远的加快战斗力生成模式跨越式转变的总体发展规划。一要建立健全组织领导、决策咨询、技术支撑等专门机构，通盘考虑体系结构、系统功能目标、技术标准等问题；二要制定配套的政策、法规和规范，以确保战斗力生成模式转变的顺利进行；三要适时调整改革编制，逐步建立以信息为主导的军队力量体系；四要正确处理机械化与信息化的关系，走信息化与机械化融合互动、同步推进的发展道路等，确保战斗力模式转变沿着健康有序、协调持续的方向发展。

四要"联动互补"。当今，以信息技术为主导的高新技术的"乘积式"发展，极大地模糊了军用与民用的界限。尤其是在军队信息化建设的发展上，"全民皆兵"将是信息化战争最显著的社会特征。因此，构建军民一体的"兼容"体系，就成为加快战斗力模式跨越式转变的重要途径。一要建立军民兼容的技术保障体系。既要充分考虑战时作战保障的需要，又注意平时服务于国家经济建设的功能，做到着眼于通用性、融合性，解决互用性、共享性；二要建立军民兼容的信息资源网络。可依托整个社会雄厚的信息资源，动员和使用地方信息网络和设施，与部队的相关技术装备相结合，实施广泛兼容，大力强化信息资源的开发能力，建立相互兼容的数据库系统，实现信息资源的优化配置；三要建立兼容的人才双向互动体系。既要充分利用社会人才资源，参与部队重大课题的研究和技术攻关，又要加大地方院校代培军事人才的容量，为加快战斗力生成模式的跨越式转变提供智力支持和技术保障。

（四）实现我军战斗力生成模式跨越式转变中需要协调的几个关系

1. 协调确保安全和提高战斗力的关系

安全工作是部队建设的基础性工作，它渗透到战斗力生成的全要素、全过程，诸如人员安全、武器装备安全、军事训练安全以及编制体制的平稳运行等。从根本上讲，保安全的目的就是保战斗力。因此，要牢固树立安全发展理念，正确处理关联战斗力生成的各种安全问题，消除制约战斗力生成的各种不安全因素，突出防范重点，狠抓薄弱环节，为战斗力生成营造安全的内外环境。同时，要坚持战斗力标准，逐步完善信息化条件下的训练体系和训练机制，努力克服消极保安全的思想，避免随意降低军事训练难度、简化军事训练课目，真正使安全成为各种军事训练指标最优化状态下的安全。

2. 协调战斗力建设与国家经济实力的关系

胡主席指出："新世纪新阶段，国防和军队现代化建设的发展，必须是融入国家现代化战略全局、与国家安全和发展利益相适应的发展。"①这一论述揭示了国家综合实力与军队建设模式的内在联系，为科学推进战斗力生成模式转变指明了方向。必须依据科学发展观的要求，站在国家综合实力的角度，统筹考虑作战方式、作战实力与经济实力的关系，把军队的信息化与国家的信息化结合起来，把战斗力生成模式与生产力增长方式结合起来，充分运用经济实力的发展成果不断提高军民结合、平战结合的层次和水平，真正走出一条快速、高效的战斗力生成新路子。

3. 协调重点突破和全面提升的关系

军队战斗力建设要坚持走全面、协调、可持续发展的路子。但全面发展决不意味着全军齐头并进，而是有重点、分层次、按步骤的发展，核心是在重点突破的基础上带动整体跃升。当前及未来一个时期，必须把主要力量投入到对军事斗争准备和应急作战具有战略性影响的领域，以重点战备建设带动体系建设，以重点方向建

① 胡锦涛. 在庆祝中国人民解放军建军 80 周年暨全军英雄模范代表大会上的讲话[N]. 解放军报，2007-08-02(1)。

设带动其他方向建设，尤其要以应急机动作战部队战斗力建设带动全军部队战斗力的总体建设。

4. 协调物质建设和精神建设的关系

战斗力的生成涵盖诸多物质因素和精神因素，是一项复杂的系统工程。提高战斗力不仅要有物质、技术作基础，更要有人的优良的军事素质、饱满的精神状态作保证。当前，人们普遍对实施科技强军战略、更新武器装备的愿望比较强烈，但对武器装备与战斗精神的关系缺乏辩证的思考，存在“武器装备比较落后、战斗精神难有作为”的畏难情绪。在信息化战争中，虽然武器装备的作用明显增大，但人仍然是战斗力中最活跃、最具决定性的因素。因此，必须发挥我军的政治工作优势，教育引导官兵坚定理想信念，强化战斗精神，提高智力素质和军事素质，自觉地投入到战斗力生成模式转变中去，实现人与武器装备的最佳结合，最大限度地提高整体作战能力。

四、战斗力生成系统的创新性

信息时代，创新是一切进步与发展的原动力。军事领域的创新，是军事技术、军事理论、军事管理、作战方式发展的源头，战斗力生成模式转变则是军事系统创新发展的结果。在新军事变革中，军事创新已成为关乎军队生存和发展的世界性“时尚”。解决战斗力生成模式转变的一切问题都离不开创新。战斗力生成模式由机械化形态转向信息化形态面临诸多新问题，建设机械化军队、打机械化战争的思维、理论、模式、机制等都将面临“扬弃”，这就需要更新思维，进行创新。同时，外国的模式不能照搬照抄，先进经验中国化也需要我们自主创新。事实上，美军信息化转型的过程，就是一个创新过程，其新军事革命的倡导者、前参联会副主席威廉·欧文斯就曾指出，加速推进军事革命，与其说是一个关于新技术的问题，不如说是一个进行组织机构改革和创新作战理念，以便充分发挥新技术潜能的问题。创新是战斗力生成模式跨越式发展的根本动力。创新使军事技术、理论、武器装备、作战样式都突破了按部就班的“顺序”逻辑发展进程，可以“隔代”发展，从而使战斗力生成模式的跨越发展成为可能。我们应当充分利用这一优势，积极探索战斗力生成模式跨越发展的思路和技术。以指挥控制系统为例，美军 C^4 IKSR 系统的发展是在各军种“烟囱”的基础上，通过系统集成而实现的。我军显然无需重复美军的旧路，应借鉴其经验及成熟的技术，通过创新思路实现跨越式发展。

创新是催生战斗力生成模式转变的原动力。军事创新是军事主体在实践中创造新事物的一种积极能动的行为，是对传统军事观念、理论、组织方式和运作方式进行革命性扬弃的系统工程。战斗力生成模式转变的实质，就是军事领域的创新。军事创新既是战斗力生成模式转变过程中不可缺少的环节，更是实现战斗力诸要素及其组合方式变革的原始动力。战斗力生成模式转变的本身，也就是军事主体创新的结果。离开了军事主体的创新，战斗力生成模式的转变将无从谈起。从这个意义上讲，军事创新是实现战斗力生成模式转变的生命，战斗力生成模式的转变最终必须落实到军事主体的创新性实践中。军事发展史表明，军事创新是许多发展中国家的军队后来居上、实现战斗力生成模式转变的根本途径。反之，原来在军事上保持领先地位的民族，由于故步自封，失去创新精神，而最终落伍的例子也并不少见。因此，要加快我军战斗力生成模式的转变，必须通过进一步增强创新意识，寻找新办法，解决新问题，促进军事系统内在矛盾运动向着有利于信息化战斗力生成模式转变的积极方向转化，走出一条具有我军特色的军事创新道路。另外，还须瞄准世界军事发展的前沿，加快军事创新体系建设，努力提高原始创新、集成创新和消化吸收再创新能力。从我军的实际出发，着眼未来，努力发展与创新我军的军事理论；贯彻科技强军的发展战略，加强科技创新；朝着规模适度、结构合理、指挥灵便的方向努力，体现"精兵、合成、高效"的原则，加强体制编制创新；进一步加大训练体制、训练内容、训练方式和手段等方面的创新力度，加强教育训练创新，从而真正通过军事创新实现我军战斗力生成模式的快速转变。

军事理论创新是实现战斗力生成模式转换的突破口。理论是实践的先导，新的实践需要新的理论做指导。先进的军事理论，是影响战斗力生成模式的重要因素。军事理论贯穿于战斗力诸要素及组合方式中，对要素的质量及组合状况都会产生举足轻重的影响。无论军队人员素质的提高、武器装备的研制，还是体制编制与军事训练的优化，都离不开先进的军事理论作指导。当今，我军战斗力生成模式正处于机械化向信息化转变的关键时期，急切呼唤新的信息化军事理论与之相适应。为此，必须着力突破以往过时的机械化战争思维定式，尽快确立信息化战争思维模式；必须努力增强思维过程的开放性与前瞻性，使军事理论创新在一个更为宽广的时空维度运行。这就要求，在创新我军信息化军事理论时，既要着眼于我军的实际，以我军的军事实践为根本出发点与落脚点，把主要精力放在新军事斗争准备的需要上，又要善于借鉴外军的经验教训，积极吸收外军信息化军事理论中的有益成分。

理论与实践的互动是一切军事创新的根本来源和存在形态。军事理论创新是军事主体在实践中创造新的指导理论的一种积极能动的行为，是对传统军事观念、理论、组织方式和运作方式进行革命性扬弃的系统工程，而军事实践对军事理论的创新提供了现实依据。实际上，战斗力生成模式的转变就是一个连续不断的军事理论创新与军事实践的互动过程。人类社会形态由工业社会向信息社会转型促使了战斗力生成模式的转变，必然要求新的战斗力生成指导理论诞生。军事理论创新既是战斗力生成模式转变过程中不可缺少的环节，更是实现战斗力诸要素及其组合方式变革的理论动力。理论指导实践，实践又不断为理论注入新的活力。战斗力生成模式转变的本身，也是军事主体实践的结果；离开了军事主体的实践，战斗力生成模式的转变将无从谈起。军事理论创新的灵感来源、军事实践的最佳平台无疑是战场。科索沃战争中，美军用实战检验了"非接触作战"理论和军事训练转型成果，创造78天空袭零伤亡的战争纪录，同时也暴露出飞行员对特殊地形下的空袭目标缺乏准确识别能力等不足；伊拉克战争中，美英联军依仗绝对优势的制空权、精良的武器装备和出色的作战训练，成功实施了联合作战。当然也未能完全达成其“快速决定性作战”的初衷。美军一直就是这样通过一次次实际军事行动，既检验以往军事训练的成果，也不断暴露军队平时训练中存在的问题。从而在“提出理论—实兵演练—实战检验”的循环过程中，促进下一步的训练改革。激发部队战斗力由“潜在态”向“现实态”的跃升。

在新世纪新阶段，面对新的形势，胡主席要求全军“要把改革创新作为军队建设的根本动力”，通过建设“创新型军队”，为建设“创新型国家”作出应有的贡献。① 现阶段，我军以科学发展观为指导的军事创新的基本思路是：坚持党对军队绝对领导下的人民军队的根本性质和宗旨，“继续实施科技强军战略，按照建设信息化军队、打赢信息化战争的要求，坚持以机械化为基础，以信息化为主导，走机械化信息化复合发展的道路”②。

在战斗力生成模式的创新中，应当正确处理好以下几个关系问题。

（一）单项创新与集成创新

创新包括三个部分：原始创新、集成创新和引进技术基础上的消化吸收创新。其中，要搞好集成创新，就必须加强单项创新，并正确处理好两者之间的关系。单项创新是集成创新的基础，集成创新是从整体上对单项创新成果的整合提升。两者在军事创新中都具有不可或缺的作用。面对新的情况，军事创新尤其要强调集成创新的作用。强调集成创新需要注意两个方面的问题：一是从理论创新的层面上看，要统筹军事创新各个方面的相互关系。军事创新包括理论、技术、体制、管理等方面的创新。这些年来，我军在军事创新研究中，有的只盯在军事理论创新这一个方面，系统考虑组织、体制、技术和管理的创新不够。而军事理论创新的一些观点虽然很新，但由于过于超前，或与其他创新成果不相协调，难以起到现实有效的指导作用。战斗力生成模式创新是一个系统工程，军事创新也应是一个系统工程，要充分考虑军事创新各个方面的相互关系。只有这样，才能使军队建设走上科学发展的轨道。二是从实践创新的层面上看，要谋求系统战斗力效益生成的最大化。随着科学技术的进步和管理水平的提高，生产力概念的内涵不再仅仅是诸要素的简单相加，同理，战斗力概念的内涵也不再仅仅是几个要素（人、武器、编制）的简单相加，而是战斗力系统中各子系统相互作用的综合效应。就指挥系统来说，现代指挥自动化集指挥、控制、通信、计算机、情报、监视和侦察为一体，称 C^4ISR 系统。我

---

① 胡锦涛. 在庆祝中国人民解放军建军80周年暨全军英雄模范代表大会上的讲话[N]. 解放军报，2007-08-02(1)。

② 胡锦涛. 在庆祝中国人民解放军建军80周年暨全军英雄模范代表大会上的讲话[N]. 解放军报，2007-08-02(1)。

们的军事创新研究要面向现代战争，适应实战需要，着眼整体效益。美军在信息化建设之初，由于缺乏大系统观念，没有在规划计划上着眼于“系统战斗力效益生成的最大化”，出现了“只见树木，不见森林”的局面，导致内耗严重、效益低下等问题。我军目前也出现了类似的问题，应当引起我们的高度重视。

（二）原始创新与引进创新

原始创新与引进技术基础上的消化、吸收的再创造，是自主创新的重要内容，原始创新作为自主创新体系的基础，属于自主创新中具有战略突破性的科学活动，是一种超前的科学思维或挑战现有理论的重大科技创新。事实上，真正的核心技术是买不到的。我国奉行独立自主、自力更生的原则，我军建设要想不受制于人，首先在军事创新上不能依赖于人，而进行技术上的原始创新是技术上不依赖于人又能得到持续发展的关键。如果说，在国家经济建设中有无原始创新的结果是“贫与富”的话，那么，在军队建设中，有无原始创新的结果可能就是“生与死”的关系了。因此，为了尽可能地降低军事风险，履行好我军新的历史使命，我们必须高度重视原始创新，努力变我军军事理念和武器装备的“仿造”为“创造”。同时，要充分重视在引进、消化、吸收基础上的再创造，在军事创新中，原始创新很重要，但引进基础上的再创新也必不可少。引进创新属于“延展性创新”，是“后发优势”。原始创新是超前性、革命性创新，也是最花时间、最耗资源、成功率较低的创新，而引进创新，变革的力度弱小一些，时间短一些，但实现较为容易一些。从我国现实的国情来看，我军肩负着完成机械化和信息化建设的双重历史任务，在重视原始创新基础上加强引进创新，就能使我军的发展加快速度，尽可能在较短的时间内缩短与发达国家的差距。“引进创新”，引进是手段，创新是目的。如美国就很善于在引进基础上进行再创新。他们以《孙子兵法》中的“不战而屈人之兵，善之善者也”等理论为基础，创造出了“威慑战”、“震慑战”理论；根据普里高津的耗散结构理论以及混沌学等科学方法，提出了“非对称性作战”的一系列全新的军事概念；引进地方部门的研究成果，提出了“横向技术一体化”、“系统集成”、“系统对抗”、“网络中心战”等理论。以色列、日本等国也非常重视引进创新。而中东一些国家，由于不重视引进技术基础上的再创新，引进的不少，但技术水平多年难以进步，武器装备只能长期依赖外国。我们要向以色列、日本学习，不应走中东一些国家的老路。

（三）内容创新与方法创新

创新的内容，胡锦涛同志在庆祝建军 80 周年暨全军英雄模范代表大会的讲话中概括为四个方面，即“军事理论创新、军事技术创新、军事组织创新、军事管理创新”①。在这四大创新中，军事理论创新将为我军的科学发展提供强有力的理论指导，军事技术创新将为我军的科学发展提供牢固的技术支撑，军事组织创新将为我

---

① 胡锦涛. 在庆祝中国人民解放军建军 80 周年暨全军英雄模范代表大会上的讲话[N]. 解放军报，2007-08-02(1)。

军的科学发展提供优质的组织基础，军事管理创新将为我军的科学发展提供可靠的管理保障。抓好这四大创新，奋发有为地把中国特色军事变革推向前进，是提高军队应对多种安全威胁、确保多样化军事任务的能力、有效履行历史使命的必然选择，是逐步缩小与国际先进军事技术水平的差距、实现军队现代化发展的必由之路。在完成这四项创新任务的过程中，正确的方法非常重要。从我军目前的现实状况看，在创新方法上要注重处理好两个关系：一是继承与发展的关系。我们知道，军队创新不是无中生有，割断历史，而是对我国传统的兵家学说和我军在长期革命战争中形成的军事指导理论创造性地予以继承。比如，中国古代兵书《孙子兵法》，历时 2500 多年，其基本观点仍能在当代闪烁璀璨的光芒，被誉为兵家圣典。又如，以毛泽东为代表的老一辈无产阶级革命军事家在长期的战争实践中创立的军事理论，其中一些基本立场、观点和方法仍对我军目前建设和未来战争有着重要的指导意义。这些传统不能丢，应加强学习和研究，有选择地加以继承。同时，军事创新也要强调发展。要从现代战争的实际需要出发，研究新情况，解决新问题，站在军事前沿，创立新的军事理论、军事技术、军事组织和军事管理。二是保持我军特色与借鉴外军经验的关系。我军特色表现在诸多方面，其中最突出的是听党指挥、服务人民、英勇善战的优良革命传统。胡锦涛同志指出，在 80 年的顽强奋斗中，人民解放军培育和形成了优良革命传统。人民解放军的优良革命传统，集中起来就是听党指挥、服务人民、英勇善战①。“听党指挥”，是党和人民对人民军队的最高政治要求，是人民军队不可动摇的根本原则；“服务人民”，是人民军队一切奋斗发展的出发点和归宿，是人民军队必须永远坚持的根本宗旨；“英勇善战”，是人民军队的鲜明特征，是人民军队履行职能使命的根本要求。因此，在战斗力生成模式的理论研究和现实实践中，决不能忽视我军曾经拥有的优良传统，进一步发挥我军历史沿留下来的强大战斗精神的作用，使战斗力生成系统的创新性特征得到辩证性的继承和发扬。

五、战斗力生成系统的整体性

从近期世界几场高技术局部战争来看，现代战争已呈现出明显的多元化特征，两支军队的对抗活动已成为系统对系统、体系对体系的对抗与博弈，它彻底改变了传统的平台对平台、要素对要素的作战样式，要求军队必须形成作战系统的整体效能，才能赢得战争。战斗力生成系统的整体性特征，表现为系统要素功能发挥的相关性和合作性。这就告诫我们，应将结构力作为衡量军队战斗力的新指标，在平时的军队建设中，在搞好各军兵种、各作战单元能力建设的同时，更要有体系的意识，将各武器装备、各作战要素、作战单元、各军兵种综合集成为一个整体，即最大限度

① 胡锦涛. 在庆祝中国人民解放军建军 80 周年暨全军英雄模范代表大会上的讲话[N]. 解放军报，2007-08-02(1)。

地追求军队结构力。

信息化战争的基本特征是体系与体系的对抗，这就决定了信息化条件下的军队战斗力具有整体性、系统性和体系性。在信息化战场上，如果军队的攻防作战未形成体系，那就无法展开有效的攻防行动，即使拥有一些先进的武器装备平台也发挥不了实际效用。因此，加快我军战斗力生成模式的转变，必须把战斗力作为一个体系，把战斗力的生成过程作为体系的整合过程。充分利用信息技术的渗透性和联通性，切实在各作战要素、作战单元、作战力量的综合集成上下功夫。在系统技术上实现主战装备各种功能的集成。在系统层次上实现作战部队内部的集成。在体系层次上实现诸军兵种部队之间的集成。

早在20世纪80年代末，著名科学家钱学森院士就提到战斗力生成系统的整体性特征，也就是综合集成法。钱老提出的综合集成方法主要包括系统观、从定性到定量的综合集成和综合集成研讨厅体系等内容。关于系统观，综合集成方法强调用综合的、联系的、开放的思维方式研究复杂问题，研究由整体到部分、部分与部分，再由部分上升到整体，最终认识复杂问题的总体性质。关于从定性到定量的综合集成，综合集成方法强调理论、知识、经验、判断与计算机、信息网络等技术手段的有机结合，通过从定性到定量的研究，找出解决复杂问题的思路和方案。关于综合集成研讨厅，则是运用综合集成方法解决复杂军事问题所构建的集成化工作环境，是综合集成方法的实现形式。目前全军各单位建设中的各类作战实验室，大都是依照综合集成研讨厅的技术路线来构建的。综合集成的方法论意义主要体现在两个方面：一是在研究思路上，采取“整体论”和“还原论”相结合、“自上而下”和“由下而上”相结合，最终从整体上研究解决复杂问题的路线；二是在技术思路上，采取“人机结合、以人为主”的信息、知识和智慧的综合集成。对于复杂军事问题，采用综合集成方法，通过人脑思维与计算机分析的结合，利用运筹分析方法和计算机模拟，经过反复多次的研究论证，实现从定性认识到定量分析的转化，最终获得比较科学的结论。

战斗力生成系统的整体性特征，在军事思维、系统建设和综合集成训练方面体现尤为明显。

首先，在军事思维上，必须实现由“要素分离”型向“体系融合”型主导转变。科学发展观要求我们用统筹思维解决军事问题，实现军事系统的协调发展，实现战斗力的提升。传统军事思维认为，物质和能量是构成战斗力的主要方面。追求更大的杀伤力、更快的机动力、更强的防护力，贯穿于历次军事革命的基本思路，其实质是在解决和处理问题时只看重个体因素，不关注整体全貌。表现在军队建设与战斗力生成模式上，主要是陆、海、空等各军兵种单独发展，自成体系，横向联系少；武器装备的发展采用“烟囱式”，只注重研制一代比一代先进的武器系统，不注重武器装备之间的横向互通互动；在军事组织体制中，只强调某个或某些单位的重要。不注重以结构谋功能，从整体上看个体，谋求整体效能的提升；在战争中，主要体现为

“要素分离”，以线式的行动理念，追求双方系统或作战系统的构成要素对抗。以量的积累来削弱对方的整体实力，重在有生力量的减少，各个击破，积小胜为大胜；在战斗力的构成上，重硬件轻软件，重物质轻信息。

“要素分离”军事思维在一定时期具有合理性，但是随着信息化战争的到来，战争日益成为体系与体系的对抗，已经不能适应现代一体化联合作战的需要，已不能有效地提升战斗力。发展思维上，我们必须实现转变，以体系为主导，瞄准世界军事发展前沿，加快军事优化效能型体系建设，提高部队战斗力。体系化军事思维是信息时代的产物，是建设信息化军队、打赢信息化战争的主导思维方式，其在本质上是用“系统论”的观念来处理军事问题，进行军队建设和军事活动。在军队建设上，构筑信息化武器装备体系，实现预警侦察、指挥控制、火力打击、综合保障四大作战功能的一体化、网络化、实时化；军队的体制编制上，压缩指挥层次，使领导指挥体系趋向扁平化，利于信息快速流动和使用；战斗力的人与武器结合上，谋求和发挥军队的整体效能。在战争中主要表现为用“结构论”的理念进行具体筹划。高技术战争中，战斗力的生成模式不仅要注重兵器的杀伤力，而且还取决于构成作战体系的情报探测系统、指挥控制系统、通信传输系统、机动防护系统等体系要素的综合结果。信息化武器装备的大量运用，使战场空间一体化、力量结构一体化、使用方式一体化、具体行动一体化的程度大大提高。在这种情况下，战斗力的生成模式，在思维理念上，就必须注重由要素型向体系型的转变，着力于系统结构的整体性和稳定性，防止在作战行动中发生结构突变，造成系统瘫痪。当前，系统瘫痪战、结构破坏战、重心打击战等都是以“破体”为主线，实施结构性毁伤，打击对方的重要节点和控制系统。美军在海湾战争、科索沃战争，特别是伊拉克战争中就以并行的作战行动践行了体系破击战主导的思维模式。

其次，在系统建设上，必须实现由“条块分割”型向“综合集成”型转变。传统建设上，不同军兵种之间始终保持着难以逾越的“信息鸿沟”，各自成为体系，形成了条块分割各自为战的格局。依托某一主战军兵种进行作战行动，相关作战力量采取加强和配属的方式组合起来，军兵种之间的联合只能是唱“折子戏”，作战力量难以实现真正的融合。传统力量组织模式，必须明确以某一军兵种为主，区分“主角”与“配角”。这样军队建设，指挥效益较低，决策速度较慢，协调保障困难，严重制约着战斗力的整体提升。因此，着眼未来一体化联合作战的新需求，以提高互动效应为目标，以缩小反应时间为标准，实现系统建设由“条块分割”型向“综合集成”型转变。

所谓系统集成就是利用信息技术的联通性和融合性，把军队大大小小的分系统整合成一个宏观有序、整体优化的大系统。系统集成，不是简单的组合或叠加，而是寻求武器装备、军队规模、体制编制、指挥体制等作战要素的重组和优化；不只是利用信息网络技术，把传感器、计算机、通信系统、指挥人员和作战平台捆绑在一起，而是在跨军兵种、跨部门、跨平台组合、协调、优化的基础上，经过一体化训练，将各军兵种重组的作战空间预警探测系统、指挥自动化系统和精确火力打击系统等真正地整合在一起。使之实现“无缝链接”，最终形成一体化联合作战能力。

系统集成是现代化训练的基础。因为训练体系其实就是一个系统集成体系，其训练过程也是一个集成过程，训练与集成不可分离，特别是一体化训练体系可灵活组合集成。一方面，作战单元、作战要素的组合集成可不固定数量，随作战任务、武器装备的变化以及训练课题的不同，灵活地组合各作战单元和作战要素，形成不同的训练集成体系；另一方面，对已成形的一体化作战体系可根据任务量的调整和作战单元的变更，重新组合集成模块，经过新的集成训练，形成新的作战体系。因此，适应现代战争需求的训练，不仅可以集成作战体系，而且可以进行更大范围的横向和纵向的结构性整合，实现训练规模的扩大，达到训练层次的提升，确保整体战斗能力的生成。系统集成是适应信息化战争训练的本质特征，是产生战斗力的重要基础。

再次，在综合集成训练方面，要突出以作战要素有机融合为目标。未来信息化条件下作战体系对抗、联合制胜的趋势，使综合集成训练成为战斗力的倍增器和新的增长点，是转变战斗力生成模式的重要途径。现代信息技术和指挥手段的快速发展，也为更高层次的综合集成训练提供了平台和保障。要围绕作战任务突出按作战编组进行全要素综合集成的训练，按照专题研究、分系统训练、分课题演练和综合演练的步骤，采取自下而上、逐级逐层集成的方法，努力搞好战役指挥、分系统、要素集成、综合集成等方面内容的训练。如在战役指挥方面，应突出搞好战役基础理论、战役筹划与组织实施、战役协同与保障、战役指挥手段与运用等内容的训练。通过全系统全要素的综合集成训练，切实把指挥机关和各作战要素的训练带动起来，实现战役编成内各要素的纵向一体化和横向融合，全面提高战役指挥员的谋略筹划能力和首长机关的指挥控制能力，为更高层次的跨军兵种一体化联合训练打下基础，实现战斗力生成模式的转变。

第五章　适应战斗力生成模式的军事教育创新

在战斗力生成模式的诸要素中，人是最活跃、最具决定性的因素。全面提高人的素质，是实现战斗力生成模式转变的基本要求和重要依托。要培养高素质新型军事人才，离不开军事教育的创新。军事教育的目的在于培养优秀的军事人才，只有搞好军事教育创新，才能培养出大批的军事创新人才，才能适应面向国防现代化、面向世界、面向未来的根本要求，才能为部队建设提供有效的智力和人才支持，在建设中国特色的国防现代化进程中，跃居世界前列，使部队真正能够承担起打赢信息化战争的历史责任。因此，军事教育创新是全军特别是军事院校所面临的一个重大战略问题。党的十一届三中全会以后，我国的教育创新事业迅速恢复和发展。中央军委作出了《关于加强部队训练的决定》、《关于办好军队院校的决定》，明确提出必须把军事教育训练摆在战略位置。在许多军事院校、军事科学研究单位以及部队，开展了对军事教育创新的研究和实践，取得了较为丰富的研究成果。近几年，总参谋部以科学发展观为指导，制定了《关于进一步推进综合大学建设与改革的意见》、《军队院校制定"合训分流"人才培养方案的基本要求》等一系列文件，这些，都为军队院校的军事教育创新提供了有力的理论与实践基础。

一、军事教育创新是信息化战争发展的呼唤

当前，我军军事教育所处的时代背景和社会环境发生了重大变化，出现了一系列新情况、新问题、新特点。世界新军事变革、高技术条件下的现代战争和我军现代化建设，对军事人才及其培养提出了新的标准和要求。我军军事教育面临着严峻的挑战，如果继续沿用过去传统的思想经验，就不能适应时代的发展和形势的变化，就会掉队落伍。因此，我们必须贯彻落实科学发展观，着眼于新的实践和新的发展，进一步解放思想，创新军事教育，更新人才培养观念，跟上时代发展步伐，探索信息化时代军事教育的特点和规律，努力培养和造就大批高素质新型军事人才。

1. 新时代教育创新的呼唤

"要迎接科学技术突飞猛进和知识经济迅速兴起的挑战，最重要的是坚持创新"①。不难看出，新的世纪更加呼唤教育的创新。这是因为随着知识更新的速度加快，衡量一个人素质的主要标准不再仅仅是他占有知识量的多少，而更重要的是创新力、创新意识的强弱。现代社会要求人们最大限度地发挥主观能动作用和创

---

① 江泽民. 论建设有中国特色社会主义(专题摘编)[M]. 北京：中央文献出版社，2002 年版，第 244 页。

新潜力，主动地改造世界，创建未来。因此，离开了教育的创新，社会的进步是不可能的，反之，社会进步更加呼唤教育的创新。部队是培养和造就高素质的创新性人才的大熔炉，虽然军事教育在知识创新、推动科学技术成果向现实生产力转化方面发挥了重要作用，但面对新形势和新任务，军事教育应当深刻反思本身存在的不足，着力研究和解决军事教育面临的新问题，努力采取和引进先进的人才培养模式和方法，以实现军事教育创新。教育创新，即用新的思想和技术、新的手段、新的方法使教育得到发展，产生新的效益以及建立起如何养成人们终身受用的素质和建立起能够不断更新自身知识的新机制。其内容包含思想和观念创新、方法和手段创新、模式和内容创新、政策和体制（管理）创新。其中，思想和观念创新是先导，政策和体制创新是关键，模式和内容创新是核心，方法、手段、政策、管理创新是保障。只有使教育的这些重要环节有创新，才有可能真正实施教育创新。

2. 新军事变革的助推

综观世界新军事变革的发展趋势，可以看出，信息化战争将是未来战争的主要形式，武器装备的高技术化、作战方式的多样化、战场空间的多维化、系统结构的整体化、作战指挥的自动化，将导致整个军事体系的彻底改造。随着现代军事科技的迅猛发展，军队正日益成为知识密集、人才密集、技术密集型的武装集团。世界军事发展的总体趋势越来越显示出：21 世纪军事领域的竞争关键是军事科技的竞争，实质是军事人才的竞争，归根结底是军事教育的竞争。正如胡锦涛主席指出的："科学技术特别是以信息技术为主要标志的高新技术的迅猛发展及其在军事领域的广泛运用，深刻改变着战斗力要素的内涵，从而深刻地改变着战斗力生成模式。""要加紧培养高素质新型军事人才，为军队的信息化建设和作战提供强有力的人才和智力支持。……努力提高训练的科技含量，创新训练内容、方式和手段，促进部队战斗力生成和发展。"①美国组织发动的海湾战争、科索沃战争也启示我们，谁掌握了面向 21 世纪的军事教育，谁就掌握了世界新军事变革挑战的主动权，谁就处于领先地位。一支军队接受军事教育的程度及其综合素质的高低，已经成为衡量其作战能力强弱的一个重要标志。当前，世界主要国家纷纷进行战略调整，加快了军队信息化建设步伐，形成了以夺取未来军事斗争主动权为基本目标、以高技术质量建设为主要标志、以高素质人才培养为突破口的竞争新态势。因此，各个国家都把培养高素质新型军事人才的军事教育放在突出的战略地位。

为了加速推进中国特色的军事变革，我们必须迎接世界新军事变革的挑战，顺应时代发展的潮流，加强军事教育，创新军事教育，为我军现代化建设和打赢信息化战争培养更多的高素质新型军事人才。我军官员只有具备全面过硬的素质和自我发展能力，具备复合的知识结构和综合能力，具有较强的创新意识和创新能力，

---

① 中国人民解放军总政治部编印. 国防和军队建设贯彻落实科学发展观重要论述选编[M]. 北京：解放军出版社，2008 年版，第 41 页。

才能适应世界新军事变革的发展。目前，世界主要军事强国为了准备未来的信息化战争，都在加紧培养新世纪需要的军事人才。美军的军事教育始终追逐军事发展的潮头，把培养与时代相适应的军事人才作为自己的使命。美军把“培养信息时代的军官”作为教育改革的方向与主要任务，通过培养高素质的“完整的人”，来迎接“技术革命和信息时代提出的种种挑战”。俄罗斯军队也强调军事教育“重点在于提高军事人才的综合能力，培养具有综合素质的军事通才”。我军的军事教育要跟上时代的发展，从根本上保证我军新世纪的“跨越式发展”，切实履行好胡锦涛主席提出的新世纪新阶段我军历史使命，并在激烈的军事竞争中立于不败之地，只有改革和加强军事教育，在培养和造就高素质新型军事人才上下功夫。因此，加强和创新军事教育，既是世界新军事变革发展的必然结果，也是迎接世界新军事变革挑战的迫切需要。

3. 信息化军队建设的期盼

面对世界军事发展的新形势，中央军委根据国际斗争形势和我国国家安全战略的需要，提出了新时期军事战略方针，即：在军事斗争准备上，由应付一般条件下局部战争向打赢现代技术特别是高技术条件下局部战争转变；在军队建设上，逐步由数量规模型向质量效能型转变，由人力密集型向科技密集型转变。1997 年，时任军委主席的江泽民同志提出了国防与军队信息化建设“三步走”的发展战略。2002 年，他又强调，面对世界军事发展的新形势，我们必须更加自觉、更加坚定地贯彻科技强军战略，争取实现我国国防和军队信息化建设的跨越式发展，尽快缩短同世界主要军事强国的差距。党的十六大提出军队要“适应世界军事变革的趋势，实施科技强军战略，加强质量建设”①。胡锦涛主席指出，“我们必须进一步实施科技强军战略，推进军队建设由数量规模型向质量效能型、由人力密集型向科技密集型转变，把军队战斗力生成模式切实转到依靠科技进步特别是以信息技术为主要标志的高新技术进步上来，不断提高官兵的科技素质，充分发挥科技进步和创新对战斗力提高的巨大推动作用”②。贯彻新时期军事战略方针，实现我军建设的“两个根本性转变”，实现我军“三步走”的宏伟蓝图，以及打赢未来可能发生的高技术条件下局部战争，最关键的就是：一要有大批高素质新型军事人才群体；二要有高技术和相应的物质基础。如果我们不把人才培养作为一项战略任务来抓，就难以实现胡锦涛主席提出的“建设信息化军队、打赢信息化战争”这一战略目标③。在实现“两个根本性转变”的道路上，我军干部队伍的素质还不能完全适应新时期军

① 中国共产党第十六次全国代表大会文件汇编[M]. 北京：人民出版社，2002 年版，第 42 页。

② 中国人民解放军总政治部编印. 国防和军队建设贯彻落实科学发展观重要论述选编[M]. 北京：解放军出版社，2008 年版，第 26 页。

③ 中国人民解放军总政治部编印. 国防和军队建设贯彻落实科学发展观重要论述选编[M]. 北京：解放军出版社，2008 年版，第 20 页。

事战略方针的要求，这是一个亟待解决的问题，是一项紧迫的重要任务。而培养高素质新型军事人才的关键在于深化军事教育的改革创新，这就要求军事教育瞄准军队信息化建设的需要，瞄准世界军事教育的先进水平，从军事教育目的、教育体制、教育内容、教育管理、教育保障、教员队伍、教育手段进行更广泛、更深层次的改革，为实现“两个根本性转变”和“科技强军”战略提供强有力的智力、人才和技术支持。

4. 培养高素质新型军事人才的急需

高素质新型军事人才，是知识军事时代大量急需的人才。他们具备与时代要求相适应的良好的全面素质，包括思想政治素质、科学文化素质、军事专业素质、领导管理素质和身体心理素质，具备复合的知识结构和综合能力，具有强烈的探索精神、开拓意识和创新能力。按照信息化军队建设的要求，培养高素质新型军事人才，仅靠素质教育是难以实现的，只有强调军事教育创新，才能满足其全面发展的需求，才能挖掘他们无限的潜能，将他们引向更高的层次。

近几年来，全军军事教育认真贯彻落实科学发展观，以胡锦涛主席关于国防和军队建设重要论述为指导，不断深化教学改革，人才培养质量有了大幅度的提升。但距离信息化战争和军队信息化建设的要求，还有明显差距。其原因是多方面的，除了培训数量不足、相当一部分干部缺少到院校深造的机会外，主要的原因还在于我军的传统教育的落后。从院校教育方面来看，主要是教育观念、教学内容、教学方法和教学手段都还比较落后。

实践表明，在新的历史条件下，传统的军事教育，其优长主要是注重对已有的军事经验或知识进行系统的传授和学习；其缺陷主要表现在容易把学员的智力水平局限在一定的经验范围，即使学到的军事经验和军事知识再丰富，也不过是今天重复昨日的所为，缺乏对未来新的军事知识的探索和创新，严重地阻碍着学员军事创新能力的发展。长期以来，我国传统的教育思想把知识本身看得太重，教育就是传授知识，重考分，作业多，博闻强记，基础扎实，灌注式、“填鸭”式教育万变不离其宗。关于什么是“智育”、“教学”，权威论著上着重强调的都是向受教育者“传授系统的文化科学知识和技能”。尽管后面有发展能力和智力的话，但在“教学基本任务”中，第一任务还是传授基础知识，培养一定的技能技巧。第二任务才是发展智力。关于“教学过程”，也有关于概念转化、探索新知识、培养创新思维的种种阐述，但亦是其次的要求。这样就出现有的教材十几年一贯制，有的教员的教案多年老面孔，学员对学习这些东西又不感兴趣。长期以来，既然已将传授知识作为首要目的，那么，在传授知识的“过程”中，发展智力就必然不会受到重视，创新精神的人才的培养更是无人注意。而美国的教育却相反，强调培养创新意识、创新精神。在考试中，如果学生的答案与教师的答案完全一样，只能得六七十分，如果答案中有一点新鲜见解就会得高分，教授重在设法打开学生的思路，他们最喜欢的一个单词是“try”(试)，鼓励学生在“试”的过程中去培养想象力，去创新，并把培养想象力和创新精神始终放在能力培养的首位。

面对世界新军事变革的挑战，我们的军事教育在许多方面还制约着高素质新型军事人才的培养，唯一的出路是进行军事教育创新。创新是一个民族的灵魂，一个没有创新能力的民族，难以屹立于世界民族之林。我们要实现“科技强军”的战略，军事教育首先是要转变以传授知识为中心的教育思想，努力建设我军军事教育的创新体系。

二、加快战斗力生成模式转变必须更新军事教育理念

目前，我军仍处于机械化半机械化发展阶段，在由传统的战斗力生成模式向新的战斗力生成模式转变方面，将面临着新的严峻挑战。为此，必须以加快战斗力生成模式转变为根本，更新军事教育理念。只有跳出传统的机械化思维定势，以信息化建设为主导，加快形成新的战斗力生成与释放的有效机制；只有把依靠科技进步提高战斗力摆在战略位置，以信息化军事人才培养为先导，以信息化武器装备发展为重点，不断实现人与武器的最佳结合；只有借鉴吸纳当代世界先进的军事科技成果及外军利用科技进步提高战斗力的有益经验，才能更好更快地实现我军战斗力生成模式的根本转变。

面对波及全球、涉及诸多领域的军事变革，中央军委胡主席明确指出：高技术战争的本质就是信息化，信息化战争已成为新世纪的主要战争形态，努力完成机械化和信息化建设的双重任务，实现我军的跨越式发展，已成为我军新军事斗争准备的必然选择。为此，我们要跳出传统的军事思维定势，更新观念，以前瞻的思维，确立加快战斗力生成模式转变的科学理念。

1. 以军事理论创新为牵引，确立“信息主导”意识

理论是实践的先导，新的实践需要新的理论做指导。先进的军事理论，是影响战斗力生成模式的重要因素。军事理论贯穿于战斗力诸要素及组合方式中，对要素的质量及组合状况都会产生举足轻重的影响。无论军队人员素质的提高、武器装备的研制，还是体制编制与军事训练的优化，都离不开先进的军事理论作指导。

2. 以造就高素质新型军事人才为根本，强化“人本动力”意识

加快军队战斗力模式转变的关键是人才。未来的军事斗争，信息化战争将是信息时代的主导性战争形态，而信息化战争是以大量使用信息技术和信息化武器装备为基础的高技术战争，它具有军事人员知识化、武器装备智能化、作战方式一体化、战场要素数字化、作战方式精确化、作战空间多维化，以及后勤保障集约化等特点。这就要求，在加快战斗力生成模式转变进程中，需要既懂联合作战指挥，又懂信息技术、信息网络，还能驾驭信息化武器装备的“复合型指挥人才”。在未来信息化战场上，具备信息素质的新型军事人才将发挥越来越重要的决定性作用。与发达国家军队相比，我军官兵在知识结构、科技素质等方面仍有较大差距。为此，一方面应增加军队院校信息化教育内容的比重，增大信息化专业建设人才和信息

战专业人才的培训员额;另一方面应增加信息对抗训练的课题和内容,以信息知识的学习和信息技能的掌握作为主课,大力提高官兵的信息化素质,推动部队信息化建设的整体发展。同时,必须以超前发展的观念开启工作思路,提前培养未来所需的各类信息化军事人才。

3. 以科技进步和创新为支撑,强化"系统集成"意识

战斗力生成模式随着军事形态的变化而不断发展。在战斗力生成模式的演变中,科学技术始终是十分关键的主导因素。科技进步和技术创新对信息化时代的战斗力建设具有"倍增器"作用。没有技术创新的支撑,战斗力建设很难找到与未来战场的接口,更谈不上整体跃升和跨越式发展。由于信息技术的嵌入和系统的综合集成,使得信息化武器装备具备了精确化、系统化、网络化、空间化等功能,具有了信息作战、人工智能、精确打击、快速机动等能力。比如,装有大量电子设备并与 C^4ISR 系统联网的装甲车辆、作战飞机、作战舰艇等信息化平台,不仅具有人类智能的部分功能,而且还具备集情报获取、信息探测、传输、处理、控制、制导、对抗等功能。不难看出,技术嵌入和系统集成在武器装备信息化建设中起着"黏合剂"和"倍增器"的作用。因此,要加快战斗力模式的转变,就必须注重发挥信息技术的推动作用,强化系统集成意识。

三、适应战斗力生成模式的军事教育创新基本原则

积极推进军事教育创新,必须按照邓小平"教育要面向现代化、面向世界、面向未来"①的要求,以邓小平新时期军队建设思想、江泽民国防和军队建设思想和胡锦涛关于国防和军队建设重要论述为指导,自觉贯彻落实科学发展观,坚持解放思想、实事求是、与时俱进的思想路线,坚持理论联系实际,把新的历史条件下军事教育面临的新形势、新情况研究透,认真总结我军长期以来形成的军事教育的经验,积极探索提高军事教育质量的有效对策。自觉遵循战斗力生成模式转变对军事教育创新提出的新要求,科学把握军事教育规律,运用规律指导军事教育的实践,实现军事教育的新发展。

1. 必须以科学理论为指导

坚持全面贯彻毛泽东、邓小平等的军事教育思想,适应国防和军队建设的需要,适应打赢信息化战争的需要,努力培养大批高素质新型军事人才,是我们继续推进军事教育改革创新必须始终遵循的基本指导思想。

毛泽东军事教育思想,是我军在长期的革命战争年代和建国后长期办学经验的规律性总结,对我军军事教育的改革创新和发展具有长远的指导意义。邓小平军事教育思想,科学地回答了新时期军事教育的重大理论问题和实践问题,特别是关于教育要面向现代化、面向世界、面向未来的方针,是新时期军事教育的强大思

① 邓小平. 邓小平文选(第2卷)[M]. 北京:人民出版社,1994年版,第35页。

想武器。江泽民、胡锦涛关于军事教育特别是院校建设的一系列重要论述，着眼于新的形势和新的实践，科学揭示了现代教育特别是军事教育的规律，深刻阐述了新形势下军事教育和人才培养的一系列重大方针、原则，具有鲜明的时代特征和很强的现实针对性，为我军军事教育的创新发展，为我们赢得在人才竞争上的战略主动，奠定了坚实的思想理论基础。军事教育的创新，必须认真学习毛泽东、邓小平军事教育思想和江泽民、胡锦涛关于军事教育的重要论述，特别是要认真学习和掌握胡锦涛主席关于军事教育和高素质新型军事人才培养的重要论述，深刻领会其精神实质，在军事教育的实践中认真贯彻落实，确保军事教育创新沿着正确的方向，科学持续地向前推进。

军事教育创新以科学的理论为指导，最根本的是要遵循军事教育创新的客观规律，按照军事教育的特点和规律办事。只有在军事教育的实践中认识和掌握其客观规律，按照军事教育的特点与规律办事，确立与之相适应的工作方法与途径，才能避免盲目性和随意性，增强主动性、预见性和自觉性。探索军事教育创新的规律，必须在毛泽东、邓小平军事教育思想、江泽民军事教育论述和科学发展观的指导下，加强调查研究，把握军事教育的基本特点，选准军事教育的主攻方向，紧紧围绕军队信息化建设和打赢信息化战争对高素质新型军事人才的基本要求，把军事教育的创新全面推向一个新的台阶。

2. 教员与学员必须创造性地教和学

教员是教育创新的组织者和实施者，教员的军事创新能力的高低对教育效果有着直接的影响。这就要求教员必须在教学实施过程中采用创造性的教学方法和教学手段。要搞好创造性的教学，首先，教员在教育观念上要放弃以自我权威为中心的意识，尊重与己不同的意见，提倡教员和学员相互合作，教学相长，不断开发和探索新的军事领域和军事知识。其次，在教材的运用上，要放弃对现有教材的刻板信守，改变按照统一的教材、统一的口径、统一的标准，对学员进行施教和考试的传统做法，鼓励学员敢于打破旧框框、旧观点，不断接受新信息，提出新的见解和新的思想。再次，在教学方法上，要放弃对学员手把手式的授课习惯，教员不要把已知的都告诉学员，更不要对学员预示结果，或帮助搞答案，这些做法会泯灭学员的好奇心和求知欲，阻碍学员对新知识的探究。教员要给学员足够的思考讨论时间，通过启迪学员的思想，让学员自己去发现问题，自己做出结论，即使做出的结论发生了错误，也是一种“创新的错误”，这对于提高学员的军事创新能力是有帮助的。总之，教员在教学过程中，要通过对教学内容、方式、手段的改革创新，达到不断完善自我又批判自我、真正提高教学效果的目的。

创造性地学习，不是跟在教员后面被动地、被迫地学习，而是主动地、自觉地学习；不是将教科书上的知识理论生吞活剥，而是灵活运用，不断地向新的知识发展。据情报学家的统计研究表明，教科书上的知识一般要比现行发展的先进知识至少滞后 5 年；而且，在全世界所发表的已有专利中，仅有 5%真正达到实用化，95%被“束之高阁”。这就是说，并不是有了知识、有了理论就能够达到应用的目的，还有一个经过思维转化创造的过程，特别是有一个超越现有知识，创造新知识、新理论的过程。因此，创造性地学习是赶超世界先进科学技术水平的最根本的途径。

创造性地学习，要注重学习的预期性。学员在学习过程中，要自觉地使用预测、模拟、推理、假说等方法，来分析研究未来世界军事的发展趋势，使学习研究的方向与这种发展趋势一致起来，达到在现有知识的基础上拓宽视野、搜索信息，由消极被动的心理状态转变为积极主动的学习状态，通过自己的努力跃居军事科学发展的“前沿阵地”，开发和获得新的科学知识。

创造性地学习，要注重学习的批判性。学员对于教员的讲解和书本上的定论，绝不是一味地模仿、背诵，而是要多思考，多发问，加深理解，发现问题，在批判地继承中前进。只有在学习中敢于冲破陈规旧习的束缚，能够解脱思维定势的局限，才能够达到既能见人所见，闻人所闻，更能见人所未见，闻人所未闻，加快知识更新的步伐。

创造性地学习，要注重学习的开放性。学员必须打破单纯地依靠教员、依靠课堂传授的学习方法，要敢于走出课堂，深入实际，多学习课外知识和相关学科、交叉学科的知识，在全方位的立体学习环境中发展自己的智能。要从培养自己的实际工作能力出发，通过训练、演习、下部队代职、参战见习等方式，在实践中不断提高。

3. 必须加强领导，统一规划，循序渐进

进行军事教育创新，关键在领导。它是军事教育系统各级党委和领导的重要职责，应该充分认识教育创新的重要性和紧迫性，在保持军事教育以培养人才为中心的各项工作相对稳定的前提下，从制定新的人才培养方案入手，制定新的教学训练标准，创新教学训练内容和方法，有组织、有计划地把军事教育创新不断引向深入。

我军是高度集中统一的武装集团，“讲政治”是我军优良传统的灵魂和军队建设的灵魂。在创新军事教育的过程中，凡是涉及全军性的改革问题，必须由中央军委及总部作出决定和部署。军事教育的改革要坚持重点突破与整体推进相结合，分清轻重缓急，搞好总体设计。要自觉坚持实事求是的思想路线，根据各院校的实际情况，分别要求、分步实施、分类指导，保证教育创新的顺利进行。

军事教育创新是一项复杂的系统工程，是一种新的开拓，要充分认识它的复杂性、艰巨性和长期性。虽然，在以往的军事教育中我们积累了一定的宝贵经验，但是，军事教育创新毕竟是一种新事物，没有现成的经验可依，没有固定的模式可循。地方学校教育创新的经验、外军教育的好做法，应当吸收和借鉴，但不能照抄照搬。必须以转变教育观念、更新思路为前提，坚持实践第一的辩证唯物主义基本观点，勇于实践，大胆探索，逐渐改变旧的不合时宜的教育思想、教育制度、教育内容和教育方法，经过较长时期的努力，逐步建立起适应我军现代化建设需要和适应未来信息化战争需要的具有我军特色的军事教育体系。

四、遵循战斗力生成规律，全面推进军事教育创新

加快战斗力生成模式转变是我军一定时期内的战略任务，全面推进军事教育创新，是完成这一战略任务的必要措施和前提。军事教育创新的内容广泛，包括教育思想的创新、教育制度的创新、教育内容的创新、教育设备和手段的创新、教育方法的创新、教育管理的创新，等等。其中，最重要的是教育思想的创新，作为军事教育改革前奏的教育思想，必须率先创新和突破。

目前，军队院校的教育转型必须首先从教育观念、培养目标、教育内容、教育方法与手段及管理体制等方面加大教育创新力度，以教育创新促进创新教育。

1. 教育观念的创新

80年代以来，不少国家提出了一些新的教育思想和教育观念，例如，在人才培养上更加注重能力、素质的培养，特别是创新能力的培养；在课程设置上注重知识的综合性；在教育方法上，注重灵活性，倡导“和谐教育”；在学习的时间与空间的跨度上，发展远程教育，延伸教育功能，提倡终身学习、终身教育等。为了适应这种新趋势和新思想，我们认为在教育方式、教育观念上需要重新定位。当前，在规划涉及建设“一流军校”特别是“世界一流军校”时，应毫不犹豫地提出坚持“以人为本”的办学方针，走“综合性、研究型、开放式”的办学模式之路。办学方针的内涵：一是在各项工作中重视人的因素，正确认识人的价值，发挥人的主观能动作用；二是学校的根本任务是培养人，教育的对象是人，教育的本质是一个人文过程，是以人（学员和教员）为中心的过程；三是在所有教育资源中，人才是最重要的教育资源；四是不但在学术上发挥专家、教授的积极作用，在管理上也要发挥专家、教授的积极作用，把以前那种以行政管理为主线的管理方式转到“以人为本”的管理体制上来，要确立教员在办学治校中的核心地位，发挥学术民主，健全、规范并完善学校的咨询、决策、执行和监督系统，积极发挥学术委员会、学位评定委员会、教学委员会的积极作用。在办学模式中，综合性是基础。世界一流大学多是综合性大学，就总体而言，综合化已成为当今世界科学技术发展的主要特征。大学的学科门类的设置与科学技术文化的发展趋势应该是一致的，深厚的文化底蕴和强大的学科综合是建设一流大学的不可少的条件。从教育规律来讲，在各种学科相互渗透、各种文化互相耦合的环境下，学员的素质才可能得到全面发展。研究型是核心，世界一流大学一般来说都是研究型大学。因此，要把科学研究放在突出地位，强调科研与教学相结合，在不断作出重大科学技术创新成果的同时，培养出众多有创造性的学员。开放式办学是学校的活力所在。积极主动地与地方院校、兄弟院校、野战部队、军地科研部门以及国际间进行交往和合作，广泛开展现代远程教育等多种形式，使学校的功能在时间和空间上都大为拓展。

2. 教育内容的创新

让学员掌握最新的知识内容，了解最新的发展动态，帮助他们建立一个发展的客观物质世界概念，是创新教育的特点之一。为了适应军事斗争的发展和部队建设的需要，必须下狠心更新和优化教学内容。军队院校在继承和发扬原有课程体系科学性、合理性的基础上，对落后于现代社会和现代战争要求的部分内容要进行改革，构建以培养学员创新能力为核心，促进学员全面发展的现代化课程体系。教育内容的改革必须结合各自培训对象和培训层次的实际，突破传统的教育内容体系，以高科技知识结构为线索，在"宽、新、精、军"上做文章，下功夫，删旧增新，加大各学科教学内容的科技含量。构建创新教育相适应的课程体系，我们的设想是：要把各学科前沿理论和综合性知识教给学员，形成有利于创新能力培养的知识体系，实现学科内容的更新；要构建有利于学员科学思维的内容体系，通过教学培训，培养学员的求异思维和创新思维；要构建一套有利于学员掌握科学方法的课程内容，使学员学会自我获取、更新知识的方法，学会对知识的归纳与综合，培养学员的创造能力和思维能力。这个课程体系的特点：一是具有生命力。在理论上起到加强对学科前沿知识及其发展趋势的研究与分析的作用。二是具有时代感。在实践上，加强新装备的教学和训练，以便于学员掌握新知识、新技术、新装备和新材料。

3. 教育方法与手段的创新

教育方法和手段是实现培养目标的根本途径，培养高素质人才，必须抓住教法创新这个关键环节。从总体上看，军队院校在教育方法和手段的改革上尚未取得根本性突破，还不同程度地存在重教轻学、以教代学、方法单一、手段落后、教学效益低的问题。教学活动中没有真正确立以学员为主体的地位，严重制约了学员学习积极性的发挥和个性特长的发展。因此，创新教育必须改革教学方法，更新教学手段，积极探索新的办学模式。培养学员的创新能力，必须牢固树立"学为主体"的思想，并以此指导教学实践。一要强调学员学习的自主性，坚持"自主学习"原则。从整体上改变以教员、课堂为中心的现状，发展以启发和引导为核心的教法，培养以研究和发现为主旨的学法。二要重视学员个性发展，坚持"因人施教"的原则。以学员的个别差异为依据，充分尊重学员的个性，力改统一要求过多、过严、过死的做法，悉心培养学员的个性特长，促进学员的个体价值、潜能、个性、力量不断发展。三要培养学员的自信心，坚持"成功性"原则，即尊重每个学员追求成功，避免失败的欲望，尽可能地为学员创造条件，以保证每个学员获得成功。

创新教育还必须重视借助现代化教学设备和手段。一要广泛运用多媒体技术进行辅助教学。把文字、图像、语言、数值、动画等有机集成多媒体技术，使教学直观形象，变难为易，便于掌握。利用模拟仿真使教学中某些实验由以往的实地、实事、实物变为利用教学模型描述其变化过程，并使过去受物质条件限制未曾做到的实验通过仿真得以解决。二要开发应用各种训练模拟器。模拟训练器材的使用能减少武器装备的磨损，使学员在实际操作时间较少的情况下，掌握现有装备的战斗性能。把传统的“三尺讲台，一本教材，一份教案，一块黑板，一支粉笔”变成充分展示现代教学技术、放大现代教学手段的教学平台，把单调、枯燥、平面的强制性接收变为生动、活泼、立体的艺术享受，从而增大知识的可读性和欣赏性。

教育教学评价体系和方法的创新。人才质量的评价要真正摆脱传统观念的影响，在实践中走上科学评价的轨道，重点是要改革评价体系，努力发掘评价的教育功能，逐步建立起适应素质教育要求的评价制度和评价方法。当前，我们的想法是：

(1) 改革考试方法。学科考试是教育教学评价学员创新能力培养发挥导向功能作用，同时也是人才质量评价体系中运用最广、影响最大的一种手段。以往考试在目的和内容上，较少顾及教育性，偏重书本知识和某些技能，而忽略了对学员实际能力和创新能力的考查。在形式上，片面强调正规的书面考试，忽略了多种考试形式和手段的运用。在结果的处理和运用上，习惯用单一的分数来评定学员的优劣，从而扼杀了学员的创造性，导致了学员片面和畸形发展，甚至出现“高分低能”的结果。为此，我们认为：一是应改革考试内容。在知识考核中着重考基础性、程序性、结构性的知识，减少无逻辑联系而需要死记硬背的考核内容；在技能考核中，要注重综合技能的考核，减少机械记忆和简单套用技能的考核；此外，要重视能力的考核，尤其是加强思维能力、创造能力的考核，增加综合应用考题的比重，鼓励并推动学员进行创造性思维。二是应采用灵活多样的考试方法。在设置专业考试时，既要有笔试，也要有口试和实际操作。笔试既可以由教员出题，也可由学员出题，还可以实行学员自考和互考等。三是应采用科学的成绩评定方法。要淡化分数观念，实现由以分数杠杆调节学员行为，向以素质杠杆调节学员行为转变，鼓励学员自评、互评，还可以进行展评。

(2) 建立教育教学综合素质测评体系。近年来，不少军队院校推广和运用了教学成绩测评系统，对促进军校教学质量的提高，发挥了较好的作用，与传统的评价方式相比，无疑是人才质量评价的大进步。但教学成绩评价，仅限于教员对学员的知识、技能和任职能力的一般评价，因而仍存在较大的局限性。必须按照素质教育、创新教育的要求，向教育教学综合素质测评体系的方向发展。我们认为，综合素质测评体系的主要内容：一是评价学校各级领导、机关以人才培养为中心地位的落实程度；二是评价教员的教学水平和科研能力；三是评价学员的全面素质及创新能力。

第六章　适应战斗力生成模式的军校教员教育创新心理基础

20世纪以来，世界范围内的新军事变革引领了知识军事时代的到来，军事高科技的激烈竞争对军事院校的教育目标提出了更新更高的要求，迫切需要军队院校进行教育改革和创新，以培养能应对信息化战争需要的高素质复合型指挥人才。军队院校的教员担负着把握军事教育创新方向，保证军事教育创新质量，推动军事教育创新进程的使命，是院校军事教育创新的主导和领头军。优良的教育创新心理基础是军校教员适应战斗力生成模式转变，推进军校教育创新发展的重要方面。

一、教员个体创新心理品质是军事教育创新的基础

就教员来说，军事教育创新首先是教员以个体为单位进行的创新活动，良好的个体创新心理品质是开展教育创新的前提，有助于帮助调动教员的创新积极性，保证创新的不竭动力。

心理品质是心理学领域近几年出现的一个词，它是心理学概念体系中顶半边天的概念，但是至今还没有一个明确的定义，关于心理品质的内涵和外延混淆不清的观点目前仍然存在，不过动态过程和静态品质构成心理活动的两个维度的观点已被大多数学者所接受。

动态过程是指心理过程，是人的心理活动发生发展的过程。具体地说是指在客观事物的作用下，在一定的时间内大脑反映客观现实的过程，心理过程包括认知、情感、意志过程。静态品质是指心理品质，有专家认为心理品质的内涵是心理活动水平高低的度量，外延是人群中所表现的各种心理活动水平。但目前在心理学领域中，一般认为心理品质也就是指个性心理品质，主要包括个性心理倾向性和个性心理特征。个性心理倾向是一个人进行活动的基本动力，主要包括需要、动机、兴趣、理想、信念和世界观。个性心理特征是指一个人身上经常地、稳定地表现出来的心理特点，主要包括能力、气质和性格。心理过程、个性心理倾向和个性心理特征不是独立并列的，而是相互联系的统一体。

通过以上分析，我们认为心理品质是指个体心理的品质，即一个人在心理和行为方面的带有稳定(一贯)性倾向的个人特征。包括心理过程中表现出来的品质、个性心理倾向和个性心理特征。本论文研究的创新心理品质指的是军校教员在进行教育的改革和创新中所具备的个人心理特征，主要分析其创新的动机以及由创新人格、思维、意识和能力构成的创新素质。

1. 创新的动机系统是教员军事教育创新的不竭动力

动机一词源于拉丁文 Movere，意即推动的意思，研究者们依据这一本意从多角度对动机进行探讨和定义。有人指出，动机是“一种由需要所推动的，达到一定目标的行为动力”①。这个定义强调需要和动机的实质性联系，但轻视目标、诱因在动机产生过程中的作用。也有人认为，动机是“推动和维持人的活动的心理动因”。台湾学者张春兴教授认为，“动机，是指引个体活动，维持已引起的活动，并促使该活动朝向某一目标进行的内在原因”②。这是一个关于动机的操作性定义，基本上剖析了动机的作用过程，但没有能从根本上揭示动机的实质。本课题拟分析创新动机的内在与外在机理及其作用，因此采用霍斯顿提出的动机定义作为讨论的理论基点。即动机是指“在自我调节的作用下，个体使自身的内在要求（如本能、需要、驱力等）与行为的外在诱因（目标、奖惩等）相协调，从而形成激发、维持行为的动力因素”③。

（1）动机系统的组成

系统是由两个以上的要素（部分、环节）组成的整体，单个要素不能构成系统，世界上的一切具体事物、现象、概念，都可以构成系统。因此，我们可以把动机看作一个系统，即动机系统。著名心理学家燕国材教授曾指出：“在活动中，人们的动机除了始动作用（即引起个体活动）之外，还应当具有定向、引导、维持的作用，甚至还具有调节和强化的作用”④。基于这个观点，有学者把动机系统的基本功能划分为三个层面：第一层面是始动功能（启动行为或活动的功能）；第二层面是定向功能、引导功能和维持功能（使行为或活动在时间上方向上保持的功能）；第三层面是调节功能和强化功能（使行为或活动在时间上空间上整合的功能），与以上基本功能相比较，可以把动机系统的要素，即目标、诱因、需要、内驱力和价值观划分为三个层面，如下表：

表 6-1　动机系统结构

动机系统要素	动机系统基本功能
诱因	始动
需要、内驱力	定向、引导、维持
目标、价值观	调节、强化

军校教员进行军事教育创新也是由特定的动机系统推动的。其中由诱因引发教员教育创新，由需要保持教员教育创新的内动力，由目标和价值观引导教员教育

① 张爱卿. 论人类行为的动机[J]. 华东师大学报(教育科学版)，1996(1)。

② 张春兴. 现代心理学[M]. 上海：上海人民出版社，1994 年版，第 489 页。

③ 霍斯顿. 动机心理学[M]. 沈阳：辽宁人民出版社，1990 年版，第 12 页。

④ 燕国材. 关于学习动机的若干辨析[J]. 教育评论，1991(4)。

创新的方向。

(2) 引发教员军事教育创新的诱因

凡是能引起机体动机行为的外部刺激均称为诱因。对于院校军事教员来说，教育创新的诱因有两点：首先，世界范围内的新军事变革带来了知识创新和技术创新的竞争，尤其是创新人才的竞争对军队院校的军事教育提出了新的要求。许多国家关于院校教育的改革和创新已走到了前面，党中央、中央军委也将院校教育摆在重要地位，教育创新势在必行。其次，知识经济时代，随着人才的竞争愈加激烈，作为人才培养和科学研究的主要基地，各高校纷纷进行教育改革和创新，作为培养同等学历人才的军队院校，在人才培养上同样亟待创新。

教员军事教育创新的需要和内驱力。需要是引起动机的内在条件，是个体内部的某种缺乏或不平衡状态。需要是内驱力的基础，当需要得不到满足时，有机体内部就会产生一种刺激，即内驱力。

需要能转化为动机，是因为个体因外部需要或自我需要的刺激而产生感到缺乏些什么的不足之感及期望得到的求足之感，从而产生心理上的不安与紧张。这种心理紧张激起人们试图去解除这种感受的内驱力，形成行为动机与目标导向。在动机的有力推动下，主体通过现实的外部活动，当行为告成，需要获得满足，心理紧张就会消除。但人的需要是永无止境的，一种需要满之后，新的需要就会接踵而来，由此进入一个新的转化过程①。

关于需要的研究有很多，最著名的是美国心理学家马斯洛的需要层次论，即一名正常的社会成员的需要由低级向高级大致分为五个层次：生理需要、安全需要、归属与爱的需要、自尊需要和自我实现需要。马斯洛通过实验证明，这五个层次是逐级上升的，当低一级的需要获得相对满足后，高一级的需要就会出现，成为继续支配人行为的意识。上述的每一种需要都会成为人们创造的动机。军校教员的教育创新需要首先可以看做是自尊的需要，以创新成果获得相应的肯定、奖励或地位需要，赢得他人对自己的尊重，从而实现对自我价值的肯定。更深一步，则是自我实现的需要，马斯洛认为这种需要往往成为个体的创造动机，所以有自我实现的创造动机说。自我实现需要是实现自己理想、抱负，完善自己人格、使自己成为社会上独特的个体的需要。有人希望成为将军，有人希望在科学领域独当一面，这都是个人不同的自我实现需要，以及满足自我实现需要的不同途径。军校教员在教育上的创新则是作为其在军事教育战线上的一员超越同行的最佳途径，以成功有效的创新为培养适应现代战争的高科技人才找到一个新方法，开辟一条新路径可以表现教员自身的全部潜能和创造力，满足教员自我实现的需要。

美国哈佛大学心理学教授 D. C. 麦克莱伦的创造心理需求中的成就需要也是引发教员军事教育创新动机的重要需求。所谓成就需要就是个人对自己认为重要

① 张相轮. 创造心理学[M]. 南京：南京出版社，2003 年版，第 76 页。

的或有价值的工作，不但乐意去做，且力求达到更高标准的欲望。教员将教育视为实现自身价值所在，那么教员在科研上的刻苦钻研，在教学上的努力创新都是为了实现自己更高的价值。

教员的多重价值观。价值观是人们用来区分好坏标准并指导行为的心理倾向系统，通常被看做是认知的范畴。其实它充满着情感和意志。价值观为人自认为正当的行为提供充分的理由，是浸透于整个个性之中支配着人的行为、态度、观点、信念、理想的一种内心尺度，它给个体的行为动机以巨大的力量，同时也引导个体行为动机的方向。例如一个饥饿的人看到别人手上的馒头，饥饿的生理需要转化为他想去抢馒头的动机，然而内心的道德约束使得他没有做出无礼之举，这就是个人的价值观对动机的引导、强调作用。

作为院校军事教育创新的主导，军校教员不但是一名军人，还是一名教师，同时也是创新者，角色的多样化决定了其价值观的多重性。

一是军人的核心价值观。军人核心价值观是一个军人乃至一支军队应当长期秉承的核心价值目标的集中体现，当代军人的核心价值观可概括为：忠诚于党，热爱人民，报效国家，献身使命，崇尚荣誉。使命是核心，忠诚是前提，荣誉是条件，献身是要求。作为一名军人，教员应以军人的核心价值观为动力，以推进军事教育改革和创新为使命，克服困难，全力以赴，甘于奉献，以完成培养新时期需要的复合型军事人才的目标。

二是教师的工作价值观。简单地说，工作价值观就是主体对于工作意义的认识，它是个人价值观结构中带有职业特殊性的一环，反映了个体在工作上的一般性态度，是一种直接影响行为的内在思想因素。许多学者亦指出有效建构教师工作价值观与组织承诺，可以促进学校效能为传统教育带来革新，有学者通过调查研究提出，当代我国教师的工作价值观结构一方面在市场经济的冲击下更加强调个人的发展和报酬，另一方面受到体制改革和教育创新的强烈冲击，教师的安全感被提升到了举足轻重的位置。军校教员与地方教师在工作价值观上必然有着交汇点，就个体主观而言，当工作价值观和教育活动出现矛盾时，应当以军人的核心价值观为指导，牢记“使命、忠诚、荣誉、献身”，把握动机的方向。

三是新时期创新价值观。创新是当今社会倡导的主题，创新价值观是推动创新的原动力，它是人们在长期实践中形成的关于创新价值的信念、倾向、主张、态度及其实现创新价值的谋划方式、目标与路径的系统观点。随着知识的发展、科技的进步，新时期的新情况赋予了创新价值观以新的内涵。

有学者指出创新价值观的首要问题，是认清继承与创新的关系①。创新的突出特点，一是求异性，体现在创新者如何冲破传统观念、权威观点、公认常识，找到

---

①　张爱卿. 动机论——迈向21世纪的动机心理学研究[M]. 武汉：华中师范大学出版社，2002年版，第55页。

新的突破口；二是个体性，创新是"思想的历险"过程，是他人无法代替的个体活动；三是不确定性，创新之路是风险之路，受各方面因素的制约，更多的是挫折和失败；四是社会性，主要表现为创新既需要团队的互补和协作，又需要社会的支持和承认。军事教育的创新同样具有这些特点。

因此，要创新首先要"知旧"，对院校军事教育现有的体制、内容、方法、手段等的研究是军事教育创新的前提，在以继承为前提和基础上实现质的飞跃、产生全新的结晶，才是军事教育创新的目的。

其次，"终身学习"是创新价值观的重点。一个人对社会的贡献与其学习及应用知识的能力成正比。"学生时代所学知识可享用终生，学历决定命运"的传统观念在科技进步、观念更新的今天早已被颠覆，简单的"认真工作、勇于奉献"的生存方式已满足不了个人和社会的需要，无论学历、职务高低，都必须不断地求知、学习，以适应快速变化的时代对人才素质的要求。担负着军事教育创新任务的教员更是要不断"充电"、"终身学习"，走在科技的最前沿，才有可能突破、创新。

2. 创新素质是教员军事教育创新的能力保证

提到创新素质，首先要了解何为创新。创新最早是 1912 年由美籍奥地利经济学家熊彼特在"经济发展的创新理论"中提出的，他认为创新是企业家对生产要素的重新组合。创新是对现存各种系统的改进和提出崭新的、富有创造性和建设性的活动。用今天的系统透视观点来总结，这实际上是创新系统的一个子系统，即"技术创新子系统"。时至今日，创新不仅有技术创新，而且还包括理论创新及其他各方面的创新。按照马克思主义哲学的观点，理论创新应该属于生产实践中的精神生产实践，即"思想、观念、意识的生产"，它是人类创造观念形态产品的活动与过程，具有观念性、创造性、共享性等特点。

从语义角度看①，创新是相对于"守旧"而言的；英国《韦氏辞典》指出："创"，为花样翻新，"造"，为从无到有。"更新"则是指"旧的去了，新的来了"，除旧布新的意思。另一种解释为，"创新"同意于"创造"，也同意于"革新"，"创新"也含有"开创"和"开拓"之意。对个体而言，创新即人通过自己的积极的思维对已有的知识要素、新的知识要素进行新的组合，从而提出新的想法，或者形成新的解决问题的方法，或者创造出新的东西；对于社会而言，创新就是赋予资源以新的创造财富的价值。创新既是一个过程，也是一种结果。我们认为创新是指在人类社会生产劳动实践中创造新颖而有价值的思想、方法或产品。新颖性和价值性是其本质特征。结合教员军事教育创新工作，从创新的新颖性出发，创新一方面表现为"推陈出新"，也就是在原有的军事教育体系上进行改良创新，另一方面表现为创造"前所未有"，也就是不依赖于现成的军事教育体系内容，而是通过创造灵感产生独特的教育理论、

① 唐文校. 从科技进步谈新时期创新价值观[J]. 科学与管理，2007，(4)。

内容、方法、手段，等等。从创新的价值性出发，创新一方面表现为社会的创造性，即教员军事教育创新的产物主要用于培养符合现代战争要求的新型复合型人才，对于加快军事教育的发展，推动军队的建设具有一定的历史意义；另一方面表现为个体的创造性，即教育创新产物能够实现教员的个人价值，对教员的教育教学有一定的帮助作用。

创新素质，是创造性人才做出有重大价值的创新成果所必须具备的基本素养和品质。创新素质并不等同于创新心理素质，但从根本上说，创新心理素质是创新素质的基础和核心。创新心理素质有四个基本的方面：创新人格、创造性思维、创新意识和创新能力。

一是创新人格。人格一词源自拉丁文的“personal”，原意是指喜剧中演员带的面具，面具随人物角色不同而变化，不同面具代表人物的不同个性和品质，如红脸代表忠义、白脸代表奸邪、黑脸代表刚烈。经过长期的发展，学术界形成了关于人格的诸多定义和丰富的人格理论。不同研究者对人格的理解不同，对人格所下的定义也很不相同。弗洛伊德(Freud)的人格结构理论认为，人格是一个整体结构，包括本我、自我、超我三部分。荣格的内外向人格类型理论认为，一个人的兴趣和关注可以指向内部，也可以指向外部，指向内部叫内向，指向外部叫外向，并且每个人都有内向和外向两种特征。奥尔波特(Allport)的人格特质理论把特质看做是人格中使行为具有一致性和倾向性的心理结构。奥尔波特将特质分为两类：共同特质、个体特质。卡特尔(Cattel)的人格特质理论将特质分为个别特质与共同特质、表面特质和根源特质。卡特尔通过长期的研究，终于确定了16种根源特质，即乐群性、聪慧性、稳定性、恃强性等。人格心理学家艾森克(Eysenck)将人格分为三个基本维度：内外倾，神经质和精神质。科斯塔(Costa)和麦克雷(McCra)在上个世纪80年代提出人格五因素模型(FFM)，并且编制出测量人格五因素的工具，即NEO人格调查表。我国的心理学家黄希庭在《人格心理学》这本书中总结了多位学者下的18种人格定义，正如黄希庭先生所说：人格是一个复杂的系统，任何系统都可以作多种描述。

“创新人格”(或创造性人格，“Creative Personality”)是美国心理学家吉尔福特(Guilford)提出和使用的一个概念。吉尔福特(1950)认为，高创造性个体在创造性行为中表现出的那些品质类型。创造力和人格特征的关系是心理学研究中一个受关注的问题。国内外的研究都表明创造力强的人具有某些突出的人格特征。人本主义心理学家更是将人的创造力与人格发展联系起来，把创造境界的提升看成是人格完善的体现。

综上所述，我们可以认为心理学中的人格大体包含两个方面的内容：一是指一个人一生的基本观点、态度和行为方式，表现这个人的外在的人格品质；二是指人内心深处隐秘的真实自我，这是人格的内在特点。人格不是单一层面的内心结构，它是由不同成分构成的系统，包括认知方式、动机、气质、性格、自我调控等，其中认知方式体现人在思维加工过程中的差异，气质体现出高级神经活动类型上的特点，性格体现社会道德评价方面的差异，自我调控是使各种成分协调一致的统合机构。

创新人格就是具有创新素质的人才在人格方面所具有的稳定的心理特征，主要包括积极向上的人生态度、独立解决问题的能力、坚忍不拔的意志品质和胸怀社会的责任心。具体体现为：①拥有健康的心态，面对挫折不气馁，面对胜利不盲目乐观，具备主动适应环境、主动和他人沟通、交往的能力；②具有研究性学习的能力，对新知识不仅要有好奇和渴求，而且要充分发挥自身的独立性、主动性、创造性，敢于提出质疑，有自己的独立见解，不是“言他人所言”，而是能“言自己所言”；③具备践行理想的能力，能够学以致用，有较高的动手操作能力和较强的组织管理能力，将自己的思想化为行动，并在实践中不断改进和调整。

二是创造性思维。创造性思维是人们在创造性活动过程中所具有的思维方式。它是相对于以固定、惰性的思路为特征的习惯性思维而提出的，是一种高度灵活、新颖独特的思维方式。它常常在强烈的创造动机和外在启示的激发下，充分利用人脑意识和下意识活动能力，借助于各种具体的思维方式(包括直觉和灵感)，以渐进性或突发性的形式，对已有的知识经验进行不同方向、不同程度的再组合、再创造，从而获得新颖、独特、有价值的新观念、新知识、新方法、新产品等创造性成果。吉尔福特等人将创造性思维的重要特征归纳为：敏感性(sensitivity)，即容易接受新现象，发现新问题；流畅性(fluency)，即思维敏捷，反应迅速，对于特定的问题情景能顺利指出多种反应或答案；灵活性(flexibility)，即具有较强的应变能力和适应性，具有灵活改变定向的能力，能发挥自由联想；独创性(originality)，即产生新的非凡的思想的能力，表现为产生新奇、罕见、首创的观念和成就；再定义性(redefinition)，即善于发现特定事物的多种使用方法；洞察性(penetration)，即能够通过事物的表面现象，认清其内在含义、特性或多样性，进行意义变换。

讲到创造性思维，我们有必要对目前广为使用的发散思维和聚合思维做一个简介。吉尔福特在他的“智力结构的三维模式”中将思维划分为发散思维(divergent thinking)和聚合思维(convergent thinking)。发散思维，又称扩散思维、求异思维、辐射思维，是指从已知信息中产生大量变化的、独特的新信息的一种沿不同方向、在不同范围、不因循传统的思维方式。例如让儿童说出一件常用物品的用处，如一块砖的一切可能的用途，就可以从中看出该儿童发散思维的情况。所谓聚合思维，又称收敛思维、求同思维、辐合思维、集中思维，是指从已知信息中产生逻辑结论，从现成资料中寻求正确答案的一种有方向、有范围、有条理的思维方式。例如在多项选择中选出一个适当的项目，便可视为聚合思维，因为这类项目只要求一个正确的选择或是最适当的填充。

与聚合思维相比，发散思维具有三个重要特征：流畅性(在一段时间内表达出的观念和设想的数量)、变通性(多角度、多方向思考问题的灵活程度)和独创性(超乎寻常的新奇程度)。显然，发散思维的这些特征同时也是创造性思维的主要内容，因此发散思维常用来代表创造性思维。

完整的创造性思维应包括发散思维和聚合思维两个方面，缺一不可。一般来说，在创造活动的开始阶段，问题的情境往往不很明确，这时必须进行聚合思维，综合已知的各种信息，明确所要解决问题的关键并导出发散点。因此，聚合思维是发散思维的基础，是具体创造性思维的第一步。接下来，则必须以解决问题的关键为发散点，重新组合和应用以往经验，结合有关信息，广开思路，尽可能多地提出解决问题的可能途径和方法，这是一个发散思维的过程。最后，需要在上面发散的基础上，从多种设想、途径和方法中敏锐地抓住其中的最佳线索，使发散结果去假存真、去粗取精，找出最佳的解决方案来，从而创造性地解决问题，这又是一个聚合思维的过程。由此可见，发散思维和聚合思维作为求异和求同两种形式，在创造性思维过程中互相促进、彼此沟通、互为前提、互为补充。所以说，创造性思维是发散思维和聚合思维的有机结合。

三是创新意识。现代心理学起源于对心理和意识的研究。心理学领域中关于意识的研究经历了构造主义、意动心理学、新构造分析、机能主义、精神分析一直到今天的(20世纪中叶开始)人本主义心理学和认知心理学，但时至今日心理学界也无法给出一个统一的概念界定，以至有学者认为新世纪初期意识心理学的研究仍处于一个“关键的转型时期”。面对“这一种几乎遍布于我们的整个生活的心理状态和特征意识问题”，车文博先生概括指出学术界“一致认为，意识是人所特有的自觉的反映机能，是人的心理最高级和最主要的形式”①。在意识的实质看法方面，第一种看法认为，意识就是心理；第二种看法认为，意识就是认识；第三种看法认为，意识是人所意识到的心理活动的总和，是主体对客体的自觉认识、情感和意志的统一。

对创新意识的界定，国内研究者的成果相对丰硕。曾有东北师范大学马克思主义哲学硕士刘春学在其硕士论文《创新意识及其社会培育》中就创新意识展开过详细的论述，他认为，“创新意识包含着人们对创新的认识和态度，所谓创新意识是人们对创新与创新的价值性、重要性的一种认识水平、认识程度以及由此形成的对待创新的态度，并以这种态度来规范和调整自己的活动方向的一种稳定的精神态势。……创新意识是由创新需要、愿望和动机等对创新活动有重大影响的各种精神因素构成的一种稳定的精神状态。……创新意识总是代表着一定社会主体奋斗的明确目标和价值指向性，成为一定主体产生稳定、持久创新需要、价值追求和思维定势以及理性自觉的推动力量，成为唤醒、激励和发挥人所蕴涵的潜在本质力量的重要精神动力”②。

综合所述，要科学分析创新意识对创新活动、创新能力的内部作用机制过程，

---

① 车文博.心理学基本理论的研究[M].北京：首都师范大学出版社，2010年版，第91页。

② 刘春学.创新意识及其社会培育[D].东北师范大学硕士学位论文，2002年。

将其界定为车文博先生所述的关于意识概念的第三种看法更为合适，即创新意识是个体在创新时所意识到的心理活动的总和，是主体对客体的自觉认识、情感和意志的统一。比如把自我超越或独创性看作是最高的心理要求，为追求创造性的真善美的成果不惜牺牲个人的物质享受、名誉地位甚至是个人的生命，实事求是、批判创新的科学精神和不断批评自我、抛弃成见和谬误的自我批评，等等。

四是创新能力。关于创新能力的研究，大都从其外延入手将其定义为创新能力是一种由多种因素共同作用、影响而形成的复合能力。从心理学的研究来看，对于创新能力的认识有一个发展过程。由精神分析学派的弗洛伊德的创新人格理论发展到以吉尔福特为代表的心理学家提出发散性思维是创新能力的核心，再到美国心理学家斯滕伯格坚持的创新能力培养的多维度观点，创新能力的定义不断被修改和完善。

本研究中的创新能力，仅仅是构成个体创新素质的因子之一，因此本文的创新能力指的是创新过程中所必要的知识和技能。它是多方面能力的综合，包括敏锐的观察感知能力，良好的理解记忆能力，卓越的洞察事物本质的能力，对问题的分析综合能力，审美直觉能力，丰富的想象力和灵活的动手实践能力等。

3. 教员军事教育创新素质的内涵

综合以上分析，军校教员的军事教育创新素质是指教员所具有的善于吸收最新教育科学成果，将其积极应用于教育教学中，并具有独特见解、能够发现行之有效教学方法，进行军事教育创新的素质。教员的创新素质具体体现在以下几方面：

一是在教育观念上，教员不以权威自居，坚持以培养学员创造力为根本目的，能充分尊重并注重学员优良个性的发展和培养；坚信每一个学员都有创造潜能，都能通过适当的教育，实现其创造价值。

二是在知识结构上，教员既要具有精深的专业知识，又要具有广博的现代科学文化知识，还要具有能成功进行教育教学的教育学和心理学知识，有如此知识结构，教员才能根据教学规律多角度地引导学员创造性地学习。

三是在能力结构上，首先教员要具有创造性教学能力，即教员要有敏锐的观察能力、科学设计和组织实施教学方案的能力、良好的表达能力、熟练掌握和运用与本学科有关的现代教学技术手段的能力、善于因材施教的能力等；其次，教员要有教育科研能力，即教员具有研究教育现象和教育问题、总结和提炼教育经验、探索和揭示教育规律的创新能力；第三，教员具有交往能力，即在教育教学过程中与同事和学员相互交流、切磋学问的能力。

四是在教学方法上，教员能灵活地选择和运用多种有利于学员创新能力培养的新的教学方法进行教学，不仅能使学员掌握知识，还能引导学员感受、了解知识产生和发展的过程以及培养学生求异思维的变通性和独创性，从而使学生创新能力得到培养和发展。

五是在人格特征上，教员要自信、乐观，勇于开拓，有强烈的好奇心，旺盛的求知欲，广泛的兴趣，丰富的想象力和幽默感，高度的自觉性和不盲从的独立性，有求实的态度和批判革新的精神，有能承受挫折、克服困难的顽强毅力，有积极进取的人生态度，有持之以恒和精益求精、敬业奉献的精神。

二、团队创新是教员军事教育创新的加速器

从军事教育创新的任务上来看，军事教育创新不仅是教学目标、内容、方法和手段等方面的推陈出新，还将牵动大学办学定位、学科建设、科学研究、师资队伍建设、管理保障等方面发生深刻的变化，任何一个个人都无法独立完成这项工作。

从军事教育创新的手段上来看，随着军事科技的快速发展，多学科的交叉、融合、渗透与协调发展已成为军事教育发展的必然趋势，也是增强军事教育创新的重要途径。军事教育创新总是与学科之间的相互交叉和融合有着必然联系。在这样的形势下，要取得高水平的军事教育创新成果，就必须加强不同学科之间的相互交流、沟通，通过交流进一步激发科研灵感，启迪创新思维，拓宽研究思路和方法。同时，教育创新越来越难通过教员的单兵作战来实现。学科分化越来越细，知识和信息量与日俱增，单凭教员个人的能力很难有所建树。

因此，作为军事教育创新的主导，教员应形成一个强有力的团队，发挥团队的力量，加快军事教育创新的进程。

1. 团队的概念

有人认为早在军队产生时就已出现了团队①，它最早的含义是“一起拉”，见于印欧语系的“DEUK”，16世纪演变为“一起行动的一群人”②，由此奠定了团队的定义基础。然而直到今天，学术界对于“团队”一词的理解仍然存在分歧。目前国内外关于团队的研究大都从心理学角度和组织行为学方面入手，从不同的角度给出了多种不同的界定。例如，从团队的形态和性质入手，团队就是“处在社会关系中的一群个体的合成体”。从团队的结构和功能出发，团队就是“两个或更多的人，为了共同的认同及某种团结一致的感觉走到一起，团队中每一个人的行为都有相同而确定的目标和期望”。从团队的规模和团队中的人际关系的亲密度出发，团队就是“规模不一的关系密切的人群结合体”，本文采用目前国内比较认可的团队的定义，即“那些被共同的利益或纽带联系起来，具有一定的组织结构，有共同的行为目标、在心理和行为上存在一定程度的相互关系的人群结合体”。这个定义强调了团队区别于一般群体的主要特征：

(1) 有“共同的利益和纽带”。社会协作系统学派创始人巴纳德认为，要充分发挥群体的协同合作效应，组织必须具有以下三个要素：共同的目标、协作的意愿和信息联系。共同的目标是一个团队建立和发展的前提和向导，它不仅可以使团

---

① 张玉利，程斌宏.重新设计组织[M].天津：天津人民出版社，1997版，第65页。

② 王振江，李常法.管理范式转变[M].北京：学林出版社，2001版，第323页。

队成员通力协作，还能够极大地激发团队成员的热情和积极性。团队成员必须遵守相同的规范和纪律，接受团队的价值观，全力合作以达到共同的目标。

（2）有“一定的组织结构”。团队中每一个成员不同于正式组织结构中的特定岗位或职务，他们仅仅在相应的地位扮演一定的角色，这个角色是根据个人的任务、能力、特长、技能自觉地经过整合而成的。团队中有核心成员和一般成员之分，所构成的领导与被领导的角色地位是相对稳定的。

（3）“在心理和行为上存在一定程度的相互关系”。团队成员在心理和行为上是相互作用的，通过从事共同的活动，在心理上相互知晓，有信息、思想、情感的交流。

（4）团队的规模无法具体限定，但团队规模不应太大已达成共识。一般认为两人为“对”，是团队的单元；至于团队的上限，有人精确到 11 人①，有人主张 50—100 人，但这样规模的团队很可能会分出若干下级团队，而不是作为一个单独团队在发挥作用。有相关研究将团队划分为实际团队和虚拟团队。相对于球队、家庭等现实中实际存在的团队，教员团队是现实中并无实体存在，为了统计的需要而组织起来的虚拟团队。

综合以上论述，我们认为教员团队可定义为：由所有在各自教育岗位上积极探索、勇于突破，在军事教育理论、目的、内容、方式、体制、师生关系和学习理念等等方面推陈出新，推进院校军事教育创新的教员的集合。所有这些教员可看作是一个大的团队，下分无数子团队，可以细化到以每个院校的各教研组为单位。

团队创新涉及很多方面，本研究从团队创新的心理学因素方面入手，主要分析团队精神对加速教员军事教育创新进程的作用。

2. 团队精神的概述

团队精神建立在相应的人际关系之上，在长期的团队合作过程中逐渐产生了对团队精神的要求。团队精神真正作为一个概念被提出是在 20 世纪 70 年代。在全社会范围内得到发展是在 20 世纪 90 年代后期。在实际生活中，很多人包括一些学者都把团队精神理解为团结、合作，用“团队协作精神”、“合作精神”等词来代替团队精神。也有学者基于成员对组织和工作目标的态度将团队精神定义为士气②。目前引用较多的一个定义是“团队精神，指的是团队成员为了团队的利益与目标而相互协作、尽心尽力的意愿与作风”③。

综上所述，团队精神就是指团队成员自觉地以组织的利益和目标为重，尽职尽责，主动与其他成员积极协作、共同努力奋斗的意愿和作风。

① 陈一星. 团队建设研究[M]. 北京：中央编译出版社，2007 版，第 19 页。

② 唐伟，秀娟等. 现代管理与人[M]. 北京：北京师范大学出版社，1998 版，第 136—142 页。

③ 贾砚林. 团队精神[M]. 上海：上海财经大学出版社，1999 版，第 200—203 页。

3. 团队精神的因子

准确地说,团队精神的理论基础是行为科学,然而团队精神强调的是团队成员的大局意识、协作意识和服务意识,因此团队精神所包括的几个层面的因子属于心理诉求,即团队的内聚力、团队的合作意识、团队高昂的士气和人际关系。

(1)团队内聚力。团队内聚力(cohesiveness),也叫团队凝聚力,是指团队对其成员的吸引程度,既包括团队对每一成员的吸引程度,又包括团队成员相互之间的吸引程度。表现为一种使团队成员产生强烈的情感共鸣、相同的价值定向和与团队目标保持一致的内在聚合力量。团队具有的内聚力也表现为一种品质,这种品质是成员们为团队目标而连接在一起的纽带和保证。较高的内聚力使得团队成员之间相互依存、相互协调、相互团结,较好地实现团队的功能和完成团队的目标。

国外学者研究证明,置身于一个团队之中与感觉到自己属于这个团队是两回事,内聚力是一条将团队成员联系在一起的看不见的纽带;不同团队的内聚力差异很大,具有内聚力的组织比那些不具有特别的内聚力的组织效率要高得多,其表现总是出色得多。

(2)团队的士气。古人作战,强调"一鼓作气,再而衰,三而竭",这里所说的"气"就是指士气。士气原指军队作战时的集体战斗精神,今天常常被用来表示团队的工作精神和服务意识。在个体层次上,心理学家史密斯认为,士气就是"人们对某一团队或组织感到满意,乐意成为该团队的一员,并协助他人达成团队目标"①的态度;在组织层次上,有人认为士气是指团队成员对团队事业的忠诚、信念以及为理想而奋斗的坚定决心,是团队成员工作热情与工作行为的总和。可见,士气是一种强大的精神力量,是提高工作效率、增强团队内部团结的重要因素。

(3)团队的合作意愿。关于团队的合作意愿,国外有学者认为,如果人们处于散乱的,互不相干的独立关系,认为双方目标之间没有关系,他们就会漠视他人福利,对他人的困难袖手旁观,组织也会形如一盘散沙,士气低落,影响工作效率。独立关系的人们奉行各行其是的原则,在资源有限的情况下表现得更为自私,人们认为他人的目标与自身的目标相背,彼此之间的利益存在冲突,他人的成功阻碍自身进步或者使自身利益受损,为了保护自身利益,人们就会封锁信息和资源,甚至相互攻击和破坏。这种关系会引起组织内耗和人际关系紧张,最终导致低生产率和低创造率。为此,应该使团队的成员具有共同的目标,在共同目标下合作共事。具有合作意识的人们会相互协作,共享信息和资源,他们会将他人的进步看成是对自己的促进,并交流意见和取长补短。

---

① 马洪,孙尚清.现代管理百科全书(上)[M].北京:中国发展出版社,1990版,第277—279页。

(4) 人际关系。从广义看,人际关系是指人与人之间的关系,包括社会中所有的人与人之间的关系,以及人与人之间关系的一切方面。显然,此种定义没有揭示出人际关系的特殊性。从狭义上看,人际关系是人与人之间通过交往与相互作用而形成的直接的心理关系。它反映了个人或群体满足其社会需要的心理状态,它的发展变化决定于双方社会需要满足的程度。从历史上考察,人际关系是同人类起源同步发生的一种极其古老的社会现象,其外延很广,包括朋友关系、夫妻关系、亲子关系、同伴关系、师生关系、同事关系等等。人际关系受生产关系和政治关系的制约,是社会关系中较低层次的关系;同时,它又渗透在社会关系的各个方面,是社会关系的"横断面",因而又对社会关系具有反作用力。一言以蔽之,在人们的物质交往与精神交往中发生、发展和建立起来的人与人间的直接的心理关系,叫人际关系(relationships)。

人际关系对群体内聚力的大小、心理环境的好坏有直接重要作用。它的形成包含着认识、情感和行为三种心理因素的作用。认知成分包括对他人和自我的认识,是人际知觉的结果。情感成分是指交往双方相互间的在情绪上的好恶程度及对交往现状的满意程度。还包括情绪的敏感性及对他人、对自我成功感的评价态度,等等。行为成分主要包括活动的结果、活动和举止的风度、表情、手势以及言语,即所能测定与记载的一切量值。在这三个因素中,情感因素起着主导作用,制约着人际关系的亲密程度、深浅程度和稳定程度。可见,情感的相互依存关系则是人际关系的特征。一般说来,在正式组织关系中,行为成分是调节人际关系的主导成分;在非正式组织关系中,情感成分承担着主要的调节功能。

每个个体都生活在各种各样现实的、具体的人际关系之中。教员在教育创新过程中也存在具体的人际关系,主要包括教员和领导之间的人际关系,教员之间的人际关系以及教员和学员之间的人际关系。教员和领导之间相互沟通和支持,可以为军事教育创新开创更好的条件;教员之间相互帮助和协作,可以为军事教育创新提供更有利的智力支持;教员和学员之间相互尊重和交流,可以更好地落实和检验军事教育创新的成果。教员人际关系的和谐对军事教育创新的进行有着重要的作用。

4. 军校教员团队精神的内涵

(1) 教员团队精神的实质是教员与院校教育共同的价值观。前面分析过,团队与群体的本质区别在于团队成员与团队均有共同的价值观,这种价值观能带来团队成员对其所在组织有一种共同的态度,这是一种持久的、稳固的、积极的群体心理,是综合团队成员的意向、信仰、情感、意志和品质后形成的一种新的"特殊的情感",也是团队精神的实质。

在教员对待院校教育的态度上,首先表现为院校教育的认同,有对院校的归属感。把院校视家,强烈地感受到自己是院校的一员,是院校教育的主力军,是院校教育创新的主体。在处理个人利益和院校整体利益的目标选择上,采取集体利益优先的原则，个人服从集体，甘愿牺牲个人利益，愿意为集体的利益，为院校教育的发展尽职尽责，做出贡献。将个人的目标融入院校教育的目标之中，一切以军事教育为重，以创新军事教育，培养新型军事人才为己任，同时，教员的团队精神还表现为教员对所从事的军事教育工作有强烈的自豪感，为院校教育的成功而骄傲、为教育发展的困境而担忧的集体荣誉感。这是一种积极的心态，能激发教员教育创新的热情和潜能，使教员在工作中处于良好的精神状态之中。

在教员对待教育工作的态度上，团队精神表现为教员具有强烈的责任感和奋发向上、积极创新的敬业精神。教员衷心地把教育创新视为自己的事，视为被赋予的使命，表现出锲而不舍的恒心和坚定、积极、向上的作风。

(2) 教员团队精神的核心是团结协作、优势互补。教员团队由知识、技能各异，个性差异明显的诸教员组成，要发挥团队"1+1>2"的战斗力，关键是在教育、教学和科研工作上加强沟通，分工合理，团结协作。有人断言，即使像爱因斯坦那样的大师再生，如果不与别人联合攻关也很难取得重大成果。"闭门造车"或者"师徒作坊"已经远远不能适应时代的发展。团结协作，优势互补，这就是教员团队精神的核心所在。

(3) 教员团队精神的境界是一种奉献精神。真正组成一个组织，不是单个的人，而是人的服务、动作、活动或影响。教员在团队中的意愿，如忠诚、团结等是必不可少的，而教员的协作意愿意味着个人的自我克制和个人行为的非个性化。任何一个组织中，如果没有每个人的自我克制，组织就很难对个人行为进行支配，那么就难以有协作行为产生。然而，在提倡个性化，讲究个人能力的今天，要使独立性较高的教员相互理解、信任、协作，乃至甘当配角，需要教员自身具备一种奉献精神。要求在军事教育创新工作中，不能只看到自己，要从大局出发，在为集体的共同目标努力中，在与他人的竭诚协作中实现自我价值。从这一角度讲，团队精神的境界就是一种奉献精神，它要求教员在自己的岗位上尽心尽力，为了整体的和谐甘当配角，以整体利益为重，为实现教育创新目标而放弃自己的私利。

5. 团队精神的功能

(1) 团队精神能激发教员个体的创造力。马克思曾经指出："人的本质不是单个人所固有的抽象物，在其现实性上，它是一切社会关系的总和。"①也就是说，人的本质在于其社会性，个人只有在一定的相互作用的社会关系之中，同他人协作才能发挥作用。团队精神的树立，教员在精神上融合为一体，让教员以共同的价值观为准则来自觉地监督和调节教育工作，这一点从本质上带来的是民主、自由、开放的氛围和领导、教员、学员之间相互依存、团结合作、友善民主、亲密和谐的人际关系，这种良好的人际关系在一定程度上既能促进彼此之间的合作，提高士气，同时还能满足教员的合理需要，创造出一种增加工作满意度的氛围，使教员产生归属感

① 马克思，恩格斯. 马克思恩格斯选集(第1卷)[M]. 北京：人民出版社，1995版，第56页。

和认同感，并从中获得自信和力量，形成一种激励，调动教员的积极性，激发教员教育教学的兴趣，使教员进行创造性地工作，也就是社会心理学所说的社会促进。

在这个知识和信息大爆炸的时代，教员个体掌握的知识和信息总是有限的，通过发扬团队精神，相互之间进行有效的交流和沟通，既有利于教员自身获取更多的信息和知识，也有利于教员通过合作来共同推进教育创新和发展。

(2) 团队精神能提高教员团队的工作业绩和创新力。从一般意义上讲，世界是一个相互联系的统一整体，然而纵观客观历史或现实就会发现，事实上并非所有的整体或称之为整体的东西都是真实的。换言之，相对于部分而言，整体总是有真实和虚假之分。

真实的整体是由部分构成的，但它并不是各个部分的机械拼凑和简单相加，而是各个部分的有机结合。正是由于这种有机结合，真实的整体便获得或拥有了新的特性或功能。基于这种理解，我们可以认为真实的整体必然大于它的部分，或者说真实的整体总是超越了它的部分。但是这种超越依赖于部分和部分之间的有机联系，应该说真实的整体就是部分的个性和特殊功能的充分体现和实现。相比之下，虚假的整体则是其部分机械的拼凑和简单的相加。这样的整体并不能产生大于部分的新的功能，甚至会弱化部分功能。在虚假的整体中，部分的个性被否定了，部分与部分之间的个性差异被否定了。

我们认为拥有团队精神的教员团队是真实的整体。首先，教员团队树立了团队精神，所有教员具有共同的价值观、高度的自觉性和责任感，为了军事教育的目标而相互协作、尽心尽力，形成一股强大的凝聚力。这股力量能把有限的教员个人能力有机地凝聚起来，并形成源源不断的新的战斗力，这一战斗力是任何个人所不具备的，也不是全体教员能力的简单叠加，而是大于各个教员能力之和，即整体大于个体之和。

另外，英国学者魏斯特和沃莱斯的研究还表明：一个团队本身是否具有创新精神，主要取决于其成员是否具有团队精神①。他们用三个变量——团队风气（即团队氛围）、团队成员所表现出来的忠诚度、成员之间的合作来描述。

可见，团队精神是衡量真实的整体的重要指标，教员的团队精神不但能充分体现、发挥教员的个性和特长，还能使整个教员团队具有每个教员所不具有的战斗力和创新力，最终使得工作绩效明显高于教员单干时绩效的总和。社会心理学实验证明，“两个人作为团队一起工作比两个人单独地工作做得更好”。因此，具有浓郁的团队精神的教员团队协作创新，比每个教员单兵作业进行教育创新效率要高得多，教育创新的质量也要高得多。团队精神给教员军事教育创新带来了“1＋1＞2”的绩效，这就是协同效应。

---

① West, M. A and Wallace, M. Innovation in Health Care Teams[J]. European Journal of Psychology, 1991, 303-315

三、心理环境是教员军事教育创新的影响系统

1. 心理环境的定义

心理环境的概念是由格式塔心理学派代表人物勒温提出来的。勒温从“部分相加不等于全部”的基本观点出发，提出了B=f(PE)行为公式，行为(B)随个体(P)和环境(E)两个因素的变化而变化，行为是个体和环境的函数，或者说把人或环境看成是一个整体的存在，心理和行为事件就是在这个整体的制约下发展和变化的，并且援引现代物理学中有关“场”的各种概念，论述了场、心理环境的基本思想。勒温从人与环境的关系中去研究人的行为，认为要了解或预期人的心理行为，就必须了解当时整个情景中的各种心理事件(动作、情绪、表现等等)，即当时的完整结构和人的状态以及心理环境的状态。由此可见，人的行为是由人的自我状态和环境两种力量构成的心理动力场而发生的。而心理动力场的动力，除了来自人的自我状态的动力，还有环境场的动力。这里的环境，并不是客观环境，而是存在于人脑中，对人的心理事件产生影响的环境，即心理环境。勒温在《拓扑心理学原理》一书中，形象地描述了心理环境：“比如一个孩子知道他的母亲在家或不知道他的母亲在家，他在花园中游戏的行为，便可随之而不同，我们可以假定这个(母亲在家或否的)事实常存在儿童的意识之内。”①在勒温看来孩子在花园里游戏行为的变化，并不是(或说不完全是)由于花园里自然环境的作用，而是常存在于孩子心目中母亲在家与否的事实，即心理环境的影响。

由此，我们可以得出心理环境的概念。心理环境就是存在于人脑中对人的行为产生影响的一切环境，是观念的环境。在主体将客观环境转化为观念环境的时候，经过了主体与客体、生理与心理的相互作用、相互转换的过程。客观事物作用于大脑，经过大脑的分析、综合的加工改造，主动地把客观的东西内化为主观的东西之后，便产生了主体的各种心理活动。这些心理活动经历了反映者内部特点的折射、扩展、积累、反馈，就形成了以观念形式表现出来的心理环境。为了区别客观环境，勒温给心理环境冠以“准”字，称为准环境。这是一个由准物理的事实、准概念的事实、准社会的事实三类准事实组成的环境。不管是人意识到的事件，还是没有意识到的事件，只要成为心理的实在，都可以影响到人的行为。后人在勒温的基础上，提出了民族心理环境、社会心理环境、校园心理环境等概念，拓宽了对心理环境的研究。

院校军事教育创新是在一定的环境中进行的，这些环境势必与创新的主导——教员发生作用，经过教员主体的内化、积淀，形成了影响主体心理行为的心理环境。因此，本文所研究的心理环境就是指院校军事教育创新过程中，存在于教员脑中，对教员进行创新活动产生影响的一切环境。不管是教员意识到的环境，还

---

① 高觉数.西方近代心理学史[M].北京：人民教育出版社，1982版，第348页。

是未意识到的环境，只要成为教员心理的实在，都可以成为教员军事教育创新的心理环境。

2. 心理环境的特征

心理环境属于精神范畴，潜隐、弥散和能动是其主要特征。

(1) 心理环境的潜隐性。心理环境本身并没有独立的物质形态存在，而通常体现为一系列无形的氛围、精神、风气、压力或默认的规范与习惯。心理环境虽然不见于物，但却能被处于其影响下的人所认知与体验。在时尚流行的社会里，人们很容易地发现和体验到代表时尚的事物，如服装、发型、音乐等，在这种社会生活心理环境的作用下，通过相互效仿，时尚就会在人群中迅速流传和扩展。在军事院校中同样如此，一个积极的创新心理环境虽然是潜在于无形的，但通过教员在教育、教学及科研等各方面大胆探索，实验求证的创新举措，可以使人们感受到它的存在。

(2) 心理环境的弥散性。心理环境就如同一只看不见的手，弥漫在人们周围的空间之中，作用于人们的思想和行为的方方面面，如同空气一样，人们每时每刻都会感受到它的影响。可以说，心理环境无处不在，它以氛围的形式笼罩在人的周围，好似"润物细无声"，对人的心理和行为悄然地产生着影响。教员个体的创新意识、创新动机等心理都受到心理环境潜移默化的影响，带来教员创新行为上的改变。

(3) 心理环境的能动性。心理环境对人的心理作用主要体现在对人的认知和情感的影响方面，与之相应的心理环境就被称为认知心理环境和情感心理环境。认知心理环境，是人在感知、记忆、理解客观事物的过程中在头脑中形成的，以认知结构的方式表现出来的，具有定势性作用的环境。这种先入为主的定势作用于人们的认知，使人们一遇到类似问题就会做出习惯性的认知反应。情感心理环境是由情绪、情感契合而成的，是以心理体验形式在主体心理时空而呈现的，是通过内部心理感受和外部表情所表现出来的。在感情环境中，人们不仅把他人的感情作为环境去体验和感受，还会把自身投入到他人的感情活动中去分享，主动接受这种心理影响，由此可见心理环境的能动作用。

(4) 心理环境的发展性。心理环境一旦形成，就保持相对稳定，但也不是一成不变的，随着客观物理环境的改变，人们的心理反应也会随之发生变化，并在此基础上发生新的心理环境，重新影响人们的思想和行为。这种发展性是我们为了提高教员创新意识等心理品质、推动军事教育创新发展而研究心理环境的理论前提。

3. 教员军事教育创新的心理环境

不同的学者对心理环境有不同分类，有的学者以性质为依据，将心理环境划分为健康的心理环境和消极的心理环境，能促进人的优良道德品质形成的心理环境是健康的心理环境；反之，对人的优良道德品质的形成起阻碍、破坏作用的心理环境就是消极的心理环境。有的学者以层面或者载体为依据，将心理环境分为社会心理环境、社区心理环境、校园心理环境和家庭心理环境等。要确定影响院校教员创新的心理环境的分类，必须结合心理环境的构成要素。

(1) 教员军事教育创新心理环境的构成要素

影响主体心理行为的心理环境，是一个由多种心理要素整合而成的极为复杂的心理构成物，不同的学者对此有不同的看法。有的学者认为，心理环境这个复杂的心理构成物中，包含由心理活动内容构建的认知环境、感情环境、意志环境、个性环境；由主体的种种心态构建的个体心理环境、群体心理环境；由社会的不同心理层面构建的民族心理环境、区域心理环境、家庭心理环境、学校心理环境、课堂心理环境等。

还有的学者认为，心理环境包括：第一，社会群体的行为倾向和社会风气，即整个社会或某一社会群体中，大多数人实际履行的行为以及在此基础上所形成和表现出来的社会风气和精神面貌。第二，榜样的示范情况。主要指社会上的权威或名人的行为表现以及对周围人们观念和行为的影响情况，包括社会上的权威人士、亲属以及正反两方面典型人物和各级领导干部的示范。由于父母、师长甚至是朋辈群体具有比较特殊的关系，往往成为无意或有意模仿的对象或榜样的典型示范，具有极强的说服力和感染力，能使人产生“见贤思齐，见不贤自内省”的认识和情感。第三，文化舆论环境。文化环境，是社会心理环境形成的基础。没有一个健康的文化舆论环境，是无法形成健康的心理环境的。文化舆论环境，包括大众传媒、新闻出版、社会舆论导向、国家大政方针的宣传，等等①。

部分学者认为除此之外心理环境还包括民族文化传统和精神。民族文化传统和精神是每个民族在几千年的发展过程中，融合、整合、积淀而形成的，具有极强的渗透力和感染力，任何人或事的发生，都离不开民族文化和精神的影响。

我们认为军校教员军事教育创新的心理环境为：

一是社会的政治、经济体制和军队的政策环境。院校军事教育创新总是在一定的社会中进行的，并受到社会现实的制约。纵观国内外、军内外各高等院校关于教育创新的举措，我们能发现不同的侧重点，可以说不同制度下的教育存在着明显的差异，那么教育创新的方向、原则更是截然不同。国家的方针、政策不仅规定、影响着院校的发展方向、活动方式、组织方式、教学计划，还规定和影响着教员的世界观、价值观和人生观。

二是军校的文化舆论环境。文化舆论环境是社会心理形成的基础，健康心理环境的形成离不开正确的文化舆论的导向。心理环境的文化舆论环境包括校外的文化舆论环境和校内的文化舆论环境：校外的文化舆论环境主要包括大众传媒、报纸杂志、电视、网络等；校内的文化舆论环境主要包括学校的文化活动等。文化舆论环境具有一定的导向作用。

① 马保源. 道德建设重在心理环境的优化[J]. 鞍山师范学院学报(综合版)，1997(3)。

三是校风和学风。校风，是学校集体成员在工作、学习和生活中表现出来的一贯的行为倾向。学风是指学校的治学精神、治学态度、治学原则。校风和学风对教员的心理起着潜移默化的导向作用、聚合作用和激励作用以及对其心理健康起着保护、增进作用。校风和学风是在院校军事教育创新的心理环境中不可忽视、不可替代的重要因素。

四是校内的人际关系。人际关系环境对人的心理状态有着巨大的影响和决定作用。此部分内容已在有关教员团队创新的章节做过相关论述。

(2) 教员军事教育创新心理环境的分类

根据以上院校教育创新心理环境的构成分析，我们可以将院校军事教育创新中教员的心理环境划分为社会心理环境、学校心理环境和课堂心理环境。

一是社会心理环境。社会心理环境，是指对人的心理活动发挥着实际影响的整个社会生活环境，也可以说，是人们在社会生活中由于相互影响而形成的一定心理氛围，是社会生活主体与社会环境之间的主观与客观的统一。社会心理环境可分为外部的心理环境和内部的心理环境。外部的心理环境是指群体之外的社会环境，包括社会的政治经济方式、社会风气、社会思潮、民俗习惯、地域的传统等。院校的教员同时身处社会之中，必然受到整个社会风气和舆论的影响，对院校的军事教育创新工作起到促进或阻碍的作用。内部的心理环境是指生活于其中的群体内部的社会环境，包括群体的共同目标、规则、群体内部的人际关系等。

二是学校心理环境。学校心理环境是指在日常的学习生活中对师生的心理活动发挥影响作用的校园环境，校风和学风是学校心理环境的重要组成，校园内的文化舆论也是可以影响师生认知、情感的重要因素。学校心理环境是教员军事教育创新工作的主要动力来源之一，尤其对教员的创新意识起着熏陶、感染和引导的作用。

三是课堂心理环境。课堂心理环境是指在教学活动中，能为师生所感知和体验到的并能影响师生认识、情感和学习行为的课堂教学气氛。课堂心理环境分为教师教的心理环境和学生学的心理环境。我们重点研究的教员教的心理环境是由教员的教学能力、教学态度、教学精神、人格魅力等因素构成的。同时师生关系也是课堂心理环境的重要因素。教育创新的效果主要体现在学员的培训结果中，课堂教学是教员与学员最直接的、面对面进行创新实践的环节，因此课堂心理环境是教员军事教育创新心理环境的关键环节。

4. 心理环境对教员军事教育创新的作用

前面提到过心理环境一经形成，就会保持相对的稳定，影响人们的心理行为。心理环境在教员军事教育创新中发挥着举足轻重的作用，健康的心理环境对教员教育创新有着极大的促进作用。

一是熏陶感染作用。古人云："居楚而楚，居夏而夏"，"近朱者赤，近墨者黑"，说的就是熏陶感染，它是指生活在一定心理环境中的人，由于长期受到该环境内人们言行及情绪的熏陶感染和影响，会产生类似的情绪或认知。这里必须提到从众现象的概念。从众现象就是由于心理环境的压力，在认知或行为上趋于群体的期望，与群体的多数相一致。所以有人提出建立一个积极向上的群体心理环境，可以带动整个群体的发展与进步①。院校的整体科研创新气氛、鼓励创新的相关举措、整个教员群体的团队创新精神，都能对教员个体创新意识产生潜移默化的作用。

二是调节作用。良好的心理环境能使人产生积极的内心体验，进而影响对当前对象及内容的认知。神经学和心理学研究表明，轻松愉快的情绪能激活大脑，使大脑皮层处于觉醒状态，引起和保持人的兴趣，产生良好的记忆力，活跃创造性思维。可以说，心理环境对人的认知与操作活动有调节效能，个体的主导心理环境平和或愉悦，就能够提高智力与体力活动的效率，对创新活动尤其如此。人本主义心理学家罗杰斯曾经指出，"有利于创造活动的一般条件是心理的安全和自由"②。创新活动追求的是除旧布新，有高度创造力的人都会表现出与众不同和偏离常规的倾向。这就需要一种宽容的心理环境作支持，只有这样创新的行为或思想才能得到认可、理解和鼓励。反之，创新的奇思妙想与独特举措就会被教条或僵化的心理环境所压抑以致泯灭。优良的心理环境还有助于调节人际关系，在相互陌生或充满不安与警惕的心理环境中，人往往会压抑、掩饰自我，表现出浓重的社会顾虑和猜疑倾向，人际关系难免紧张。反之，在团结互助的心理环境中，人就能无拘无束地进行交流，共同协作，从而提高工作效率。

三是促进作用。优良的心理环境对人的行为有促进作用，可以唤起人高昂的斗志和朝气蓬勃的精神状态，对实践活动产生巨大的推动力。院校教育科研的创新心理环境，能激发教员的创新情绪，充分调动其创新的积极性和热情。心理环境的促进性在群体中表现更为明显，在优良的心理环境下，教员在团队中的工作效率要远远高于单独的工作效率，社会心理学研究表明，这种群体助长作用表现为结伴效应、观众效应和竞赛效应。他人在场或竞争状态下，人会有更强的自我表现欲望，直接推动了工作绩效的提高。良好的心理环境有助于教员之间同化教育创新的兴趣，或产生竞赛效应，也就是产生良好的合作和合理的竞争，这也将形成教员军事教育创新的直接动力。

四是制约作用。这里的制约，首先指的是心理环境对教员的生理健康状况的制约；其次是指心理环境对教员教育创新工作效率的制约。优良的心理环境能够有助于教员形成积极的心理和行为，产生积极的情绪，有益于教员自身的生理健康。如果教员自身个体或群体的心理环境过于恶劣会造成压力过大，就容易导致

---

① 陈文滨，李从寿. 高校德育心理环境建设探讨[J]. 西南民族学院学报(哲学社会科学版)，2001(4)。

② 陈亚娜. 语文教学中创新能力的培养[J]. 青海师专学报，2003(2)。

焦虑和抑郁的发生,长期生活在应激和焦虑的状态下,就会对教员的健康产生负面影响。

心理环境对教员工作效能的制约更为明显,优良的个体和群体的心理环境能使教员在教育教学和科研中保持积极的情绪和热情态度,提高个体和群体的工作效率。反之,不良的心理环境所带来的负面影响会直接导致工作效率降低。

四、军校教员军事教育创新的心理机制及其培养

通过以上的研究和分析可以发现,影响教员进行军事教育创新的心理因素虽然是多方面的,但相互之间也有一定的联系。任何活动都由各自的因素按照一定的规律运行着,一般来说,个体因素、个体与团队的关系、个体与环境的联系是所有活动影响因素的基本构成。在本研究中,教员个体的心理因素、团队创新对教员个体创新的促进、心理环境对教员个体创新的影响构成了教员军事教育创新的心理机制,如果能从全局上把握住这些心理因素,建立完整的教员军事教育创新的心理机制,运用心理学的原理和方法使之有效运行,必然能够保证教员教育创新的质量和效率。

1. 军校教员军事教育创新的心理机制

军校教员教育创新的心理机制是指能够对教员在教育创新过程中产生影响的心理素质和各心理要素之间相互作用、相互联系、相互制约的形式及其运行规律和内在方式。军校教员军事教育创新的心理机制可分为三个子系统:

一是教员的教育创新需要发挥个体的主观能动性,其个人的心理品质构成了教员军事教育创新心理机制的基础系统。包括动机系统和创新素质。构成动机系统的价值观、诱因、需要和内驱力以及创新素质所包含的创新人格、创造性思维、创新意识和创新能力都是该基础系统的要素。

二是团队创新提高了教员军事教育创新的质量和效率,推进了军事教育创新的进程,是教员军事教育创新心理机制的扩张系统。在这一系统中主要分析提高教员军事教育创新质量和效率的团队精神及其构成要素。

三是心理环境对教员的熏陶、制约等作用对军事教育创新起着潜移默化的影响,对教员军事教育创新起主要作用的社会心理环境、学校心理环境和课堂心理环境是教员军事教育创新心理机制影响系统的主要要素。

三个子系统各自有完整的发展模式,同时又相互联系、相互发展。教员的个体创新是军事教育创新工作的基础,教员的个体创新心理品质是团队创新的前提和基础,只有具备个体创新的心理品质,才有团队创新可言。同时,团队精神能够激发教员个体的创造力,提高教员的工作业绩和创新质量,实现教员个体创新"1+1>2"的目的,对教员的个体创新有着扩张和促进的作用。心理环境对教员个体心理品质的养成及教员团队精神的培养发挥着明显有效的影响作用,同时无论是教员个体还是团队都在响应心理环境的影响,并随着个体心理品质的提高和团

队精神的加强，对所响应的心理环境有所选择和要求。通过以上的关联，使得三个子系统构成了具有一定规律的动态机制。

2. 军校教员军事教育创新心理机制的结构特点

一是具有网状结构。教员军事教育创新心理机制是网状结构，而不是树状或层次结构，主要因为本机制中的子系统，包括各个要素之间都相互联系，相互之间没有绝对的界限，没有孤立的要素，都可以通过直接或间接的方式与其他部分形成联系，从而构成了一个整体。例如影响教员军事教育创新的心理环境中学校心理环境所包含的校内人际关系也是教员团队协作的重要部分；社会心理环境也会成为教员个体创新中动机系统的诱因，促进其动机。

二是具有平等发展地位。无论是教员军事教育创新心理机制的三个子系统还是包含的各要素都拥有平等的地位。这首先是由网状结构的特点决定的，树状结构和层次结构中各要素之间的地位是不平等的。要素地位平等与否，直接影响着要素之间的相互作用，从而对整个机制的变化发展造成影响。虽然教员个体的创新心理品质是教育创新的基础，但并不表示它优先于其他两个子系统，或者它最重要。就教员军事教育创新而言，三个子系统共同作用才能最大限度地保证创新工作的进行和发展。如果没有团队协作的意识，个人的创新素质再优秀也无法完成军事教育创新这项复杂而庞大的工作；而如果没有积极的心理环境的熏陶，个人的心理品质也无法达到优秀。在某种条件或要求下，每个地位对等的要素均可以成为当前的中心要素，其他要素为其服务。例如要加强教员个体的创新心理品质的培养，就可以通过改善心理环境来对其有方向地引导。这实质上是各要素具有平等地位的另一种表现形式。

三是具有内在联系。教员军事教育创新心理机制的三个子系统相互影响，各个要素互动发展。整个机制不会发生孤立的变化行为，某个要素的变化会牵动其他要素甚至整个机制的变化。如教员价值观的取向不但对其个体动机有引导作用，对团队协作、工作满意度也有一定影响，而社会心理环境则会对教员价值观有直接的影响。人际关系的和谐与否不但是团队凝聚力的保证，还是校园心理环境和课堂心理环境的重要因素。因此要以整体和联系的观点认识和分析教员军事教育创新心理机制。

四是具有动态机制。教员军事教育创新心理机制的组成和机构不是固定不变的，它是一个开放的结构。针对不同的教员、不同的教员团队、军事教育创新的不同阶段，各要素发挥的作用大小各不相同。在不同条件和要求下，会作相应调整。如调整改变某些要素之间的关系，或者增加一些新的要素，弱化某些要素以达到调整优化机制的目的。

3. 构建军校教员军事教育创新心理机制的原则

(1) 构建军校教员军事教育创新心理机制的基本原则

科学发展观是我们党领导社会主义现代化建设实践经验的理论结晶，是指导发展的世界观和方法论，也是加强国防和军队建设的重要指导方针。军委主席胡锦涛强调指出："要坚持在国防和军队建设中贯彻落实科学发展观"①。军事教育是军队建设发展的基础，军队院校的教育创新是军事教育发展的不竭动力，而军校教员担负着教育创新的主要任务，建立和完善教员教育创新的心理机制有助于培养教员的创新品质，激发教员的创新精神，促进军事教育创新质量的提高，加快军事教育创新的进程。因此，构建军校教员军事教育创新心理机制，必须坚持以科学发展观为指导的基本原则，全面系统地研究和掌握院校军事教育创新的特点和教员群体自身特点，掌握教员军事教育创新的心理现状，正确解决现实问题，把建立和完善军校教员军事教育创新心理机制切实转入科学发展的轨道。

一是必须了解和掌握院校军事教育创新的特点。所谓院校军事教育创新，指的是通过创造性论证、实验和研究，对现有军事教育进行完善丰富或革命性的扬弃。它不但包括教育理论创新，还包括教育目的的变化、教育内容的拓宽、教育方式的更新、教育体制的改革，甚至包括师生关系的重建和学习理念的提升；既有全局层次的创新，又有局部层次的创新，是一个复杂的系统工程。它有着非常鲜明的特点：

首先，院校军事教育创新具有开放性。军事教育创新，必须走出校门，跳出封闭的模式。部队建设对人才规格的需要，牵引着军事教育创新的方向。建设有中国特色信息化军队，打赢信息化战争，要求军人具有良好的全面的素质；要具有复合的知识结构和综合能力；要具有创新精神和创新能力，掌握科学思维方法，军事教育必须适应人才培养的需要，并按其要求进行创新。发达国家军队先进的教育理论为我们提供了借鉴。例如美国军队的军事教育创新是在战争实践中检验的，并在教育实践中进行创新和发展，这些理论我们可以学习借鉴，消化创新。

其次，院校军事教育创新具有长期性。军事教育创新是一个长期的过程，创新活动存在于军事教育发展的各个阶段和各个时期。这是由于教育创新本身就是一个需要长期不懈努力才能有所收获的活动，没有十年磨一剑的功力、没有"板凳要坐十年冷"的决心、没有大量的知识储备，很难有突破性的成果。军事教育创新成果的转化和检验也是一个长期的过程。创新符不符合军事教育规律，需要军事实践活动来检验，不是一朝一夕的事情。科学技术的迅猛发展和快速更新以及信息化战争对军事人才需求的不断变化，促使军事教育必须不断翻新，以满足发展需要。

第三，院校军事教育创新具有复杂性。复杂性是指军事教育创新涉及范围广、开拓领域深、表现形式多，是一项难度很大的系统工程。这主要由于：一是军事教育创新是一项复杂的智力活动，需要有创新知识、创新能力和一流的教学实践的创

① 中国人民解放军总政治部编印. 国防和军队建设贯彻落实科学发展观重要论述选编[M]. 北京：解放军出版社，2008 年版，第 39 页。

新人员以及良好的创新环境作为创新基础。二是促成军事教育创新的因素比较复杂，既有技术因素也有理论因素；既有制度因素也有文化因素。三是军事教育创新的表现形式多种多样，既有个人灵感闪现，也有集体智慧结晶；既可能是原始创新，也可以是集成创新。四是军事教育涉及的内容多、范围广。既有教育思想的创新，也有教育方法和原则的创新；既有教职能的重新定位，也有教育功能的即时矫正；既有教育总体模式的设计，也有教育政策措施的选择等。

第四，院校军事教育创新具有探索性。探索性是指军事教育创新是一项开拓性的工作，是一个不断总结经验和教训、不断前进的探索活动。有关军事教育创新的许多重大问题目前尚未达成共识，存在诸多分歧。具有中国特色的军事教育体系尚未完全形成。传统的军事教育深深地印在人们的脑海中，禁锢着人们的思想。要进行创新就要突破传统思想。教育创新正确与否，不是取决于人们的主管评价和偏好，而是取决于教育实践的检验。战争是检验军事人才素质的试金石，而长期的和平环境无法提供这一条件，只能靠军事训练来间接获取经验，在探索中创新军事教育。

二是必须了解和掌握军事院校教员的特点。从共性的角度上看，军事院校的教员与一般高校教员一样具备以下能力：创新研究能力、发明创造能力、组织管理能力、获取信息能力以及社会活动能力等。然而军事院校的教员由于其自身角色的多样性和工作环境的特殊性，使得这个群体带有更鲜明的特点。这些特点给教员本身带来了一定的矛盾性。

第一，严格的统一管理和个性化创新的矛盾。军事院校有着严格的统一管理制度，作为一名军人，教员要以自觉遵守各项规章制度为行动的前提。而创新从某种意义上来说，首先是个性化的活动，我国有学者提出创新能力的障碍包括习惯思维和过于律己等因素，过于统一的规范和详细的条条框框是否会局限教员的思维，影响其个性的发挥，怎样在规章制度之内最大限度地鼓励个性的创新是我们必须解决好的问题。

第二，相对独立性和团队合作的矛盾。在科学技术日益发展和竞争日趋激烈的今天，人们对自我完善的要求更为强烈。军事院校的教员受其环境和所受教育等多方面的影响，大都有较高的知识层次，又有一技之长，有更高的需求层次。他们自我意识很强，更加珍视自身独立性。期望通过创造性和挑战性的工作来体现其自身的价值。他们具有相对独立的价值观，他们心中有着非常明确的奋斗目标，希望在各自的领域取得被肯定的成绩，并高度重视他们取得的成就。然而前文已经提过，院校军事教育创新是一项庞大而复杂的系统工程，是任何一个个人无法完成的，需要所有教员共同努力，通过团队合作来实现。如何用个人的成绩推动团队创新的进程，如何在团队合作中充分体现自身的价值，为了团队的利益需要牺牲自身价值实现的机会时如何选择，这些问题的存在也带来了教员在军事教育创新中的矛盾。

第三，创新的时效性和教员年龄层次的矛盾。有关资料证明，人的最佳创造年龄为25—45岁，37岁是创新的高峰时期。人的最佳学习年龄和最佳创造年龄是特定的，不同年龄时期会产生不同的效果。一旦错过这个时期，人力资源就会贬值，工作能力和创造力就会下降。然而军事教育对教员的经验要求极高，院校的老教员们具有扎实的知识功底、丰富的教学管理经验和很高的威望，他们不但是学员的教员，更是年轻教员的引路人，是院校教育的巨大财富。因此，如何有针对性地对不同年龄层的教员进行不同的创新激励，或是将院校人力资源合理地开发配置，也成为一个重要问题。

(2) 指导军校教员军事教育创新心理机制的具体原则

一是以人为本原则。《管子》中说道："夫霸王之所始也，以人为本。本理则国固，本乱则国危。"这是最早关于以人为本的阐述。以人为本是马克思主义理论一以贯之的科学内涵，时至今日，坚持以人为本，已成为落实科学发展观、构建和谐社会的根本出发点，是先进文化的体现。坚持以人为本原则（或原理）就是一切管理工作均应以调动人的主动性、积极性和创造性，做好人的工作为根本。人本原理告诉我们，第一，在管理主客体当中，人是最首要的要素，人在管理当中起着核心和灵魂的作用。只有人才能将各种生产要素组合起来形成现实的生产力，各项管理措施和手段，首先必须作用于人，再通过人去发挥能动的作用，才能组织和运用好其他要素。第二，管理的最根本的目的必须是最大限度地调动人的积极性和创造性，满足人的物质和精神等多方面的需要，实现人的才能的全面发挥和人的素质的全面发展。第三，人本原理中的"人"不单是指个人，而且也指具有共同目的和协作关系的个人所结成的群体或组织。人是管理的出发点，也是管理的终极点。管理就是要以人为中心，以人为本。以人为本的管理就是视人为目的，把人看作根本的管理。它把依靠人、尊重人作为管理的出发点，把服务于人、激发人看作是管理的任务，把促进人的全面发展作为管理的核心。要在理解、信任、关心的基础上尊重人、依靠人，这是管理人性化的体现，是管理以人为本的基本要求。以人为本的管理核心是提高人的素质，谋求人的全面、自由发展。人的发展是指在各个生活阶段上的发展，以及个人、社会和自然之间某种和谐关系的构成，保证人的潜力能得到最充分的发挥，而又不使社会和自然遭受损害、掠夺和破坏。总之，通过以人为本的管理活动，以尽可能少的消耗获取尽可能多的产出的实践，来锻炼人的意志、脑力，通过竞争性的活动，完善人的品质，提高人的素质，使人获得全面的自由发展，这是人本管理的核心。

建立任何一种机制都必须坚持"以人为本"的原则，在完善院校军事教育创新的心理机制中，就是要以教员为中心，以教员进行军事教育创新的需求为牵引，尊重教员的人格、价值、尊严、需要、情感和各项权益，尤其要尊重教员的个性发展，肯定教员的创造性劳动，鼓励教员的主观能动性，服务于教员的创新需求，充分调动教员的积极性和创造性，最大限度地发挥教员的能动性，激发潜能，合理有效地发挥教员的人力资源作用，推进军事教育创新。

二是系统性原则。所谓系统就是按照统一的功能目的而组成的有机的整体。系统中要素与要素之间、要素与整体之间、整体与环境之间都存在着相互依赖、相互结合、相互制约的关系。管理中的系统性原则，是在对系统中各个要素充分分析的基础上进行有机组合，以达到最佳的管理。成功的管理需要环环相扣、面面俱到、层层相融，只有整个组织都协调地发生了变化，管理才能有效。

院校军事教育创新的心理机制就是一个系统，它有一个系统的功能目的：激发教员的创新力以提高军事教育创新的水平，保证军事教育创新的质量，加快军事教育创新的进程。院校军事教育创新的心理机制本身并不是孤立的，必须与外部系统发生密切联系。系统性原则要求我们在进行院校军事教育创新心理机制的完善时应注意：一要把握好全局。首先，必须将院校军事教育创新心理机制放在社会大系统中，放在整个学校系统中，研究外部环境对内部机制各要素的影响。比如要随时掌握军事科技新的发展对指挥人才的新要求，不断加强创新的动机。其次，要将军事教育创新的心理机制作为一个整体，不能片面强调某个方面。就像有的时候，从局部看到有利的事，从全局看并不总是一定有利。从局部着眼，经常是"盲人摸象"，虽然他们各自都没有说错，但从整体看就都错了。例如不能片面强调教员的个体创新而忽视团队合作，不能只强调人际关系而忽视了校园环境对创新的影响。二要明确好目的。不同系统有不同的目的性。混淆了目的必然是混乱的管理。这就要求我们明确目的，包括整个系统总的目的和各个要素不同的目的。但必须注意，各要素目的和系统总目的是一致的，必须服务于系统总目的。三要强调好协调。一个系统内部各要素之间如果没有较好的协调或有机组成，那就不能称之为系统或机制，而是简单要素的相加和排列。院校军事创新心理机制的协调性体现在对教员个体心理品质的要求、教员之间的团队关系和创新所需的心理环境相互关联，共同作用，激发教员的内在创新力。

三是针对性原则。完善院校军事教育创新的心理机制要有针对性。针对性原则要求我们一方面要正确培养我们所需要的、所期望的心理素质，而不要鼓励错误的行为。例如在现实生活中，我们需要创新，需要有创意的人，但却总是责罚那些敢于标新立异，提出新建议、新方案的人，处罚未能成功的创意，而去奖励那些墨守成规、唯唯诺诺的行为。其结果，没有人敢提新建议、新方案，抑制了我们所需要的创新行为。另一方面，要根据军事院校教员的层次性特点，针对不同的教员、不同任务不同岗位的教员，或者同一人在不同时期心理需求出现差异时采用不同的培养或激励方法。以军事教育创新的原动力——个体动机为例作一分析。要激发教员的创新热情，先要从教员的需要入手，激发其创新动机。前文提到马斯洛(A. H. Maslow)的需要层次理论认为每个人都存在着五种需要：生理需要、安全需要、社会需要、尊重需要、自我实现需要。任何人在某个时候不一定都有这五种需要，已有的需要也不是等量的，但每一时期总有一种需要为主，成为主导需要。人的最迫切的需要才是激励人行动的主要原因和动力。军事院校教员的心理需求存在明显差异。他们的职称、年龄、个性、经历、道德等因素决定了他们的心理需求不同。一般来说，年纪较大，职位较高的教员比较注重自己在相同层次人员中的学术地位和社会地位。他们更多的注意力集中在精神方面而非物质上，主要表现为尊重需要和自我实现需要。中年教员具有强烈的责任感、紧迫感和成就感，他们科研任务重、家庭负担也重，社会地位还不太高，对物质的需求也很现实，他们的需要主要表现为安全需要、社交需要。年轻的教员渴望提高教育科研能力，对物质待遇的需求比较强烈，生存需要和安全需要对他们来说至关重要。当然，即使是同一年龄层的教员，既有与他人相同的需要，又有自身的特殊需求，同一教员在不同时期由于心理发展的成熟度不同、主客观条件的变化，需求也会发生变化。因此，要针对教员心理状态的差异性，有的放矢地进行培养或激励。

4. 构建军校教员军事教育创新心理机制的基本方法

(1) 建立全面的军校教员培育机制

一是加强思想政治教育，培育教员正确的价值观。价值观是个人动机的导向，正确的价值观是教员军事教育创新的动力保障。前文分析过，由于军校教员角色的多样化，使得教员的价值观并不是单一构成。市场经济的发展，对个人的价值观有很大的冲击。就教师这个职业而言，其工作价值观已经逐渐以自我发展为重点，工作待遇、付出的回报也已成为影响工作满意度的重要因素。就军校教员而言，面临相同的问题。不少人提到教师，只认为是个清贫的职业，在经济快速发展，社会节奏加快的今天，教员能否沉得住气，静得下心，甘于清贫，全身心地投入到军事教育创新中，取决于教员身为一名军人的崇高的价值观。因此，要加强教员的思想政治教育，以军人的核心价值观武装教员的思想，培养教员正确的价值观，激励教员以对国家、军队深厚的责任感增强自身对名、权、利等诱惑的免疫力和抵抗力，以对我军发展深切的危机感自觉抵制虚浮、急功近利的不良研究倾向，以对我军军事教育发展强烈的紧迫感培养不怕吃苦、不怕冷落，执著、冷静、求实的学术风气，不媚俗、远离浮躁与浮夸。

二是注重创新能力培养，提升教员综合素质。在培养教员创新素质方面，没有现成的经验可借鉴，也没有成功的模式可仿效，需要发挥主观能动性去探索、去创造。

首先，创造学研究表明，创造能力与知识呈正相关的关系。专业知识是创新活动的材料，没有一定的知识材料做基础，创新活动也就无从谈起。因此，丰富的知识是教员创新能力的重要基础，培养教员的创新能力，就要从加强教员知识学习开始。教员的知识结构包括本体性知识、应用性知识和实践性知识。

教员的本体性知识是教师所具备的特定的专业知识。教员应精通所从事学科领域的知识，要不断地学习新知识以充实自己，做到先学先知，力求掌握本学科最新研究动态和研究成果。就本体性知识学习而言，院校应该给教员提供学习的条件和机会。例如部分院校鼓励教员特别是年轻教员不断提高学历层次,通过脱产或在职攻读更高层次的学位,利用强军计划到地方大学学习等机会更新知识结构,拓宽知识广度,加深知识深度,就是为了进一步提高教员的专业知识素养,加强教员本体性知识的学习。现代科技的发展、教育创新的进步对教员的知识提出了新的更高的要求,作为教员还应了解其他相关学科专业领域的理论与技术,拥有跨军、理、工、文、管等学科门类的宽阔知识面,并能对其不断更新和充实。教员的进修不应仅限于本专业领域,也可进修相关学科内容。如伪装专业的教员可以进修土建类、电子信息类专业内容,仿真与模拟专业教员可以进修机械电子类、自动控制类专业内容等。学院可举办公开的学术讲座,或者学术交流会,鼓励跨专业的教员相互讨论学习。

教员的应用性知识一是指教员要学习和掌握创新的原理和方法,并具有科学方法论的素养和教育科研特有方法的知识,以创新教学内容、教育方法为重点。二是有灵活运用教学手段的能力。信息化的教学使得教育组织形式更加灵活,教学手段更加多样,教员必须紧跟网络化教学、电化教学、远程教学等新教学方式的发展,掌握相关的教学技能,学会运用现代科技创新授课技巧和方式,将以往严肃有余、活泼不足的课堂生动化、活跃化,以达到更好的教学效果。

教员的实践性知识一方面靠军校课堂教学经验积累,另一方面来源于教员赴部队锻炼的经历。只有在基层研究部队现状,掌握部队发展动向,才能明确人才培养的具体标准和要求,有的放矢地进行教育创新,培养出适应部队发展的人才。

其次,在培养制度上,采取行之有效的措施,鼓励教员赴部队代职锻炼,充分依托社会培养人才,大力培养中青年人才队伍。

总之,教员科研创新能力的培养应在系统学习军事教育理论、大量积累相关知识的基础上,用善于借鉴、大胆扬弃、勇于创新的态度对现有的军事教育科研方法和手段进行反思,积极而广泛地开展学术科研活动,做到科研与教学相结合,创新与实践相结合,不断探索和建立新的军事教育科研内容和方法,创造出更多适用于教学实践的创新成果。

三是发扬团队协作精神,筑牢教员联合探索意识。一要加强与其他学科的对话。当今世界,单一学科领域的研究不断深化,专业分工越来越细,各个学科之间的交叉、渗透、融合日益加深,这就要求军校教员要用大系统的思想筹划和指导教育创新研究,而不能无视、漠视其他学科的成果。要通过与其他学科间的多项互动交流,及时吸取理论、技术、研究视角、方法等方面的营养,不断开发和拓展军事教育新的研究方法、手段和工具,不断开阔视野,为军事教育研究提供新的范畴和命题。二要加强教员之间的合作。强烈的团队合作意识、科学的协作精神能够大大提高研究效率。军校教员要走信息畅通的开放型创新之路,要勇于打破专业领域的界限,摒弃门户之见,少一点单打独斗,多一点联合作战,尽快形成一批强强联合的教育科研创新研究共同体;要改变拘泥于各自狭窄的空间封闭式发展的做法,以开阔的胸怀、兼容并蓄的思想境界加强协作，及时交流沟通研究信息。通过相互之间高质量的密切协作，切实研究出具有全局性、权威性和可行性的创新成果。

(2) 建立合理的军校教员激励机制

"激人之心，励人之气，发号施令，使人乐闻；兴师动众，使人乐战；交兵接刃，使人乐死；其在以战励战，以赏励赏，以士励士。"这是唐代李筌在《太白阴经·励士篇》中对激励的任务、作用及方法的精彩概括。"激励"一词作为心理学的术语，是指激发人的动机的心理过程，通过激励，在某种内部或外部刺激的影响下，使人始终维持在一个兴奋状态中。具体地讲，激励就是使外部的刺激内化为个人的自觉的行动过程。从广义上讲，激励就是调动人的积极性；从狭义上讲，激励就是一种刺激，是促进行为的手段。外部适当的、健康的刺激可以使个人完成目标的行为总是处于高度的激活状态，从而最大限度地发挥人的潜力。

激励机制，是指在军队院校的教育创新中，通过各种有效的方式方法，激发教员的需要、动机等心理因素，使之产生一种内在的驱动力，在军事教育和科研创新上处于持续的积极状态，从而充分发挥潜在力量，达到推进院校军事教育创新的目的。

一是明确有效的目标激励。目标是指组织希望达到的成果或结果。目标是对组织的宗旨与使命的进一步阐述，目标具有导向作用，可以激发组织成员工作的积极性，特别是当组织的目标充分体现了组织成员的共同利益，并与每个成员的个人利益很好地结合在一起时，就会极大地激发组织成员的工作热情、献身精神和首创精神。目标激励法就是用适当的奋斗目标去激励人的积极性，使人看到自己的价值和责任，看到奋斗目标和发展方向，为自己的目标做出承诺，使他们不仅仅是做工作、执行命令、等待指示和决策，而是在明确目标的指引下将自己的设想充分纳入到工作方案中，以确保达到目标。

一个宏伟的目标使组织成员能够相互协调，时刻激励着成员为追求共同目标而奋斗。军队院校教育创新的根本目的是培养出适应现代战争的新型高科技人才，这一明确的目标是所有教员追踪军事科技前沿，创新军事教育的不竭动力。然而最终目标在确保其导向作用，指明军校教育创新的前进方向的同时，并无法保证在教育创新各阶段充分发挥激励作用，达到最好的激发教员教育创新积极性的效果。因此，军队院校或教员本身必须设置不同的短期目标，以调动教员教育创新的积极性。目标的确定要把握一定原则。首先，目标要有价值，即目标能否满足教员个人的需要并且能多大程度上满足个人的需要。其次，目标要具有挑战性。就是要让教员感到实现目标并不是轻而易举的，需要付出一定的努力，要做到树上的果子悬到"跳一跳够得着"的程度，这样才能强化目标的激励作用。最后，目标要有实现的可能性。就是目标经过努力要有实现的可能，否则，过高的目标非但不能起到激励的作用，反而会挫伤教员的创新积极性，使之丧失创新的信心。

二是建立公平公正的制度激励。设置适当的目标实施目标激励，需要相应的措施促进其发挥最好效用，制度激励就是一项有效的措施。本研究中的制度激励是指建立相关制度以激发军校教员的军事教育创新积极性。一要建立良好的选用制度。在坚持正确的用人导向，坚持重德才、重政绩、重发展等原则的前提下，大胆拓宽选用制度。很多院校十分重视中青年教员良好的创新素质和富有活力的个性发挥，对优秀的中青年骨干教员坚持重主流、看发展、用所长的原则，在教育科研中大胆放手使用，让他们在重点课程和重点项目上尽情发挥，迅速成长，极大地推动了教育的创新，培养了教员队伍的中坚力量。二要建立科学的评价制度。在对军校教员的评价体系中，要用人才培养质量、科研成果、学术水平、创新活动、成果转化及高新技术产业化等综合指标来进行评价。增强评奖的规范化、公正性和透明度。通过评价，激发教员创新的动机和热情，调动他们的积极性。三要建立明确的奖惩制度。在不断完善考评制度的基础上，要坚决实行“优进劣汰”的管理，将奖优和汰劣有机结合起来，坚持精神奖励和物质奖励的有机结合。一方面，要敢于扶植有教学科研能力的学科带头人，敢于重奖有重大教学科研贡献的有功人员；另一方面，要坚决淘汰不称职、不合格的教员。近年来，已有院校在奖惩方面出台政策，将业绩突出的青年教员破格晋升专业技术职务，对业绩平庸、综合素质较差的教员进行调整，对业绩差、无成果的教员上报上级免去他们的高级专业技术职务，切实让想干事业的有机会、能干事业的有舞台、干成事业的有地位，这对广大教员是个很大的震动。四要建立严格的管理制度。创新需要充分发挥教员的主观能动性，在激发智慧，张扬个性的同时，军队院校也要坚持依法从严治军的原则，严格要求、严格管理，一方面要调动一切积极因素，为教员的成长进步铺路搭桥，另一方面也要加强计划管理和宏观调控，强化纪律意识，确保整个教员队伍健康发展。

三是打造优良和谐的环境激励。环境对个体有熏陶感染的作用，在潜移默化中影响着个体的主观意识和行为动向。所谓环境激励，是指调动一切因素营造有利环境，以激发军校教员军事教育创新的积极性。一要营造安心干事业的物质环境。首先要坚持以人为本的原则，想方设法、力所能及地为教员办实事、解难题。对教员个人的需要，也就是前文分析的生存需要要心想到、话说到、力尽到，切实把事关教员切实利益的事做好、做细、做实。要积极创造条件，着力改善和提高福利待遇，逐步缩小军地差距，靠适当的待遇留人，增强组织的吸引力，提高教员队伍的凝聚力，提高教员的工作满意度。积极营造整洁漂亮的营区环境，为广大教员提供舒适的生活环境，使之把主要精力集中到教学科研上来，在本职工作岗位上做到安心、放心、用心。同时，要加强军事教育创新研究条件建设。经费不足在相当长的时期内将仍然是制约院校教育科研创新发展的重要因素。由于教育类课题数量较少，经费来源单一，激励机制很难有效发挥作用。虽然部分院校通过自筹经费设立了教育科研基金，鼓励广大教员申报教育科研课题，对于提高教员教育创新的积极性起到了一定的推动作用，但这仅是杯水车薪，难以从根本上改变局面。因此总部和各院校要共同努力，在经费投入上向教育科研方面倾斜。二要营造良好的学术环境。首先要营造宽容的学术环境。军校教育创新，需要激励创造智能、打破常规思维定式。继承和发扬固然是创新的重点，否定和扬弃也是创新中不可忽视的环节。否定是一种批判的思维和精神，扬弃是一种继承和抛弃的过程，两者相辅相成，都是教育创新的手段和阶段。对于大胆创新的教员要肯定他们的推陈出新，允许他们在创新中失败，鼓励他们在挫折中奋起。在教学内容的选择、教学方法的使用、教学成果的评价等方面，对开展创新的教员，尤其是创新过程中有困难遇挫折的教员，要少一点指责，多一份关心；少一点强制，多一份尊重；少一点疑虑，多一份信任；少一点限制，多一份宽容。其次要营造百家争鸣的学术环境。要加强在研究、交流与合作渠道等方面的疏通和引导。可以采取成果共享的方式强化信息流通，加强学科之间的共同合作和交叉研究，加强军地合作，广集博采，注重对外军教育的学习借鉴。在研究氛围上，无论学术团队或个人均不分主次、不设禁区，倡导学术民主、自由、和谐、开放，是教员能够展示个性思维，致力于在自己的领域中开拓发展，有所创新、有所建树。三要营造积极的文化环境。要通过校园文化建设营造高品位的文化环境。以校训、校歌、校规为牵引，通过多种载体，加强校风、教风、学风的建设，以优美的校园环境、多彩的校园文化生活、科学的人文精神、催人奋进的院校精神，带动教员工作积极性、激发创新灵感。

(3) 建立良好的军校教员沟通机制

研究表明，组织成员之间具有良好的沟通交流合作意识；整体士气高涨积极进取；职工对组织有一种强烈的归属感是提高组织绩效的有力保证。因此，建立军校教员之间一种良性互动的沟通模式，对于提高整体组织气氛质量是至关重要的。

第一，建立多样化的沟通平台。沟通理论强调对他人的信任和关心，提倡全员参与组织管理，领导与成员之间以及成员与成员之间的关系互动表明，顺畅沟通必须具备资源共享、沟通渠道多样化、及时的反馈等条件。领导与教师以及教师之间如果具有良好的人际互动关系，彼此之间具有良好的合作意识，互敬、互爱、互助，经常交流思想，上下级之间、同事之间目标一致，行动协调，不仅有助于信息沟通和相互理解，而且可以减少矛盾摩擦，消除不良情绪，以便更好地投入到教育科研工作中去，提升教学业绩水平，激发创新热情。院校可利用各种正式或非正式的组织活动达成一个理性和谐的沟通结果。例如定期召开教员或教员代表参与的校务会议，让教员意见可充分表达；或者召开不同规模的学术交流会，给教员提供学术交流的平台；也可以举办联谊活动，或是由教员之间进行深度会谈，让教员们畅所欲言，多沟通，多接近，相互交换意见，将有助于彼此之间的和谐相处。这样，可以进一步促进相互之间的合作交流，提高教员教育科研水平，增强教员对组织的认同感和忠诚感，进一步增强教员教育科研创新的积极性。

第二，形成良好的人际关系。良好的沟通机制有助于形成人与人之间心理上的交互关系，也就是人际关系。它表现在亲近、疏远、友好、敌对等人与人之间的心理距离直接影响着组织绩效。前文提到军队院校中教员的人际关系表现为院校领导和管理者与教员的关系，教员之间的关系，教员与学员的关系。三种人际关系的和谐有助于教员教育创新积极性的发挥。

一是构建良好的领导者与教员的关系。军校的领导者与教员的关系是军校人际关系的一种表现形式，在双方的相互影响中，领导者往往占主导地位，满足被领导者的各种需要，尤其是心理需要，是激发其工作热情的关键因素。作为学校的负责人，领导者是教员的“教师”，在教员面前起着示范、表率作用，其言行举止无形中影响着教员的情感体验、需要的满足、能力的发挥等心理状态及行为模式。这种影响作用的大小取决于领导者和教员在心理上是否一致。一致性程度越高，组织气氛越好，教员满足感越高，工作热情越高，教育创新的积极性越高，能力发挥越充分；反之，领导者和教员关系淡漠，彼此间缺乏尊重、信任、关心和支持，甚至出现对立、敌视的心理状态，形成心理冲突，心理距离越来越远，导致人际关系紧张。在这种组织气氛下，教员的满足感低，工作缺乏热情，没有积极性，这样下去，莫说教育创新，就连正常的教学工作也会大打折扣。

二是建立教员之间协作互助的内部关系。军校教员是一个特殊的群体，他们知识水平高，独立性强。他们有较强的自尊心，不仅渴望得到学生的尊敬，还希望得到领导和同事的尊重，有较强的成就动机。教职工之间的交往关系直接影响其情绪及行为活动。教员彼此之间关系融洽，愿意在一起探讨问题、研究工作、能够互相尊重、相互学习、具有团队精神、团结协作、共创佳绩，这种良好的人际关系一方面有助于满足教员的情感需要，另一方面可以提高工作效率，保证教学质量，激发教育创新的热情。教员之间也可能出现矛盾冲突，由于一些私人恩怨或者学术分歧，再或者是由晋职、晋级、评优带来的竞争等因素使得彼此间心理上的距离越来越远。彼此之间互不往来、互相嫉妒、相互讽刺，甚至有人暗中拉帮结派形成小团体的现象。这种现象必然导致内耗，影响院校整体士气。如果教员对该组织失去了信心，其归属感得不到满足，那么该组织对他也不再具有吸引力。在这种情况下其工作的积极性就会降低，能力也得不到充分发挥。

因此教员之间应强化团队意识、协作意识和进取意识，做到互相学习，共同提高。同一学科的教员，要摒弃文人相轻、同行是冤家、同职是对手的陋习，允许学术上有争辩、争论。避免工作上和待遇上的斤斤计较，提倡互相尊重、理解和包容、不同学科的教员，要打破画地为牢的学科壁垒与偏见，虚心向他人请教，涉猎不同学科的知识，改变自己单一的知识结构，走综合型、复合型教员之路，为教育科研创新打下良好基础。

三是与学员建立教学相长的人际关系。军事教育创新的最终目的是培养适应现代战争的高科技人才，教育创新是否成功，效果如何，都是以人才培养的结果来评定的。因此军校教员与学员的人际关系直接关系到教育质量，是非常重要的一个环节。教育创新要求充分发挥学员在学习中的主导地位，倡导学员“尊师重学”和教员“尊学重导”。现代军校学员文化素质高，有独立的主见，有强烈的自尊，有渴望探索前沿科技知识的热情，作为教员要以培养创新型人才为目标，以鼓励和引导为主，做到教而有法，导之有效，以自身丰富的专业知识，良好的自身修养，不竭的创新精神感染学员，赢得学员的尊重，激发他们学习的积极性；肯定学员的成绩，以学员的闪光点勉励自身，共同营造宽松、自由、有序的课堂环境，真正建立教学相长，互相尊重的良好师生关系。

(4) 建立专业的心理危机预防与干预机制

作为教育创新的主导，教员在教育创新，高技术创新和新型军事人才培养上任重道远，随着院校教育创新的进一步发展，教员的工作量将不断增多，工作面将不断扩大；要技术创新就要求教员紧跟新知识、新技术，不断提高业务水平；要教育目标创新又要求教员在教学内容的更新和教学方法手段上不断改进；院校为进行改革而进行的编制体制调整对教员的观念、生活和事业带来了一定的冲击。这些情况必然会影响教员的心理状态。有研究表明，随着新军事变革和军事教育改革的推进，当前军校教员的心理健康问题日益凸显，直接影响了教育科研创新的质量。建立教员心理危机预防与干预机制就是为了帮助缓解教员心理压力，解决教员心理问题，确保教员的心理健康发展，保证教育科研的正常进行。

首先，要制定心理危机预防措施。心理危机的预防工作要做在平时。一是关注教员，定期普查教员心理健康状况。通过对广大教员进行心理健康状况普查，更好地了解教员群体中常见的心理问题，为有关管理部门和决策部门提供可靠的信息。从影响教员心理健康的各种因素来看，有不少因素是可以通过有效的管理来加以控制的，这样就可以在一定程度上解决教员的部分心理问题。心理普查还可以及时发现教员的心理问题，防止其发展严重。二是普及心理学知识，帮助教员提高自身心理学修养，学会调节自身不良情感和情绪。教授教员一些简单的心理调适方法，让教员成为自己心理健康的保健医生。更重要的是引导教员对心理问题有正确的认识，当发现有自己无法调节和解决的心理问题出现时不会讳疾忌医。

其次，要用好心理危机干预措施。心理疏导是心理危机干预最直接的方法。从医学角度来讲，心理疏导指的是一种治疗心理疾病和精神障碍的疗法，是利用心理学的知识改变人们的心理认知、情绪、行为和意志，来达到消除症状的目的。有人认为政治思想工作是心理疏导的外延，就是通过解释、说明、同情、支持和相互间的理解，运用语言和非语言的沟通方式，来影响对方的心理状态，改善或改变心理问题人群的认知、信念、情感、态度和行为等，达到降低、解除不良心理状态和清除思想障碍的目的。其实这两者有很大的区别。政治思想工作是以政治理论为基础，强调个人对社会和集体的服从和适应，偏重外控力的培养，在方式方法上多具抑制性和约束性，而心理疏导是以心理学理论为基础，肯定个人的价值，强调以对方的利益为出发点，帮助其在责任中善用个人的权力和自由，偏重内控力的培养，在方式方法上多具启发性，着重自动自觉。教员的心理危机干预应注重政治思想工作和心理工作的有机结合。经常性的思想政治工作能够提升教员的思想境界，针对性的思想政治工作也可以解决教员思想上的难题，起到缓解心理压力的作用。但就教员的严重心理问题和心理的疾病而言，专业性的心理疏导更能起到治疗的作用，解决教员的心理问题，保证教员的心理健康发展。

教员心理普查需要挑选有效量表，进行正确的结果分析；心理知识普及需要授课人员自身掌握扎实的心理学知识；进行心理疏导需要掌握扎实的心理学基础知识和娴熟的心理咨询技巧，可见，无论是心理危机预防还是干预，都必须由专业人员进行。因此培养心理专家，发展专业的心理保障力量也是建立教员心理危机预防和干预的重点。目前已有院校设立了心理研究中心，但大都是针对学员而设，如何加强教员心理工作保障是一个不容忽视的课题。

第七章　适应战斗力生成模式的学员创新精神培育

2007年党的十七大报告明确提出："坚持科技强军，按照建设信息化军队、打赢信息化战争的战略目标，加快机械化和信息化复合发展，积极开展信息化条件下的军事训练，全面建设现代后勤，加紧培养大批高素质新型军事人才，切实转变战斗力生成模式。"①这一思想对我军战斗力建设具有非常重要的指导意义，它明确提出了加紧培养大批高素质新型军事人才的战略要求，强调培育锻造具有创新精神的高素质新型军事人才，是我军新军事变革的一项基础性工程，更加凸显高素质新型军事人才在开创国防和军队建设新局面，全面履行新世纪新阶段我军历史使命中的重要作用。

军校学员是未来的军事人才，是未来部队现代化建设的骨干力量，军校作为培养未来军事人才的"主阵地"，如何培育锻造符合信息化条件下作战要求的、具有创新精神的军校学员，为部队输送适应信息化条件下高素质新型军事人才，是摆在我们面前的一项十分紧迫的重大任务。

一、信息化战争要求军事人才必须具备创新精神

自从人类之间的军事对抗产生，军人素质的高低和军事人才的多寡，就一直都是决定胜负的重要因素。而军人素质是具有丰富的时代特征的，每一次军事变革的兴起，每一种新型作战样式的出现，每一代武器装备的运用，都改变着军人素质的内涵和要求。在冷兵器时代，军人素质更多地表现为体能和技能的要求；机械化战争时代，军人素质有了对智能的需求；未来信息化战争是知识密集型战争，知识对抗将成为军事对抗的主要特征，较之于机械化战争形态，知识战争是具有高度创新性的战争，全新的信息意识、高技术化的武器装备、不断创新的军事理论……所有这一切，使得未来高技术战争必将以"新"为最明显的特征，作为战争的主体——军事人才，其素质要求也具有了全新的内涵，信息化战争必须是由具有创新精神的军事人才来承担。

1. 培育创新型军事人才是世界新军事变革的时代要求

随着微电子、红外、激光、精确制导、人工智能等高新技术在军事领域的广泛应用，以信息技术为主导的新军事变革迅速在世界范围内普及蔓延，战争形态正不可逆转地由机械化战争向信息化战争转变，传统的以体力、技能为主的对抗，正不断

---

① 胡锦涛. 高举中国特色社会主义伟大旗帜　为夺取全面建设小康社会新胜利而奋斗(在中国共产党第十七次全国代表大会上的报告)[N]. 解放军报，2007-10-25(1)。

向以知识和技术为主的对抗演进。随着知识密集和科技密集成为现代军队的基本特征，未来战争的残酷性是可想而知的，竞争将异常激烈，景况将更加纷繁复杂，高新兵器将层出不穷，作战节奏大大加快，战场时机更加难以把握，情况错综复杂、瞬息万变，不确定因素成倍增长，必然会出现许多始料不及的新情况。要在这种集速度、复杂性和致命性等诸多特点于一体的战争中更好地把握瞬间即逝的战机，这就要求军事人才必须具备很强的分析判断能力、随机应变能力，能对大量涌来的各种信息进行准确分析判断，快速灵活地做出反应，采取出敌不意的作战行动等；这就要求军事人才必须具备一种创新的精神，一种勇于向传统思维挑战、向传统战争观念出击、推陈出新的品格和魄力。20 世纪 90 年代以来发生的几场高技术局部战争的实践已经反复证明，没有创新素质支撑的意志品质和体力，只能是匹夫之勇，难以从根本上战胜强敌。海湾战争中伊拉克的失败、科索沃战争中南联盟的失败，原因固然是多方面的，但绝不是败于他们的意志和体能，而是败于技术上的落后，其中包括了武器装备系统和人的创新素质两个方面的差距。

2. 培育创新型军事人才是完成我军多样化军事任务的战略要求，是履行新世纪新阶段我军历史使命的重要保证

当前，和平与发展仍然是时代的主题，但天下并不太平，国际形势复杂多变，传统与非传统安全威胁因素相互交织，我国周边安全中不稳定、不确定因素增多；经济全球化进程加速发展，国家利益涉及的领域和空间不断扩大，国与国之间的竞争日趋激烈；我国改革发展进入关键时期，社会不稳定因素依然存在，“台独”分裂势力严重影响祖国和平统一大业；世界性军事变革进入一个新的发展阶段，对国际战略形势和各国军事力量发展已经并继续产生着重大而深远的影响。形势任务的变化和实践的发展，对我国军事力量建设提出了新的要求。

2005 年，胡锦涛主席从世界战略格局和时代发展趋势出发，明确提出新世纪新阶段我军新的历史使命是：“为党巩固执政地位提供重要的力量保证，为维护国家发展的重要战略机遇提供坚强的安全保证，为维护国家利益提供有力的战略支撑，为维护世界和平与促进共同发展发挥重要作用”①。2007 年，党的十七大报告强调指出，全面履行党和人民赋予的新世纪新阶段军队历史使命，必须做好军事斗争准备，提高军队应对多种安全威胁、完成多样化军事任务的能力。这一科学论断，集中反映了时代发展和国家安全形势对军事力量建设的新要求，科学确定了军队建设的历史坐标，是指导国防和军队建设实践，深入推进中国特色军事变革的强大思想武器和科学指南。

近些年的世界军事斗争现实告诉我们，在信息化条件下，应对传统安全威胁，完成传统军事任务，就要求新型军事人才具有很高的创新素质和能力，因为现代信

① 胡锦涛. 在庆祝中国人民解放军建军 80 周年暨全军英雄模范代表大会上的讲话[N]. 解放军报，2007-08-02(1)。

息战争作战空间大，参战兵种多，作战节奏快，战场情况瞬息万变，协调控制复杂，作战指挥面临着越来越多的制约因素，军事人才的素质能力面临着极大的挑战；而应对非传统安全威胁，完成非传统军事任务，实际上比单纯的军事对抗形式更为复杂，更难以预测判断，对军人素质和军事人才的要求，自然也就更加综合、更为全面。毫无疑问，坚定的政治信念、严明的组织纪律、不怕牺牲的革命英雄主义精神，是我们的优良传统和优势所在，但科学文化素质以及与之相适应的高技术作战能力和创新能力偏低，也是不争的事实。可以说，培育创新型军事人才是加紧做好军事斗争准备的现实需要，是我军实现打赢未来战争的必然抉择，也是为推进中国特色军事变革提供人才和智力支持的基础性建设。

3. 培育创新型军事人才是实现我军现代化建设跨越式发展的内在要求

以信息化为核心的世界新军事变革，对我军现代化建设提出了严峻的挑战。从当前情况看，我军正处于机械化半机械化阶段，机械化建设还有较长的路要走，而信息化建设才刚刚起步，在武器装备和人才队伍建设上离信息化要求还有相当大的差距。我国的经济实力和科技水平，也决定了我们在短时期内还不具备全面转向信息化建设的条件，如果放弃机械化建设，把建设重点全面转向信息化，不符合我国的国情和军情，就会欲速则不达；如果我们采取跟进式、渐进式发展，按部就班地在完成机械化建设任务后再进行信息化建设，又会坐失良机，拉大与世界先进水平的差距。因此，为了缩短与发达国家军队的差距，维护我国的安全利益，我军要抓住新军事变革的历史机遇，走跨越式发展道路，实现“后发式”和“跨越式”发展目标，将信息化与机械化融为一体，同步推进，以信息化带动机械化，最大限度地发挥后发优势，同时完成机械化和信息化建设的双重任务，走适应新军事革命发展要求、具有我军特色的发展之路，这也是我军现代化建设跨越式发展的必由之路。

江泽民同志曾指出，迎接世界军事革命发展挑战的关键在人才。我军现代化建设实现跨越式发展，直接依赖于军队人才队伍的跨越式发展。培养大批高素质新型军事人才，是加速推进我军现代化建设跨越式发展战略目标的重要内容，也是推进这一发展战略的重要保证。近年来，我军在提高人才素质方面，取得了比较可喜的成绩，涌现了一批素质比较高的军事人才。但无论与世界军事强国相比，还是用“打赢”的目标衡量，都还存在着相当大的差距。美军军官100%达到大学本科以上文化程度，其中硕士和博士研究生达到38.4%；俄罗斯军官98%受过高等教育，指挥军官全部是大学本科以上水平……即使波兰、印度这样的国家，其军官90%以上是学士。而我军具有大专以上学历的军官比例是71.8%，目前拥有博士、硕士的比例不到2%。同时，我军军官指挥现代战争能力“不够”的问题也相当明显，主要表现为科学文化基础素质偏低，信息知识掌握得较少，高科技知识贫乏，指挥素质单一，合成能力较弱，创新能力、组织协调能力和驾驭全局的指挥、决策及应变能力相对缺乏等。军事人才队伍的这种状况已经成为制约我军现代化建设和军事斗争准备的“短板”和“瓶颈”。这一切都要求我们必须重新审视人才培养目标。特别是在当代，人才培养周期长，而知识更新和武器装备更新换代周期大大缩短，人才培养和武器装备更新这一对矛盾愈发突出，我们就更应强调人才培养的创造性，只有采取超常得力的措施，保持争分夺秒的姿态，用新的理念、新的模式高效率地培养创新型军事人才，才能尽快实现我军人才队伍建设整体水平的跨越式发展，为实现国防和军队现代化建设跨越式发展提供有力的人才和智力支持。

总之，培养创新型军事人才，是时代发展的需要，是未来战争的需要，是我军质量建设的需要。军事人才一旦具有了创新精神，就是具有了自我发展、新陈代谢、自我创新的生长机制，也就拥有了生命力，也才能够适应飞速发展的时代，才能在高技术战争中永葆青春和活力。因此，我们必须要从思想上、行动上深刻认识培育锻造具有创新精神的高素质新型军事人才的战略意义，并加以贯彻落实，使我军能真正地屹立于21世纪。

二、信息化条件下新型军事人才的创新精神构成

未来战争将是信息化条件下的战争，是人才、知识和科技密集型战争，这种战争形态较之以往的冷兵器战争、机械化战争对军事人才的素质结构提出了新的要求。江泽民同志曾指出，“新型军事人才，必须是具备扎实的现代科学文化知识基础的知识型革命军人”；胡锦涛主席更是明确提出，打赢未来信息化战争，既要依靠现代化的武器装备，更要依靠具有现代科学文化知识和现代军事技能、思想上政治上过得硬的高素质的军事人才。信息化条件下的新型军事人才有着明显区别于传统军事人才的素质要求，应该具备一种很强的创新精神，是一种创新型军事人才。这种创新精神内涵非常丰富，概括起来主要表现在以下四种素质：

1. 信息素质

(1) 信息化是军队现代化的根本标志

当今世界，以信息技术为核心的高技术群给军事领域带来了深刻而广泛的影响，具体表现为两个方面：一是信息技术对战斗力诸要素的全面渗透。从军队战斗力构成来看，主要有三大基本要素：人、武器装备，以及两者的结合方式，包括体制编制与军事训练以及由此而产生的军事理论等。在战斗力生成模式的演变中，科学技术始终是十分关键的主导因素，它既对战斗力生成模式的诸构成要素产生决定性影响，又深刻地影响其组合方式及实现途径。现代微电子技术、信息技术、新材料技术、空间技术等等高技术在军事领域的广泛应用，直接影响了武器装备的性能，催生了众多的智能化武器装备，也日益改变着军人的思维方式，它迫使军人必须以新的武器系统、新的作战样式和新的战略战术进行战争，最终形成以先进科学技术为标志的信息化战斗力生成模式。二是信息技术对军事实践的全面渗透。信息技术在军事领域的突出表现就是信息化战争形态的出现，它是继机械化战争之后人类战争形态的又一次根本转变，是信息时代战争的主体形态。信息化战争是一种信息起主导作用的具有全新意义的作战样式，以往工业时代的战争，往往是以

坦克火炮、作战飞机、航空母舰的数量来衡量军队战斗力,而信息时代的战争则以高技术的密集使用,以信息对抗、体系对抗为基本特征,军队传统的“物质型”战斗力已经被“信息型”战斗力所取代,适用数量优势原理、多兵之旅必胜等法则的作战模式已经过时,“信息成为整个军队的心脏”,一切作战资源都必须依赖信息才能发挥作用,在两军交战的过程中,谁获取信息最快、占有信息最多、处理信息能力最强、利用信息能力最好,谁就可以夺取制空权和制海权,进而谁就能够掌握战争的主动权。因此,争夺制信息权的斗争将渗透于未来战争的各个领域,并将贯穿于整个作战的全过程,直接影响战争的成败,而军事人才信息素质的高低,将成为能否取得未来信息化作战胜利的关键。

由此可见,信息化已经成为军队现代化的发展趋势,也是军队现代化的根本标志。信息素质在信息时代已经成为军事人才的核心素质,军事人才信息素质的高低已经成为军队现代化建设水平和战斗力的重要标志,是完成各项军事任务的决定性因素。加强军校学员信息素质教育不但势在必行,也是顺应中国特色军事变革的必经之路。

(2) 军事人才信息素质的科学内涵

军事人才信息素质,应该既有一般信息素质的共性特征,同时又兼具军事领域的特殊性。具体来说,是指军事人才适应信息时代需要,对信息化作战理念、方式和武器装备等掌握的程度以及获得信息、利用信息、开发信息、处理信息等方面所具备的素质,它要求军事人才具备信息意识、信息知识、信息能力、信息思维、信息道德和信息心理等修养与能力。

一是要有强烈的信息时代意识。信息意识是指人的头脑对信息及其运动规律的抽象性、概括性、总体性的认识,它是建立在一定的信息知识、信息经验和信息技能的基础上,对信息对象、信息内容、信息网络、信息环境等的综合反映与认知。其特点是,对信息时代的现实和条件具有高度的敏感性、稳定的意向性和丰富的联想性,对一切信息具有敏锐的感受力、持久的注意力和准确的判断力,能够充分认识信息的重要作用,迅速有效地发现有价值的信息,自觉地运用信息科学的知识和技能看待、分析和处理信息时代所遇到的各种实际问题,具有强烈的时代意识、赶超意识和进取精神。对军队院校的学员来说,信息意识主要表现为对所需军事知识信息的敏感性、选择能力和消化吸收能力。有无信息意识决定着学员捕捉、判断和利用信息的自觉程度,而信息意识的强烈与否对能否挖掘出有价值的信息(比如情报中的有价值的信息)对战争的胜负可能起着关键性的作用。在军事人才信息素质的构成要素中,信息意识是最核心的组成部分,它既是军事人才信息知识、信息能力的综合反映,也是军事人才信息素质最深层次的表现。

二是要掌握系统的信息科学知识。信息知识是在利用信息技术工具拓展信息传播途径、提高信息交流效率、开发信息资源中积累的认识和经验的总和,是指一切与信息有关的理论、认识和方法。军校学员应该逐步掌握和学习的信息知识包括:熟悉军事信息学的有关理论,掌握信息工具及信息源方面的知识,掌握与信息技术相关的常用术语和符号;了解信息安全知识,主要是指信息资源安全的内容,知道对信息资源安全的构成威胁和确保信息安全可以采取的技术、管理措施;熟知与信息获取和使用有关的法律、规范;了解军事信息系统基础知识等等。

三是要拥有娴熟的信息技术技能。信息技术技能是指一种通过现代信息技术来发掘、利用社会信息资源的能力,主要包括信息获取能力、信息处理能力、信息利用能力、信息交流能力等。针对军队院校的学员来说,具体表现为:根据将来工作需要、所学专业特色和自身兴趣爱好,从外界信息载体中比如资料室、图书馆和网络等获取信息的能力;学员对于获取的信息能够按照特定的目的要求进行分类排序、鉴别、筛选、改编重组等加工处理,提高信息的使用价值;对于获取的信息能够应用于部队实践以及将来的工作实践,能够利用信息解决实际军事问题的能力;根据交流对象和目的,能够以适当的方式表达并传递信息,包括利用网络进行信息交流的能力。对于军事人才来说,具有娴熟的信息技术和技能,不仅是其信息素质的重要表现,而且是其能力的核心构件和支柱所在。

四是要有科学的信息思维方法。信息素质不仅体现在高度自觉的信息意识与系统的信息知识等方面,还集中表现在信息认识和信息思想中始终运用科学的信息思维方法。信息思维方法是比信息认识与思想更深一层的信息素质,是信息认识与思想在主体素质结构中的内化,是以思维技能、思维方法的形式表现出来的信息认识和思想。科学的信息思维方法是军事人才信息素质的最高体现,是军事人才最深层、最具代表性的信息素质。科学的信息思维方法不仅是信息知识、信息思想的综合运用,也是信息能力的内在表现,更是信息意识与信息思维的工具。不具备科学的信息思维方法,就无法有效地进行信息思维,其信息意识、信息思想甚至信息知识都要受到直接影响。因此,是否掌握科学的信息思维方法,能否运用信息思维方法分析问题解决问题,是军事人才信息素质的根本标志和最重要的表现。

五是还要具备良好的信息道德。信息道德可以被简单地定义为人们在从事信息活动时应遵循的行为规范的总和,它用于调节信息创造者、信息服务者、信息使用者之间的相互关系。加强学员信息道德培养,目标就是促使学员遵循一定的信息伦理与道德准则来规范自身的信息行为与活动。其内容主要包括:学员能够抵制违法信息行为;在信息活动中坚持公正、平等、真实原则;尊重个人隐私,不非法进入未经许可的信息系统;正确处理信息创造、信息传播、信息使用三类主体之间的关系;不利用信息技术进行犯罪活动,尤其是泄漏军事秘密等。

军事人才信息素质的各要素构成了一个相互联系、相互依存的统一体:信息意识是先导,信息知识是基础,信息思维是根本标志,信息能力居于核心地位,信息道德则是信息活动的方向标,它保证信息主体的信息行为遵循正确的方向。

(3) 提升学员信息素质的主要途径

一是要培养学员确立信息化战争"信息制胜"观。更新思想观念是提高学员信息素质的先导。海湾战争以来的战争实践表明,信息化战争已初露端倪,它彻底改变了传统战争的模式,信息已成为第一位的战略资源,未来战场上的较量将主要反映在以信息为主要内容的知识和智力的竞争上,传统的弹药投送、人员杀伤、大规模的火力对抗被争夺战场信息、摧毁敌抵抗意志、打击敌战争潜力、瘫痪其指挥网络所取代,军事对抗的成败更加取决于战场的信息优势,取决于交战双方人员的信息素质,这是一个革命性的转变。由于我军长期处于机械化和半机械化状态,机械化思维根深蒂固,用机械化思维指导信息化战争已经不合时宜。我们要培养学员更新思想观念,用信息化的思维来思考问题,确立"信息制胜"观,强化信息素质意识,深刻认识信息化的军事人才是强军之本,军事人才信息化的品质是打赢信息化战争的关键,也是我军信息化建设的当务之急,为军队信息化建设奠定思想基础。

二是在学科体系中突出信息学科的地位。我们要把培养军事人才的信息素质纳入到人才培养目标体系中,在学科体系优化重组的过程中,必须突出信息学科的主导地位,构建信息化鲜明的学科专业体系,为培养学员信息素质搭建宽广的平台。一方面我们可以重点建设和扶持军事信息技术方面的学科专业,构建包括计算机技术、网络技术、信息战技术等为主要内容的学科群,加强对信息战基础理论、实战应用等方面的研究,跟踪最新的信息理论、信息技术和部队信息装备类课程,建立动态更新机制,把新理论、新知识、新战法充实到学科的建设之中。另一方面我们还应以信息科学为催化剂,促进信息学科与传统学科的"嫁接"和融合。除了在军事思想、战役战术、作战指挥、外军研究等军事课程中突出信息技术的内容外,还应该把信息技术渗透到其他各门课程中,增加课程教学中的信息化教学内容,比如,在政治理论课教学中就可以把新军事变革和信息时代的背景、特点、热点、焦点等问题,把国际安全形势分析和信息化战争知识等相关内容充实到课程教学里,通过对传统学科专业的改造,加大信息化教学力度,以适应军队信息化建设和信息化军事人才建设的需求。

三是创新军事人才信息素质培养模式。十年树木,百年树人。军事人才的信息化素质不可能一蹴而就,必须经过长期的、坚持不懈的训练、培养和锻炼,只有这样,才能把信息科学的知识与思想变为军事人才的技能技巧、行为模式和思维定势,才能使信息科学的知识与思想内化为军事人才的内在品质。培养军事人才的信息素质我们应注重改进培养方法,要结合我军实际,开阔思路,积极探索。一方面,我们要合理整合教育资源,树立开放式培养观念。改变传统的院校育人的单一模式,充分发挥院校、部队的综合优势,加强交流,优势互补,努力形成院校和部队内引外联、联合育人的复合式人才培养结构。另一方面,我们要改革教学模式,实现教育训练的高技术化。从某种意义上讲,训练方法决定了训练素质,新的训练观念决定训练质量。我们要根据高技术战争的特点和要求,充分利用信息技术,改进训练手段和方法,比如,利用"虚拟现实"技术手段进行模拟战斗和指挥等技术性很强的培训,凭借"全场景"的视觉仿真、"全感知"的触角仿真,在作战实验室里合成人工模拟训练以最大限度地贴近实战，让学员在这种虚拟环境中进行“预实践”，在虚拟现实中提高信息素质，锻造全新的指挥对抗谋略艺术。

2. 创新素质

1995 年，江泽民同志在全国科学技术大会上指出：“创新是一个民族进步的灵魂，是国家兴旺发达的不竭动力。一个民族缺乏独创能力，就难以屹立于世界先进民族之林。”创新决定着一个国家和民族的综合实力和核心竞争力。江泽民同志也曾多次强调创新对军事领域的极端重要性，他指出：“军事领域是对抗和竞争最为激烈，因而也必然是创造多于模仿、创新最为迅速的领域”，“创新对夺取军事上主动权具有特殊重要的意义”。常言道：兵无常势，水无常形。军事人才必须具有很强的创新能力，才能驾驭战争的风云，一味机械地模仿或照搬只能导致失败。随着科学技术的迅猛发展和世界军事领域的不断变革，未来战争将是一场知识战争，而知识战争是具有高度创新性的战争，这就对现代军事人才提出了更高的创新素质要求。

(1) 创新素质是现代军事人才最具竞争力的素质

军事领域是个创新最为迅速的领域，现代高新技术在军事领域里引发的新军事变革，从本质上讲，就是以新思维和新观念开创未来的军事创新过程。随着高技术武器在战争中的广泛运用，战争的样式发生了根本性的变化，作战时间缩短、空间扩大，技术先导、智能角逐等成为现代高技术战争的突出特点。在高技术战争条件下，如果固守旧思路，照搬老办法，就会处处被动挨打。只有充分发挥创造力，才能反应敏捷、快速应变。这就要求新型军事人才必须具有创新的胆识、勇气和热情，积极接受和确立新的观念，善于适应和跟踪科学技术及军事领域里的新事物、新变化，不断揭示新的军事规律，创立新的军事理论，发明新的军事技术和方法，创造新的军事工作成果。当代的美军，十分重视人才的创新能力，在《2020 年联合构想》中，以较大篇幅强调了军人的“技术创新”、“观念创新”等。在伊拉克战争中，美军大量新的作战方法和手段在战场上的使用，不仅检验了新的军事理论，而且新的战法使美军作战效能又有很大的提高。比如：在心理战领域，美军就有很大的创新，如利用电视台直播战况，可以说是“史无前例”；还有利用现代通讯手段，通过电子邮件、手机发送短信息等，向伊军高层展开心战宣传攻势等，都为美军赢得战争提供了支持。

因此，是否具有创新素质，是否善于创造，对于现代军事人才来说，已经成为能否适应新形势、迎接新挑战、开创新局面的大问题。军事创造力成为新型军事人才的核心本质，军事人才最具竞争力的素质是创新素质。弘扬创新精神，培养创新素质，这是信息化战争军事人才培养的新视点，也是推进有中国特色军事变革的动力所在。

(2) 创新素质的科学内涵

创新素质是军事人才素质的最高要求，是新型军事人才培养的关键。所谓创新素质，主要是指掌握科学的思维方法，具有强烈的创新意识，能够敏锐地发现问题、正确地分析问题和创造性地解决问题的能力素质。创新素质是一种创造力，它是涉及人的心理、生理、智力、思想、人格等诸多方面的基本素质，是一种综合素质，主要由以下五个方面的要素构成：

一是创新意识，就是对创新活动的一种理性的觉识，反映了军事人才对于创新的认识水平和自觉主动水平，它包含三个层面：军事人才对创新意义性质的认知、在认知基础上产生的创新需求、最后实现行动创新。创新意识是创新素质的基础，培养军事人才的创新素质，最重要的就是要培养一种推崇创新、追求创新和以创新为荣的意识，而这种创新意识是要有正确的创新动机作牵引、高尚的创新品格作支撑的。军事人才必须具备把党和人民的利益放在首位、献身国防事业的内在动力和坚强意志，有了坚定的目标理想，才会具有强烈的发现问题“意识”，才会具有学习和掌握新事物的浓厚兴趣“意识”，才会具有对探求现代战争、战役、战斗的理论和方法的巨大热情，才会具有学习和掌握军内外、国内外的新知识、新技术、新经验、新观念等的不竭动力，也才会具有敢闯、敢冒风险、敢于怀疑和批判的科学精神和实践精神。

二是创新思维，就是以习常性思维、再现性思维为基础，综合、灵活地运用多种思维形式和手段，从多种角度进行超常性思维，给出新思想、新见解、新假设、新思路、新方法的思维方法。军事人才的创新素质，最深层次的表现就是具有创新思维，不拘泥旧迹，使思想不断冲破原来的认识范围和习惯。江泽民同志曾指出：“我们培养的军事人才必须掌握科学的思维方法，具有强烈的创新意识，能够敏锐地发现问题、正确地分析问题和创造性地解决问题。”军事领域是一个复杂多变的领域，军事思维应当是一个求异而常新的开放体系。在不同的时代，比如冷兵器时代、热兵器时代、高技术战争时代，人们认识战争的思维方式应该是不同的。如果思想守旧，没有创新的欲望和开拓的思维，经典兵书再好，也可能成为束缚思想的框子；知识再高深，也可能成为无所造就的学究；实践经验再丰富，也可能成为接受新事物的障碍。而思想开阔、创新意识强的人，知识和经验则可以成为创造性思维迸发奋飞的双翅，他们能够把前人成功的经验作为启迪思路的钥匙，成为创造新谋略、新战法的有益借鉴。

三是创新能力，是指怀疑、批判和整合能力，是军事人才综合运用知识和理论，在军事实践活动中不断提供具有新价值的新思想、新理论、新方法和新发明的能力。具有创新能力的军事人才往往在军事活动中表现出一种敏捷的思维能力、快速的决策能力和把知识融会贯通、运用自如的能力，而知识就是孕育军事人才创造力的培养基。我们要不断地提升军事人才的科学文化素养和主动学习的能力，构建起合理的文化基础知识、专业基础知识和专业知识的结构体系，更要善于把点滴积累起来的知识不断进行序化，使知识信息有条不紊地储存在大脑中。只有这样，军事人才才能面对战场情况错综复杂、瞬息万变的高技术战争，作出科学地分析判断，具备随机应变的能力和开拓创新的能力，即对大量涌来的各种信息，能辨清真伪，作出符合实际的判断；当新情况出现时，能快速灵活地作出反应，及时采取有效行动；针对战场上的新特点，进行独立思考，打破旧观念的束缚，采取出敌不意的行动，进而达到最佳的行动效果。

四是创新魄力，是指要有敢为天下先的胆识，要有饱满而持之以恒的创新热情，具备正确的判断能力，敢于当机立断，有勇气、敢负责，处理新情况、新问题、新矛盾沉着冷静，有信心、有胆识，有果断的作风，具备良好的军人气质和军人风度。

(3) 培育学员创新素质的方法途径

一是强化创新意识的培育。"灌输型"传统教育观认为，学校教育就是学校单向地对学生实施教育，学生是教育的实施对象，是教育的被动的接受者。这种"灌输型"教育观的影响，至今在军队院校教育中不同程度地存在着：教员拘泥于灌输式的书本知识传授，满足于"忠实"教材，照本宣科；学员只为应付考试，死记硬背，缺少学习的主动性，更没有创造性学习的动力。这种教育方式和环境，必然使学员的自主意识与创新精神被压抑，自由选择、自主学习、自我发展的权利被剥夺。联合国教科文组织国际教育发展委员会曾经深刻地指出，教育具有开发创造精神和窒息创造精神这样双重的力量。物理学家杨振宁曾认为，中国的小学、中学、大学和研究院的教育，一直都在把学生赶到一个越走越窄的道路上去，把学生变成念死书的人，结果是学生习惯于接受而不习惯于思考，更不习惯怀疑和考证，因而也就不容易培养出有创造性、有独立见解、有开拓工作能力的人才。军事人才创新素质的培养，必须转变传统教育观和人才观，尤其要从只重视统一性和规范性向鼓励多样性和创造性转变；由指导学员被动适应性学习向引导学员主动求索转变；由灌输式教学向启发式、研讨式教学转变；由重视知识单向传授向重视师生平等讨论和知识创造转变。只有这样，才能激发学员的创新动力，发挥学员的学习主体作用，摆脱求稳循规的思想羁绊，引导学员树立创新意识。

二是增强创新思维的训练。传统的教学模式往往忽视学员的主体作用，始终将其置于被动和从属的地位，把学员束缚在书本知识上，难以培养创新思维和创新能力。现代教育理论告诉我们，只有激发创新思维，让学生在探讨、质疑和研究中进行学习才能培养创造能力，创新思维的最根本的特征就是以批判的态度审视一切看起来似乎毋庸置疑和习以为常的东西，独立自主地探索和判断一切问题。因此，从教学的角度讲，培养学员的创新思维能力，必须在解决"讲什么"和"怎样讲"的问题上下功夫。教学内容的选定要针对学员的思想实际、部队实际和社会实际，注重教学的实效性。同时，还要针对每个学员的个性特点和需要特点，实施有差异的教育，促进学员良好个性的发展。教员要站在时代前沿，不断丰富和更新教学内容，把学科理论研究的新成果、新动态、新信息及时引进课堂。要注意理论发展的动向研究，使教学内容具有预测性和前瞻性。要注意各学科知识的交叉渗透，运用和引进相关学科的知识，拓宽学员的思路和知识视野。注意从发散思维和聚合思维的结合中，训练学员的抽象思维；从形象联想和表象想象的结合中，训练学员的形象思维；从直觉体悟和灵感激发的结合中，训练学员的灵感思维。

三是注重创新能力的提升。培养创新型军事人才的落脚点就是提高军事人才创新能力，军队院校应该通过改进教学方法，培养学员对知识的获取能力、科研创新精神和创新能力。传统的教学方法只注重课堂讲授，片面强调书本知识的灌输，学生参加社会实践不够，视野不开阔，学习的途径、方式枯燥单调，没有为学员提供足够的创造活动空间。能否培养学员的创新能力，是检验院校教学质量和人才培养质量的重要标志之一，如何贴近实际、贴近部队、贴近实战，加快各级指挥员创新能力和实践能力的培养，已成为当前军校教育必须重点把握和解决好的一个紧迫课题。因此，必须彻底摒弃扼杀学员学习兴趣、思维活力和创新精神的灌输式教学方法，实行引导式、探究式、研讨式、启发式教学，培养学员的思维能力、创新能力和自主参与意识；要广泛开展案例教学、问题式教学，让学员自己探究，自己去寻找答案，培养分析问题和解决问题的能力；要注重模拟演练，为学员提供虚拟的“真实”场景，让他们在实际的操作中，锻炼组织协调能力、作战指挥能力和临时应变能力；要积极开展社会实践，深入调查研究，把军校的小课堂延伸到社会的大课堂，唤起学员的求知渴望，激发他们的创新灵感；要开展学术讲座，营造有利于创新的氛围和环境，将学员置身于浓厚的学术氛围之中，感受学术和人文魅力，开阔视野，激发求知欲，使其产生创新激情。

四是推进创新品格的塑造。创新品格是指从事创新活动所必须具备的道德品质。创新的成功依赖于强烈的主体意识的创新冲动，强烈的主体意识的创新热情只能来源于一个人对事业的强烈追求，对祖国、对人民、对生活的无比热爱。没有强烈的事业心、时代责任感和深切的爱，是不可能迸发出创新激情的。现代创造学的理论与实践表明，非智力因素、精神的因素，在创新人才的培养、锻炼以及成才过程中具有重要的作用，有良好心理品质的人，往往能成为创新的人才。比如，不迷信、不盲从的品质。具有这种品质的人不满足于现成的答案，对任何事物都要问一个为什么。他的生活就是探索，他的眼光具有穿透能力。养成这种品质的人，不会迷信和盲从，而永远服从经过实践检验证明正确的人或事。军人尤其需要这种不迷信、不盲从的品质。因此，我们要把教学过程作为对学员进行创新人格的培养和塑造的过程。既要传授知识，学会做事的本领，更要引导学员做人，使学员树立远大的理想，正确的人生观、价值观、荣辱观。既要引导学员在学习进取中增强自信，还要引导学员在战胜挫折中磨炼意志，在利益关系调整中树立正确的人生态度，真正使学员在德、智、体、美、能各方面都得到发展。

3. 综合集成素质

(1) 综合集成是提高我军信息化作战能力的科学方法

综合集成是指一种研究问题的思想，它是上个世纪80年代，由我国著名科学家钱学森等人专门针对结构复杂、因素众多、目标多样的大系统，以及具有多级结构的复杂巨系统，如何发挥整体优势和综合效能，是管理开放复杂巨系统的工程学方法。钱学森院士明确指出："综合集成是从整体上考虑并解决问题的方法论。"当今时代，随着信息化军事技术和武器装备的深入发展，"综合集成"作为一种系统思想，已渗透到新军事变革的各个领域，成为世界性军事变革的灵魂或主线。因为现代军队本身就是由众多的分系统构成的复杂体系，战斗力的强弱体现的就是体系的整体力量，未来的信息化战争更是表现为交战双方体系与体系的对抗，综合集成在军事斗争中具有重要作用，也是我军提高信息化作战能力的重要思想方法。

近年来发生的几场局部战争的实践表明，随着信息技术的发展，信息化战争不论其规模大小，都将表现为以信息系统为支撑、由多维战争空间力量和多个战斗力量单元共同参加的联合行动，强调的是整体威力的发挥。海湾战争，被看做是信息化战争的雏形，多国部队投入了包括陆军、海军舰队、海军陆战队、空军力量，以及大量军用卫星、全球定位系统、电子战设备等在内的多维战场空间的力量，各作战力量都以计算机为中心结成一个联系紧密的网络体系，通过这一网络体系感知战场态势、交流战场信息、协调作战行动，实现各作战要素、单元、系统的互联互通，从而达成战斗力的集优聚能，全面提升军队的整体作战能力。高技术条件下联合作战能力的生成，已不再是各种作战力量和武器装备诸要素之间的一般意义上的力量"集中"，更非简单的"凑合"，而是更加强调各领域、各系统、各体系和各种方式作战能力的高效聚合与综合集成，最终形成整体作战能力，实现战斗力的跃升。而要驾驭这样一个由庞大的人流、物流、能量流、信息流构成的开放的复杂大系统，并使之高效有序地运转，就要求军事人才有一种大系统思维和方法，具备综合集成的素质。

(2) 综合集成素质要求

一是具备复合型知识结构。信息化条件下的战斗力生成过程更加突出体系的整合过程，诸如军兵种之间的集成、作战部队内部的集成、主战装备各种功能的集成等。高技术战争就是通过这种各个层面的综合集成，把各种作战力量、作战单元、作战要素融合为一个结构合理、运行协调的整体，使军队成建制、成系统、成体系地形成整体作战能力。综合集成，是高技术战争的时代特点，对军事人才也提出了新的时代要求，即高技术战争要求军事人才必须具有密集型、复合型的知识结构，必须具备集指挥、技术、管理为一体的复合素质。具体来说，新型军事人才首先必须具有相当厚实的文化基础知识，因为任何高技术都是在最基本的基础知识上发展起来的，只有打牢文化知识的基础，才能跟上科学技术的更新速度，适应高技术战争的发展；其次是新型军事人才必须具有相当的专业知识，使他们掌握专业理论和专业技术知识，能够熟练掌握运用相关的高新技术武器装备；最后是新型军事人才还必须具有相关的军兵种知识和管理指挥知识，提高组织筹划、指挥控制的能力，以胜任本级及更高级层的组织指挥，而且各类知识应当相互渗透，这样才能在高技术战争中达成默契，形成更好的协同。在信息化战争中，军事人才只有具有复合的知识结构，使自己成为知识渊博、才思敏捷，而且军事谋略丰富，熟悉战略战术等的复合人才，才能实施有效的指挥和控制，最大限度地发挥武器装备的技术性能、战术性能，从而赢得信息化条件下战争的主动权。

二是拥有全面综合能力。全面综合能力也就是我们平常所说的综合素质，在军事领域里往往表现为一种合成力，即军事人才融政治信念、战略思维、技术素质、指挥能力和意志品质于一体，而生成的适应复杂环境、驾驭复杂局面、临危机智决断以及掌控全局的能力，是未来高技术、新样式、多形态战争对军事人才的客观要求。当代世界战略格局正处在深刻复杂的变动之中，未来国家间、地区间、民族间的矛盾和冲突总体上虽然有所缓和，但在某些地区、某个时期，仍显得十分复杂和激烈，军事斗争同经济、政治、外交、文化等联系更加紧密，军事斗争作为达成政治、经济和外交斗争的手段，其作用将越来越突出，军事行动的政治敏锐性也将越来越强，战争作为政治延续的特点更加鲜明。因此，现代战争是具有宽时域、多要素的全维战争，除了作战行动、作战力量高度一体化和系统化外，政治、外交和军事斗争高度融合，这就要求新型军事人才要具有很强的军事战略观念和驾驭全局的能力，不仅要维护国家生存利益，还要维护国家发展利益；不仅要维护领土、领海、领空安全，还要维护海洋、太空、电磁空间安全以及其他方面的国家安全，不仅要懂军事，更要坚定理想信念，对党和人民、对国家民族利益、对中国特色社会主义更加忠诚。新型军事人才必须站在国家利益安全和民族振兴的高度，正确认识和处理军事斗争，使军事斗争自觉服从政治和全局的需要；必须具有深厚的战略素养，掌握战略基本理论和研究战略问题的一般方法，具有科学的战略思维和敏锐的分析判断能力；必须妥善处理战争中的政治问题、法律问题和民族问题等。同时，还特别要经受得住敌对势力“西化”、“分化”的复杂考验，勇于并善于独立处置各类突发事件，特别是在分散作战或指挥不畅的情况下，仍能自如处置和应对各种复杂局面。从中我们不难发现，这些要求既包括军事、科技的内容，也包括经济、政治、社会等各方面的内容，而且延伸到对所有这些内容的系统集成以及融会贯通。

(3) 培育综合集成素质的方法途径

一是要确立“综合制胜”的观念，这是科学发展观全面协调发展思想在军队信息化建设中的重要体现。在战争史上曾出现过“空军制胜论”、“海军制胜论”等单一军种或兵种取胜的论调，而我军则受“陆军主宰战场”的影响较深。然而，由于武器装备的进步和军兵种成分的巨大变化，陆军在信息作战中的地位作用将会出现根本改变，陆军在战场上的主导地位将发生动摇。信息作战中，战场空间呈现出明显的陆、海、空、天和电磁领域等多维空间特征，比如：作为信息化战争雏形的海湾战争，多国部队投入了包括陆军、海军舰队、海军陆战队、空军力量，以及大量军用卫星、全球定位系统、电子战设备等在内的多维战场空间的力量，而多维战场空间的力量又通过各力量成分、协同单元的有机组合，将各自的作战效能凝合为一个整体，成为发挥综合效益和整体威力的联合行动，任何一个要素都不可能单独成为真正意义上的信息战，也使得信息化战争中单纯依靠某一军种或某一兵种的单一力量是不可能取胜的，必须依靠整体的力量与敌方抗衡。

二是构建合理的素质结构。军事人才综合集成素质的高低，是以其文化知识素质为基础的，尤其需要丰富的高技术知识。如果高科技知识在知识结构中所占的比重较小，就会导致军事人才对飞速发展的世界军事高科技的巨大变革缺乏足够的敏感，也会严重影响学员开展知识创新、技术创新实践的能力。提高军事人才的综合集成素质，主要是提高其自身的知识含量，构建起完善的素质结构。

古往今来，但凡有作为的指挥员，无不是通古识今，博才广学。诸葛亮上通天文，下识地理，既知寒暑，又晓阴阳，明察兵势，谙熟阵图；苏沃洛夫精通军事，通晓数学、地理、哲学、历史，还掌握了德语、法语等六国外语；拿破仑学识渊博，其非凡的统帅才能，在很大程度上得益于他作为一名法兰西科学院院士所具有的良好的知识修养。所有这些事例，都充分说明了指挥员学习与掌握知识的重要性。未来信息化战争，是知识战争，是知识、技术的较量，对军事人才的科学文化素质提出了极高的要求，而且比以往任何时候都更加迫切地要求军事人才构建起完善的素质结构。适应高技术战争要求的军事人才：在知识结构上，应该是较宽的知识和精深的专业技能的结合；在能力上，应该是理论研究和实践应用的结合；在意志品质上，应该是创新精神和求实态度的结合；在身心素质上，应该是强壮的体魄和智勇兼备的结合。军事人才只有具备完善的素质结构，才能全面深刻地认识和掌握高技术战争的特点和规律，从而胜任高技术战争的组织指挥。

三是培养自主学习能力，提高知识更新能力。新型军事人才知识量的多少固然重要，但学习与掌握知识能力的大小则更为重要。现代人才学上有一个“蓄电池理论”，就是说，未来人才仅仅是一块高能电池已经无法满足时代发展的需要，只有成为一块高效蓄电池，不断进行周期性充电，才能不间断地、可持续地释放能量，一次性充电即可受用一生的时代，已经成为历史。在“知识爆炸”的今天，知识创新的速度、知识更新的周期远远超过人们的想象，科学技术与军事革命几乎同步发生，武器装备科技含量越来越高，作战理论、编制体制、作战样式、指挥方式等不断变化，这势必要求军事人才不断地更新完善知识内容体系，而有限的院校教育制度无法适应对军事人才的素质要求，新型军事人才必须树立终生学习的理念，必须具有很强的学习和掌握知识的能力，不但“学会”知识，而且“会学”、“会用”知识，不断进行知识更新与积累、智能开发和技术储备。

4. 团队素质

(1) 军队是一个特殊的团队

团队是管理学界近年来较为流行的一个词，事实上，现代管理的确愈来愈重视团队，也愈来愈需要团队。一方面，随着现代社会专业分工越来越细，人们的生产和工作方式不再是分散的方式，而是趋向集团化，人们之间相互沟通、交流和合作变得越来越重要；另一方面，随着知识经济时代的到来，知识的更新、交叉、联合日益丰富和发展，社会竞争越来越以群体的形式出现，所以，在现代社会生活中合作成为必然，现代社会人也离不开合作，而团队是合作的最高形式。团队从表面上看，往往表现为一个群体，但它绝对不等同于群体，它不是某个简单地在一起工作的集体，而是指有共同目标，其成员之间相互依存、相互影响、密切配合，以追求集体成功的特殊群体，这种类型的群体往往产生巨大的团队优势和团队威力。作为团队中的成员，往往被要求具备一种素质——团队素质，即：组织内部成员间的合作态度，为了一个统一的目标，成员自觉地认同肩负的责任并愿意为此目标共同奉献。被企业界公认的最成功的企业管理大师，原美国通用公司董事长杰克·韦尔奇认为：一个企业不是仅仅只有高层那几个灵魂人物就能成就伟业，更需要普通员工的团队精神。一个集体是否具有团队精神已越来越成为走向成功的重要因素之一，而一个社会成员是否具有团队素质也已越来越成为走向成功的重要品质之一。

军队是由千千万万的军人组合而成的一个群体，也是一个特殊的团队。作为团队，它的特殊性主要表现在：一是军队性质的特殊性。军队是统治阶级及其政党维护自身利益、实现阶级统治的工具，是执行国家政治任务的武装集团，是国家政权的重要组成部分。我军的宗旨是全心全意为人民服务，它所担负的责任是重大的，每一名军人的一举一动绝不是个人行动，而是紧紧地与党和国家的前途命运、广大人民群众的根本利益联系在一起。二是军人职业的高风险性、高奉献性、高强度性和艰巨性。军人需要直面的是残酷的战争，在不同的历史时代，不论战争形态如何变化，战争的本质都是以暴力手段进行的对抗，战争的危险性、复杂性、偶然性因素远远超过其他任何社会活动。三是军事组织的严密性。军事组织也就是军人集体，它一般都是按编制序列建立的，目标的一致、行动的统一、号令的严格，是军事组织严密性的集中体现。四是军人行动的统一性。由于军队是执行特殊任务的武装集团，因此，每个军人在群体活动中必须保持高度的统一，不仅基本活动方式是统一的，而且生活秩序也是条令化、制度化和规范化的。由此可见，与社会其他群体或团队相比，军队是一个特殊的团队，它绝对不仅仅是简单的军人集合体，而是有着严密的组织机构、共同的价值目标追求以及向上的、积极的、强烈的革命军人意识而构成的，它能协调每一个训练有素的军人使之成为统一的整体行动，以提升团队战斗力，尤其是现代信息战争，更是体现为军队集团系统间的对抗，这就更加要求组织成员之间进一步相互依赖、相互关联、共同合作。对军人而言，团队素质是军人职业的特殊要求。

(2) 军人团队素质的内涵

所谓军人团队素质，就是军人个体在实现自身理想的过程中，认识到自己与组织成员的统一性和不可或缺性，以组织利益和目标为重，自觉担负起自己的责任，并甘愿为团队牺牲自己利益的一种精神。它具体包含以下四个方面：

一是团结协作精神，这其实是一种工作态度，为了达到集体目标而协调一致工作的态度。在任何一个团队中，为了追求团队整体绩效，往往对任务进行专业化、细致化划分，利用团队成员的个性和能力差异，在团结协作中实现优势互补，发挥积极协同效应，以形成团队威力，实现整体大于部分之和的效益。

未来战争是信息化战争，它集高新技术为一体，涉及武器装备的操作使用、战场的指挥控制、系统的维护与保障等大量的专业和技术种类，信息化战争所需的军事人才不可能是纯粹的某一种类型的人才，而是聚合了不同专业门类人员的一个巨大的人才群体。江泽民同志把它归纳为五类人才：集科学文化知识、军事高技术知识和专业知识于一身，并掌握高超指挥艺术的指挥人才；既知识广博，又是某一领域的专家，特别是具有与指挥员同步思维甚至超前思维与全向思维能力的参谋人才；信息化战争是科技密型的高技术战争，因此必须有一批能驾驭尖端科技、掌握和精通现代信息技术的科学家群体；具有高深的专业知识和很强的创新能力，能熟练操纵信息化战争武器装备的技术专家人才；提供装备维护与保养，具有精湛操作技能的士官人才等。军队集团为了完成既定的任务或实现既定的共同目标，仅仅一个人尽到职责是远远不够的，其人才群体必须有效地进行分工与协作，使每一个体在具体活动中发现自己以及他人的特长与不足，认识到团结与合作的重要性，并不断提升成员之间合作的技能，以形成强大的团队威力和能量。

中国革命胜利的实践也证明，树立一支具有凝聚力和革命目标的“团队精神”的人民军队，才会战无不胜。毛泽东同志曾经强调：“我们都是来自五湖四海，为了一个共同革命的目标，走到一起来了。我们的干部要关心每一个战士，一切革命队伍的人都要互相关心、互相爱护……”①这些发人深省的箴言，告诉人们，团结、互助、友爱才能增强革命军队的凝聚力，也是军人团队素质的核心和灵魂。

二是奉献牺牲精神，这是军人团队素质的最高境界。在普通团队组织中，团队成员的奉献牺牲精神往往表现为：在自己的岗位上“尽心尽力”，“主动”为了整体的和谐而甘当配角，“自愿”为团队的利益放弃自己的私利。而军人是一个特殊的职业，它不是一个谋生的职业，而是要求军人献身的事业，世间最宝贵的，对一般人来讲，是只有一次的生命，对军人来说，却是使命，牺牲和奉献是军人义不容辞的责任和义务。在战争环境下，军人必须随时准备献出自己的鲜血和生命，在血与火中履行自己的职责。在和平时期，军人又往往远离家乡，常年工作和生活在边疆、海岛、高原、深山、荒漠，承受着艰苦环境、艰难任务的磨炼和严格的军营生活的约束以及与家庭亲人别离的苦衷。在发展社会主义市场经济的今天，军人更是必须具有强烈的献身精神，牢固树立“祖国利益高于一切”的价值观念，不为经济大潮所左右，不为享乐生活所诱惑，不为艰苦环境所动摇，不为个人利益患得患失，为国防现代化建设无私奉献。对军人来说，这种牺牲尽管不像在生死战场上表现得壮怀激烈、气贯长虹，却同样建立在对理想、事业深刻理解的基础上，同样要有以身许国的军人意识、奉献精神。

① 毛泽东. 毛泽东选集(第3卷)[M]. 北京：人民出版社，1991年版，第1005页。

古往今来的军队都极为重视牺牲奉献意识的培育，认为它是构成一支军队战斗力的重要因素。我军的长期革命实践也充分证明：发扬不怕流血牺牲奉献精神，是我军战胜各种强敌、冲破无数险阻、从胜利走向胜利的“法宝”，是保证我军战胜各种威胁和挑战、切实履行好保卫国家安全和完成祖国统一神圣使命的强大精神力量。

三是服从精神，这是军人团队素质的具体体现。服从，就是团队成员全心全意地去遵从所属机构、团队的价值观念，一心一意地去执行上级的命令指示。服从是需要个人付出相当大的努力，它需要在一定限度内暂时放弃个人的独立自由、个人的既得利益，甚至牺牲个人的生命，以求团队的利益。

军队是执行政治任务的武装集团，军事职业的特殊性要求军人自觉养成服从命令、听从指挥的习惯，服从应该内化为军人的一种精神。美国西点军校就有一句经典的校训：没有任何借口。军人以服从命令为天职，服从命令是军人最基本的职业要求，也是遂行战斗任务的根本保证。未来信息化战争，将是高技术条件下诸军兵种的联合作战，参战力量多元，作战要素繁多，系统对抗激烈，任何层次的梗塞、任何环节的疏漏，都可能导致整个战局的失利。这就更加强调军人的服从意识，对诸军兵种的力量实施高度集中的指挥，充分发挥整体作战的威力去战胜敌人。

四是团结向上的精神风貌，这是军人团队素质的外在形式。团队总是有其明确的目标，实现这些目标不可能总是一帆风顺的，因此，团队成员要具有和谐的人际关系、良好的心理素质和强烈的责任感，营造一种相互宽容、乐于奉献、积极进取、充满活力的氛围，为了确保完成团队赋予的使命，团队成员共同参与、民主管理团队事务、努力奋斗、积极进取、创造性工作。

(3) 军人团队素质的培养

一是学习团队理论，树立团队意识。学习团队理论，就是指有目的、有计划地向学员传授、学习团队精神的基本理论，树立团队意识。让学员明白，他们是军队这个大团体中的一分子，所谓个人，永远只是大团体这个“大我”中的“小我”，这个“大我”永远要高于“小我”。并结合军队建设实践，树立上下“一盘棋”的思想，未来战争是陆、海、空、天一体化的战争，要从整个战争的全局出发，要有大局观念，明确在军队内部，单位之间、部门之间、官兵之间的关系都是全局中的一个环节，这种联结关系只有通过相互协作、群策群力才能圆满地完成军事任务。而每一名军人要根据自己所在的不同层次，协调好、处理好上下关系、左右关系，既能服从于上一级团队的作战意图，又能在一定范围内形成团队，最大限度地发挥个体作用、发挥团队战斗力。

二是强化军人的使命感和责任感。团队战斗力源于团队的凝聚力，团队的凝聚力又来自于团队成员共同的价值认同和事业目标的追求，只有每个团队成员目标一致，才会凝聚成为战无不胜的战斗力，才会鼓舞团队成员团结奋进。心理学家马斯洛曾经指出：杰出团队的显著特征，便是具有共同的愿景与目的。因此，培养学员的团队素质，一个重要的要素就是强化学员的职责意识、使命意识，这是形成团队战斗力的核心，也是学员奋斗前进的目标动力。

胡锦涛总书记曾经在中国共产主义青年团成立85周年，给中国青年群英会的致信中提出，中国青年要成为“理想远大、信念坚定的新一代，品德高尚、意志顽强的新一代，视野开阔、知识丰富的新一代，开拓进取、艰苦创业的新一代。”①“四个新一代”是胡锦涛总书记对中国青年的期望，更是对我们青年军人的要求。作为军校学员就是要自觉践行革命军人核心价值观，要把人生目标的树立与军人肩负的职责使命结合起来，强化战斗精神，提高打赢能力，忠实履行好新世纪新阶段我军的历史使命，争当“四个新一代”。

强化学员的使命感和责任感，我们需要做好三个方面的工作。一是要加强爱国教育。爱国主义作为一个经久不衰的主题，历来是激励一支军队最有力的精神支柱。对自己的国家爱得越深，忠诚之心就越坚定。要通过行之有效的爱国教育，使广大学员牢固树立祖国利益高于一切的思想境界，任何时候、任何情况下都对祖国无限忠诚。二是要强化军魂意识。坚持党对军队的绝对领导，是我军的优良传统，是我们永远不变的军魂。只有坚信党的领导、热爱党的事业，才能自觉地听党话，坚定地跟党走，这是军队保持忠诚、官兵保持革命气节的关键所在。三是要加强经常性教育。只有坚持不懈地加强我军优良传统、军人使命和革命英雄主义等经常性教育，并及时把党的创新理论转化为官兵的政治信仰、精神支柱和科学的世界观方法论，转化为官兵高昂的士气和顽强的斗志，转化为与责任使命要求相适应的打仗意识、与牺牲奉献要求相适应的价值追求、与未来战争要求相适应的战斗意志，才能激发起官兵的打赢意识和求胜欲望，培育出英勇顽强的战斗精神。

三是有效的管理制度与奖惩激励机制。军人职业比其他社会职业更加强调纪律，而且是铁的纪律，这是战争规律所决定的。军队把武装的个体集合为群体，形成战斗力，必须靠铁的纪律保证高度的集中统一，这是赢得一切战役、战斗胜利的重要前提。否则，军队纪律松弛，一盘散沙，必打败仗。纪律有强制性的一面，也有自觉性的一面。我们人民军队区别于其他军队的一个显著标志，就在于纪律是建立在高度自觉基础上的，这种自觉性是政治觉悟的体现，是道德境界的反映，同时，这种自觉性也离不开日常的养成。一方面，我们要坚持从点滴做起。从一言一行抓起，坚持用条令条例规范学员的言行举止，培养令行禁止、雷厉风行的良好作风，使学员自觉做到一切行动听指挥，执行上级命令指示不讲价钱、不打折扣，增强纪律观念和命令意识；另一方面，要严格奖惩。奖惩是激励机制的一种类型，是调动学员积极性的一种极其重要的措施，对某种积极行为进行表扬，对某种消极行为加以批评。奖惩分明既可以维护法规纪律的严肃性，固化学员的军人意识，又能为学员提供长远发展的动力。

① 胡锦涛.胡锦涛致中国青年群英会的信[N].解放军报，2007-05-05(1)。

四是在模拟实战的团队活动中锻炼培养团队素质。团队素质培养本身就是一个实践性非常强的话题，因此，在培养过程中，不仅要进行团队观念和团队理论的灌输，更需要在实际的团队活动中磨炼养成。一方面，可以组织学员以团队的形式参加各种行为训练，在实践中感受团队作战的魅力，同时以健康向上、团结拼搏的氛围，激发他们的团队协作意识。另一方面，应注重加强来自不同单位、不同专业、不同年级学员间合作意识、创新精神与实践能力的培养锻炼，充分发挥学员的个人创新性，并充分利用团队的整体优势，促进团队成员之间的交流通畅，积极营造团队成员间良好的团队协作氛围，促使学员保持足够的谦虚品格并积极学习其他成员有益于团队合作的优秀品质，敢于承担责任，给予他人以希望与信心。

三、信息化条件下军事人才创新精神培育应把握的原则

(1) 创新型军事人才的培养必须讲求科学性

在传统的军事人才培养过程中，我们往往更多的是以前人所积累的经验和个别出色军事人才的智慧与经历，来对军事人才进行培养教育，过多地注重培养经验型的军事人才，这种经验型军事人才培养仍然有值得借鉴的经验，但存在的问题也是显而易见的，处理问题过多地依赖于前人经验和亲身实践所得到的个别经验，对经验之外的东西知道不多，很难具有科学的研究和预测能力。显然，面对信息化战争这一新的战争形态，以往的培养模式已不能够适应崭新的环境要求，我们对培养军事人才的观念一定要与时俱进，必须跳出以往的思维定式，绝不能墨守成规。高技术战争需要培养的是科学型军事人才，只有科学型军事人才才能够适应高技术战争的特定环境，也才有能力驾驭高技术战争，高技术战争条件下军事人才的培养必须更加突出科学性。这种科学性首先表现为对军事人才科学素质的培养，包括培养他们具有较高的科学文化水平、科学思维方法等；但最为重要的是对军事人才科学精神的培养，马克思主义的世界观、方法论和唯物论就属于科学精神的范畴。有了科学精神，就会不唯书、不唯上、不迷信、不盲从，一切从实际出发，实事求是；有了科学精神，对高技术战争的实质就会有客观清醒的认识，不夸大也不低估高技术在未来战争中的作用，既重视掌握高新军事技术，又不会陷入唯武器论；有了科学精神，就能够在信息海洋中拨开战争迷雾，认识和遵循现代战争的特点和规律，科学预测和把握未来战争的发展趋势；有了科学精神，就能够站立在军事变革大潮的前沿分析和思考问题，实现跨越式发展。高技术条件下军事人才的培养必须更加突出科学性的另一方面表现，就是培养新型军事人才必须遵循人才培养的科学规律，从对新型军事人才内涵的科学认识到培养的方式方法等方面，都要注重前瞻性，都必须要用科学思维、科学精神、科学知识进行科学思考和决策，减少盲目性，确保建设少走弯路或不走弯路。

(2) 创新型军事人才的培养必须讲求综合性

综合性，是主要针对军事人才的素质构成而言的，它分为两个层面：一是就军

事人才的全方位素养而言，要求军事人才既懂军事，又懂政治；既娴熟作战指挥，又懂政治工作和后勤保障。军事领域本身就是一个复杂多变的领域，涉及政治、经济、军事等诸多领域，对军事人才的素质要求自然也是全方位的，军委领导同志也强调指出："我军高级干部的培养方向应当既是军事家，又是政治家、经济家和外交家，而且还是军事、政治、后勤的通才。"二是就军事人才的军事素养而言，要求军事人才既能指挥单一军兵种作战，又善于指挥合成部队作战；既是深谙战略、战役、战术的军事家，又是熟悉各种高技术装备的科学家和工程技术的专家。自上世纪60年代以来，随着人们对客观世界的多样性和复杂性在认识上的不断深化，社会科学、自然科学、技术科学等各学科在纵向分化的基础上，加强了横向联系，各学科各门类之间相互渗透、彼此交叉日益增多，高度综合成为科技发展的主流，与之相联系，军事科学技术也呈现出明显的综合化发展趋势，军队的合成化程度也空前提高，高技术战争的新条件、新环境，要求军事人才的培养必须向综合型、通用型发展。事实上，培养高技术战争条件下综合型军事人才，已经成为各国军队军事人才培养的大趋势。为此，我们应该加强学员基础教育的内涵更新和外延拓展及构建合理的课程体系，改革传统的强调单一技术、技能为办学特点或特色的培养人才的教育体系，建立以综合素质为特征的人才培养模式，改变专业过窄、素质单一的现状，使军事人才的素质综合化。

(3) 创新型军事人才的培养必须讲求前瞻性

我军提出要在武器装备并不占优势的情况下实现以劣胜优，这本身就对我军军事人才的素质要求和素质培养提出了很高的目标；未来信息化战争又是以科技为先导、以知识为基础的战争，知识成为未来军事力量的核心要素，而知识的更新周期远远超乎人们的想象，这又给高技术战争条件下的军事人才培养提出了全新的要求，那就是：如何在今天现有的技术环境下培养明天用得上的军事人才？由此可见，我们在军事人才的培养上，一定要讲求前瞻性，要有超前意识，要把着眼点放在未来高技术战争对军事人才的需要上。首先，我们要注意对军事人才培养目标和方向的超前筹划和长远设计。今天培养的学员是未来适应高技术战争需求的军事人才，因此，我们必须准确把握当代科学技术的发展趋势，弄清未来战争是一个什么样的景况，对培养未来军事人才的素质要求和发展趋势做出长远规划；我们军事教育训练必须摒弃只追求眼前利益、急功近利而不顾长远需要的短期行为和狭隘观念，着眼于未来高技术战争对军事人才的需要，加强那些在军事人才今后工作、实践中最常用、最具有增殖性和开放性的基础知识、基本能力和基本素质的培养，培养学员具有长远建设和发展所需要的能力。其次，我们还要注重培养学员前瞻性的思维品质，使他们在培养受训过程中，不局限于现有的高技术武器和现有的理论原则，而具有长远发展目光和能力，才能使军事人才的知识和技能与武器装备的发展水平相适应，以胜任明天复杂艰巨的任务，以达到今天培养的军事人才能够较好地驾驭明天的高技术战争的培养目的。

(4) 创新型军事人才的培养必须讲求开放性

高技术战争的广泛领域和广阔空间，给军事人才创造了大显身手的极好条件，同时也要求军事人才必须具有开阔的视野和创新的精神，因而，未来军事人才的培养必须要讲求开放性。首先，要注重培养军事人才开放式的思维模式，这是培养开放型军事人才的关键。注重培养军事人才思维的流畅性、灵活性和独创性，注重培养他们的超常思维方式和未来意识，使他们的眼界更加宽广，时刻关注军事领域的新突破，留心各种新的军事信息，始终保持思想上的领先地位，并能够从不同的方向、不同的角度、不同的侧面和不同领域去研究和把握自己所从事的军事活动，大胆开拓进取，抓住有利时机，果断处事。使高技术战争条件下军事人才的思维实现从过去的“经验型”、“现实型”到当代的“超越型”、“开放型”转变。其次，要采用开放式的培养模式，这是开放型军事人才培养的根本途径。俗话讲，课堂里培养不出优秀的军事人才。学员除了在课堂上学习掌握一定的基础性知识和技能，还应该有一个更为广阔的成长空间，实现知识和能力的转化、发展和提高。因此，我们要加强院校和院校之间、院校和部队之间的联系，尽可能实现资源共享、信息互通、人才互动、优势互补，使学员不断地开拓教育视野，在实践训练中不断实现素质的提升。我们还应该加强与世界各国军事领域的交流，积极主动地请进来、走出去，在开放和交流中，吸收借鉴一切优秀的教育成果。

(5) 创新型军事人才的培养必须讲求实践性

军事科学是一门实践性极强的科学，军事人才的创新能力最终只能是在实践中得以检验和评价。因而，创新型军事人才的培养，无论是培养的目的、途径，还是最终结果，必须注重实践性。胡锦涛主席指出：“要在近似实战的环境中，在艰苦严格的训练中，在重大军事行动中，培养官兵坚定的战斗意志、顽强的战斗作风、过硬的心理素质。”明确提出军事训练是培养锤炼高素质新型军事人才的重要途径。院校学员掌握了一定的科学文化知识，但那只是具备了成长为高素质军事人才的必要条件，学位不等同于学识，知识不等同于能力，高素质的军事人才不简单地等同于高学历的军人，实现学员知识和能力的转化、发展和提高，最根本、最有效的途径就是实践锻炼。当然，实践锻炼并不一定仅仅局限于真枪真炮的战场，院校的教育训练完全可以借助科学手段和方法来拓展创新实践平台。现代信息技术的发展，为军事教育训练手段提供了全新的领域，我们要尽可能积极采用模拟训练、网络训练、虚拟实战训练等世界各国普遍彩的手段，使学员参加虚拟战争的实践，在解决实际问题的过程中锻炼和提升学员的能力和素质。与此同时，院校传统的教育训练手段和方法，比如野外训练、综合演练等实践课目，同样不可放松，在实践中提高学员运用新理论、新技能、新战法的素质能力。

(6) 创新型军事人才的培养必须讲求尊重个性

创新都是独特的，它应该以个性为基础，保存个性才能独立思考，独立思考才有可能创新。从某种意义上说，个性化就是创造性的代名词，没有个性，就没有创新和创造，珍惜个性、培养个性、促进个性的健康发展，是培养创新型人才的基本前提，也是教育创新的重要内容。未来高技术条件下的局部战争，对军事人才的创新素质提出了更高的要求，而培养创新素质必须遵循个性化原则，尊重学员的个性，这是贯彻落实科学发展观，坚持以人为本的根本体现。我们不能把学员看做消极的被管理对象，也不能把学员当做灌输知识的容器，而要把每个学员看做是具有创造潜能的主体、具有丰富个性的主体。我们要重视学员的个体差异，因材施教，激发学员的主动性和独立性，培养其自主的意识、独立的人格和批判的精神。当然，军队是高度集中统一的武装集团，对个性的强调不允许超过一定的度。在不损害集中统一的基础上，适当强调尊重学员个性的做法是应该提倡的。我们要承认差异、发展差异，以民主平等的态度对待学员，鼓励他们大胆质疑，不依附、不盲从，引导和保护他们的自信心、想象力和表现欲，努力打造适应未来高技术战争需要的创新型军事人才。

兵者，国之大事；人才，军之栋梁、国之瑰宝。新形势下，培养和造就一大批高素质的新型军事人才，依然任重而道远。这是加速我军现代化建设的一项基础工程，是推进新形势下国防和军队建设、夺取未来军事斗争主动权的人才工程，也是党和国家科教兴国战略和科技强军战略的本质要求。只有把这件大事落实好，我军才能够站在时代的前列，准确把握世界发展的新潮流、新趋势，才能在今后的世界军事斗争格局中取得战略主动，担负起维护国家安全的神圣使命！

第八章　适应战斗力生成模式转变要求的教学模式和方法

信息化战争时代，战斗力的生成，不仅有赖于高素质军事人才和先进武器装备，更有赖于高素质军事人才和先进武器装备的高效结合。适应战斗力生成模式转变，要坚持走科学练兵、科学兴训之路，积极推进机械化条件下军事训练向信息化条件下军事训练转变。对于军队院校而言，就是要适应战斗力生成模式转变，深化人才培养模式改革，积极推进教学改革，加紧培养大批高素质新型军事人才，为战斗力生成、为打赢信息化战争提供人才支持和智力支撑。

一、教学模式与方法的一般界定

军队院校教学同其他类型院校教学一样，都有一定的模式和方法。军队院校教学要适应战斗力生成模式转变要求，必须在新的教学观念指导下，建构系统化和多样化相统一的教学模式和方法体系。

1. 教学模式的概念

何为教学模式，众说不一。

有的学者认为，"教学模式是反映特定教学理论逻辑轮廓，为实现某种教学任务的相对稳定而具体的教学活动结构。具有假设性、近似性、操作性和整合性"。

有的学者认为，"教学模式是构成课程和课业、选择教材、提示教师活动的一种范型或计划"。

也有学者认为："教学模式是指在一定的教学思想、教学理论、学习理论指导下，在某种环境中展开的教学活动进程的稳定结构形式。教学活动进程的简称就是通常所说的教学过程。"①

我们认为：所谓教学模式是在一定教学思想观念指导下，经过长期教学实践而形成的教学过程的结构、流程和范型。

这一界定突出表明：

首先，教学模式是指教学过程的结构、流程。在具体的目的、内容、方法和条件下，任何一个教学过程都表现为一定的时空结构。结构、流程的不同排列组合，就会形成多样化教学模式。

其次，教学模式是联系教学理论和教学实践的桥梁和中介。任何教学模式都是一定教学思想观念在教学实践过程的反映，是其具体化的表现形式。同时教学

---

① 袁同庆，高宇. 现代教育技术学[M]. 安徽：安徽人民出版社，2009 年版，第 258 页。

模式又来源于教学实践，是教学经验的系统概括。教学理论的具体化和教学实践经验的系统化概括，形成了多样化教学模式。

再次，教学模式是一种范型。教学模式显示在教学实践过程中如何贯彻某种教学思想、理念、理论，并以此来考虑教师、学生、教学目的、教学内容、教学方法等诸要素的联系，用具体的方法来表达复杂的教学过程，使之成为人们实施某种教学思想、理念、理论的范型。

2. 教学方法的概念

教学方法是在教学过程中教师与学生为达到教学目的，完成教学任务，在共同活动中采取的相互联系、相互作用的方式、手段。这一界定表明：

首先，教学方法是教师与学生相互联系、相互作用的方式。教学是教与学的双向互动过程。教师的施教方法影响和主导学生的学习方法，学生的学习方法也影响和制约教师的施教方法。

其次，教学方法是认识方法、实践方法和科研方法的总称。教学过程首先是一种特殊的认识过程，受一般认识方法制约，要以认识论、辩证法和逻辑学作为方法论基础，即认识方法决定教学方法，而教学方法则是经过改造的认识方法。教学过程也是一个特殊的实践过程，教学方法自然具有实践方法的性质，教学方法是教师指导学生进行实践的方法。教学过程还是一种科研方法，包含一般科研方法中诸多共同因素，受到相关科研方法的制约。

再次，教学方法是实现教学目的、教学任务的方法。教学方法受教学目的、教学任务的制约，并为其服务。

3. 教学模式与教学方法的关系

教学模式与教学方法既有区别又有联系。教学方法作为教师与学生在教学共同活动中采取的相互联系、相互作用的方式的总称，有高、中、低层次之分。低层次的教学方法，是指具体的教学方法，如演示法、提问法、作业法等。中间层次的教学方法，是指每门学科、课程的教学方法，如外语教学法、物理教学法、战术教学法等。处于较高层次的教学方法，是指反映某种教学原理的教学方法，如案例教学法、暗示教学法、问题教学法等。处于较高层次的教学方法，实际上就是一种教学模式。

4. 教学模式与教学方法的分类

不同的教学目的、教学内容、教学思想、教学对象，决定了教学模式必然是多样性的。依据其在教学中所达到的教学目标及其使用范围，教学模式大致有以下类型：

一是获取理论知识为主的教学模式，如讲授式、学导式、讨论式、研究式等。

二是以提高技能为主的教学模式，如教练法、分解式等。

三是以获取直接经验为主的教学模式，如实验式、实习式、案例式、模拟式、参观式、作业式等。

四是以提高科研创新能力为主的科研训练模式，如平时的科技创新活动、毕业设计和毕业论文写作等。

教学方法可分为传统教学法和现代教学法。

传统教学法包括以语言传递信息为主的方法、以直接感知为主的方法、以实际训练为主的方法等。以语言传递信息为主的方法是以教师运用口头语言向学生传授知识、技能以及学生独立阅读书面语言为主的教学方法，至今仍是主要的教学方法，如讲授法、谈话法、讨论法、读书指导法等。以直接感知为主的方法是指教师通过演示实物或直观教具、组织教学性参观等，使学生利用各种感官直接感知客观事物或现象而获得知识、形成技能和发展能力的方法，如暗示法、参观法等。以实际训练为主的方法是指在教师指导下，学生通过练习、实验和实习等活动学习、巩固和完善知识、技能和技巧的方法，如练习法、实验法、实习法、作业法等。

现代教学法体现启发式、个性化、最优化的要求，主要包括掌握学习法、启发教学法、探究教学法、案例教学法、播放教学法等。

二、教学模式和方法必须适应教学思想、理念、观念的创新发展

战斗力生成模式的转变，必然引发教学思想、理念、观念的创新发展，与之相适应，教学模式和方法也必须改革发展创新。

1. 教学思想、理念、观念的创新发展

世界高等教育的创新发展、当代中国军事变革、战斗力生成模式的转变，促使军事高等教育不断发展创新，有力牵引着教学思想、理念、观念的创新发展，突出体现在以下几个方面：

一是以教师为主体转向以学生为主体。教师、学生在教学过程中处于何种地位？现代教育史上存有两种观点，即教师为中心、为主体和学生为中心、为主体。由于战斗力生成模式的转变，学生自身在学习过程中的主体能动作用日渐被重视。以教师为主体、为中心转向以学生为主体、为中心、教师为主导。

二是以知识传授为主转向能力培养为主。传统教学观把传授书本知识当做课堂教学的唯一目标，即所谓“授人以鱼”。现代教学观则强调在知识传授基础上侧重能力培养，培养学生学习、掌握和更新知识的能力，即“授之以渔”。

三是从教法为主转向以学法为主。传统教学观念重视教师的教法，重视教师如何向学生传授现成的知识经验，忽视学生有效获取知识经验方法的传授；学生的学法也过于强调获得已有知识经验的方法，而忽视更新认知结构、调控自身学习状态的方法。现代教学观认为，教法的实质是学法，教学过程实质上是学生的学习过程，教学方法实质上就是学生学习的方法。

四是从重视认知向重视发展转变。传统教学观比较重视知识的掌握，把教学仅仅理解为一个认识过程，特别重视学生的认知发展，重视知识的理解、掌握和应用，重视认知能力的发展。现代教学观则重视学生认知和情感的全面和谐发展。

五是从重视结果向重视过程转变。传统教学观重视教学的结果，表现为以学

生掌握知识程度这一教学结果作为评价教师工作成效的根本标准。现代教学观则认为教学过程比教学结果更重要。

六是重视继承向重视创新发展。传统教学观认为教学的主要功能是传承文化，学生的主要任务是继承已有知识经验。而现代教学观认为教学的主要功能是创造文化，学生的主要任务是通过掌握知识经验，形成创造文化和创新生活的能力。①

2. 教学模式与方法的改革发展趋势

随着教学观念的创新发展、现代科学技术进步的广泛应用，教学模式方法也处于改革发展之中，其趋势表现为：

一是注重以系统和整体的观点研究教学模式和方法。现代系统科学的发展，系统论在教学领域的广泛应用，为教学研究提供了重要理论基础。运用系统整体的观点研究教学模式和方法，有利于研究者更全面、更深刻地认识教学模式和教学方法的地位和作用，以及该作用功能得以发挥的内在机制。运用系统整体的观点研究教学模式和教学方法，是要把它们作为教学系统的有机构成要素，在教学过程诸要素的相互联系中考察其作用和效果，同时，运用系统整体的观点，可以开展对教学模式和方法多样化、最优化的研究，以发挥其整体功能。

二是注重以心理科学的研究成果作为教学模式和教学方法发展的前提和基础。教学模式和教学方法的发展总是以心理科学的研究成果为基础。教学理论要进一步科学化，必须与心理学建立密切联系，使二者互相渗透、互相促进，只有这样，才能发挥教学的作用和功能，更好地促进学生的全面和谐发展。

三是注重教学模式和教学方法在发展学生智能、激发学生学习动力中的作用。现代教学突破了传统教学以知识传授为主的思想观念，使教学过程成为传授知识、开发智力和能力的交互过程。许多教学模式和教学方法，如问题教学法、案例教学法等，都是针对开发学生智力和能力创设的。现代教学也把激发学生学习动力作为实现学生素质能力全面发展的一个重要目标。注重教学模式和教学方法对学生学习动力激发的作用，就是强调教学模式和教学方法自身的情趣性，力求教学模式和教学方法的选择和使用，在达成掌握知识、技能目的的基础上，激发学生学习兴趣，强化学习动机，提高学习效果，促进学生全面和谐发展。

四是注重研究学生的学习方法，把培养学生自主学习能力放在更加突出的位置。现代教学观强调学生在教学活动中的主体、中心地位，明确学为主体、教为主导，强调在改进教法的同时，通过多种途径对学生的学习方法进行有效的指导和培养。因此，现代教学模式和教学方法在强调教与学辩证统一的基础上，更加重视研究学生的学习方法，注重培养学生的自主学习能力，并以此为前提和基础，创立现

---

① 吴疆. 现代教育技术二级教程(第三版)[M]. 北京：人民邮电出版社，2009 年版，第 2—3 页。

代教学模式和教学方法完整体系。如掌握学习法、问题教学法、研究学习法等，都体现了在教师指导下学生独立获取知识的特点。

五是注重信息化教学手段的应用，实现传统教学方式与现代教学手段的结合。信息化教学在现代教学中占有重要地位，它极大地提高了对教学过程控制的科学性与有效性，促进了教学手段的现代化与多样化，也推动了教学模式与教学的改革。现代信息技术在教学的广泛应用，改变了以往传统教学手段一统天下的局面，缩小了传统教学手段和使用范围，但并没有全盘否定和简单替代传统教学手段。传统教学手段和信息化教学手段各有所长，也各有局限，在教学实践中应发挥各自的优势，相互补充，实现优化组合。①

3. 适应战斗力生成模式转变要求的教学模式和教学方法的特点

适应战斗力生成模式转变要求，适应新型高素质军事人才培养要求，军队院校现代教学模式和教学方法表现出以下特点：

一是数字化。信息技术的发展，使人们的学习和交流打破了过去的时空界限，为人类能力的提高和发挥作用带来新的空间。信息技术广泛应用于教育教学过程，引起了学习环境、学习资源、学习方式等诸方面都向数字化方向发展，形成数字化教学模式与教学方法，表现为数字化学习环境、数字化学习资源、数字化学习方式的有机融合。数字化学习环境具有信息显示多媒体化、信息舆论网络化、信息处理智能化、教学环境虚拟化等特征。数字化学习资源具有多媒体、超文本、友好交互、虚拟仿真、远程共享的特性。数字化学习方式则体现出自主学习、协商合作、实践创造等特征②。

二是个性化。现代教学模式与教学方法的个性化，强调学生个体差异的研究，充分尊重学生的主体地位，以挖掘学生的个体潜能，促进学生的个性发展。学生的个体差异是客观存在的，不仅有认知水平、认知方式和认知结构的差异，也有性格类型的差异。教学模式与教学方法的个性化特点，强调要重视发展学生的兴趣、爱好等个性化品质，针对学生的差异对每一个学生采取相应的教学手段和教学方法，“因材施教”，以求得最佳的教育教学效果。如在英语教学中进行的分级教学，就是根据学生的不同水平和要求，实施个性化教学，使优等生能够“吃饱”，中等生能够“解渴”，困难生能够“消化”。

三是多样化。现代教学实践表明：教学有法，法无定法，法贵在活。如前所述，不同的教学目的、教学内容、教学思想、教学对象，决定了教学模式和教学方法也必然、必须是多样性的。没有一种“放之四海而皆准”的教学模式和教学方法。新型军事人才素质能力的培养和培育不能采用程式化、单一化的教学模式和教学方法，必须针对不同学习阶段、不同年级、不同层次、不同任职岗位等的差异需求，采用多

① 张宝书. 军队院校教育学[M]. 北京：军事科学出版社，2006 年版，第 337—342 页。

② 张舒予. 现代教育技术学[M]. 安徽：安徽人民出版社，2003 年版，第 263—269 页。

样化教学模式和教学方法。我校建构的思想政治育人基础工程五维系统、“四环一线”军事基础教育体系、“四位一体”政治教学实践平台等，就充分体现了教学模式和教学方法的多样性特点及其要求。

四是最优化。现代教学观把教学模式和教学方法视为一个有机系统。教学过程不能机械地、固定地采用一种教学模式、使用一种教学方法，而必须全面地、动态地分析教学过程中的各个环节和因素，根据教学目的，按照教学规律和教学原则，科学选择一定条件下的最优方案进行教学，以达到现有条件下的最大、最佳效果。①

三、适应战斗力生成模式转变要求的现代教学模式和方法的构建

（一）教学模式的构建与教学方法的选择

教学模式的构建、教学方法的选择受诸多因素影响。根据中外教育研究成果，必须考虑以下因素：②

1. 依据教学的目的和任务

手段和方法是为目的和任务服务的。构建教学模式、选择教学方法之前，必须先明确教学目的和任务，并认真分析各种教学模式和教学方法在达到该目的、完成该任务时的功能、效用，然后作出最佳选择。

2. 依据课程的性质和教材的特点

不同学科性质和同一学科内的不同内容，要求有不同的教学模式和教学方法。如政治理论课程教学多采用问题式教学；而大学语文、大学英语多采用讲读法；而军事课程则更多采用案例教学等。

3. 依据学生的特点

教学对象影响着教学模式和方法的选择。当代青年大学生在身心基础、科学文化基础、经历阅历等各方面都存在差异，教学模式和方法要适应学生的基础条件和个性特征，教学模式的构建和方法的选择运用，不仅要考虑全体学生的整体水平，也要考虑每个学生的实际水平与兴趣。

4. 依据教师本身的素质

教师的素质直接影响教学模式构建与教学方法选用的效果。教师在选择与使用教学方法时须对自己的个性特征、知识结构以及业务水平有比较清晰的认识，尽量选用适合自己个性特点和能力实际的教学模式和方法，并在教学实践中加强学习，不断创新教学，逐步形成具有自己特色的教学风格，提高教学质量。

5. 依据各种教学模式和方法本身的功能

每一种教学模式和教学方法都有自己的适用范围，且不同的教学模式和教学

① 吴疆．现代教育技术二级教程(第三版)[M]．北京：人民邮电出版社，2009 年版，第 12 页。

② 李尚卫，吴天武．普通教育学[M]．北京：北京师范大学出版社，2010 年版，第 185—186 页。

方法需要不同的知识与心理准备。因此，要针对不同的教学内容、不同的教学形式、不同的对象选择不同的教学模式和方法及其组合。

6. 依据教学时间、设备等其他教学条件

教学的时间、空间及其教学手段的现代化程度都会影响教学模式的构建和教学方法的选择。教师在构建教学模式与选择教学方法时，应考虑教学模式和方法与教学任务之间在时空上是否匹配，教学设备等条件是否具备。

一言以蔽之，每一种教学模式和方法均有其自身的特点和适用的条件、范围和对象，在教学实际中并没有一种最佳的教学模式和方法能够适应任何教学情境，也没有一种万能的教学模式和方法取得最好的教学效果。

（二）充分利用现代科技，建构信息化教学平台

适应战斗力生成模式的转变要求，建构现代教学模式和方法，必须把坚持行之有效的传统教学模式与方法与充分发挥现代教学模式和方法作用有机结合起来，更加注重现代科学技术特别是信息技术的应用，建构数字化、模拟化、网络化、一体化、开放性教学平台和环境，提高教学质量效益。

1. 虚拟教学

虚拟教学是依据建构主义学习理论，以网络技术和多媒体技术为依托构建的一种接近真实化的仿真教学环境，是现代信息化技术应用的重要形式之一。

虚拟教学的应用形式有三种：

一是虚拟空间。即利用网络等远程信息技术手段，扩大教学的时空范围，在虚拟的空间中实现接近真实空间（如课堂教学）效果的教学形式。

二是虚拟场景。即利用多媒体显示技术尤其是三维技术，制作出接近真实场景的人工环境，为学生提供接近真实效果的视觉感受。

三是虚拟现实。即利用特殊视觉技术和传感技术等，实现的一种接近于现实的三维仿真技术。

2. 模拟教学

随着计算机信息技术迅速发展，仿真技术、网络技术以及虚拟现实技术在教育教学训练中得到广泛应用，在此基础上产生的模拟教学平台和教学方式，以其特有的科学性、经济性、对抗性、真实性、严密性、交互性、实时性、可控性和再现性等诸多优点，受到广大教师和学生的欢迎。

模拟教学训练的优点主要有①：

一是模拟教学训练的主要手段由实物模拟向计算机模拟仿真转变。随着多媒体技术的发展，计算机模拟仿真技术日益成熟，计算机模拟仿真系统中武器装备等采用三维动画制作，图像的仿真程度和实物实景相差无几，它可以通过视觉、听觉、触觉等多种方式对学生的感官进行综合刺激，其效果是单靠实地、实物教学训练所

① 牟影，刘森. 装甲装备维修模拟化教学的发展方向[J]. 广西轻工业，2009(2)。

无法比拟的。学生可以通过键盘、鼠标或操作杆，在计算机操作平台上进行练习、维护保养、排除故障。利用模拟操作台，在模拟战争环境中进行作业、抢修。模拟仿真系统还可以实现信息共享、人机交互和及时反馈，根据学生的具体情况，自行安排难度适中的教学训练内容，实现“因材施教”。

二是模拟教学训练的时空由同地向异地网络化发展。传统的实物模拟教学训练局限在教室、训练场，参加学习的人数受到场地、师资、设备等条件的限制，教学训练效果很难保证。随着计算机及通信技术的发展，计算机网络技术的普及，模拟仿真教学训练可实现校内联网、院校和部队联网，实现跨地域、远距离的教学训练，拓展了教学训练的地域和空间。

三是模拟教学训练的主要形式由实物模拟向虚拟现实技术转变。虚拟现实技术使“以计算机为中心”变为“人是信息技术的主体”；由过去人机之间枯燥、被动的方式变成了人通过手和声音等自然的交互方式与机器交流，人机融为一体。利用虚拟现实技术进行教学训练，受训者不是被动地观察计算机中的模拟图像，而是居于一个虚拟的十分逼真的三维世界，在视觉、声觉、触觉等感觉的作用下，犹如身临其境的全身心地投入到“真实”的训练中。又因虚拟现实技术与真实的技术训练相比，没有多大差别，同时还具有交互性、可重复性和训练超前性等特点，从而使教学效果更好。

3. 网络教学

网络教学是以计算机网络为基础、以多媒体信息为传输媒介的开放式教学组织形式，是现代信息技术在院校教学中应用的基本形式之一，是在特定的情景中，为满足学生学的需要和达成学习目标，对学习活动进行引导和监控的措施和行为。网络教学作为现代新型教学平台和方式，与传统教学平台和方式相比，具有以下基本特征①：

一是师生互动性。在网络教学中，教师和学生的地位发生了深刻变化，教师与学生之间、学生与学生之间完全平等，建立起了一种融洽、和谐、互动的关系，互相激发、互相促进，共同提高。

二是师生交互性。网络突破时间和空间的局限，为师生交互提供了有利条件，最大限度地发挥出了网络的远程联络的优势和特点，为师生的教学交互提供了多种途径，如信箱、论坛、个人留言板等，可以满足学生的不同需求，随时解决学生的需要。

三是学习自主性。网络教学使学习成为一个各取所需的过程，每一位学生可以根据自身的特点，自主选择时间，自主选择合适的学习资源，自主选择学习方式，充分实现了自主性、个性化学习。

四是资源共享性。网络教学，是在线教学，有广阔的信息来源空间，互联网将

① 龚春燕.创新教学策略[M].北京：北京师范大学出版社，2010年5月版，第197—199页。

全世界的学校、研究所、图书馆和其他信息资源联结起来，成为海量资源库。利用互联网，学生可从网上下载自己所需的资源，真正实现了资源共享。

五是手段丰富性。网络教学中，语言不再作为交往的唯一媒体，包括符号、图像、影像、声音等多种形式都成为信息交流的载体和媒介。

六是反馈及时性。网络教学中，教师和学生交流顺畅，反馈及时，提高了网络教学活动的效能。

网络教学有利于新型高素质军事人才的培养，主要表现在：

一是培养创新人才。即具有发散性思维、批判性思维和创造性思维，具备高度创新能力的创造型人才，而不应当是只接受知识、只会记忆和背诵前人经验、不善于创新也不敢于创新的知识型人才。

二是培养的人才具有信息能力。信息素质和能力是打赢信息化战争人才素质能力结构中最重要的知识结构和能力素质之一。信息社会知识多、更新快，学习者必须"有选择地学、不断地学"，想从老师那里学点知识以"一劳永逸"已经不可能了。"授之以鱼，不如授之以渔"，明智的选择应该让学生学会如何学习，学会如何在信息的海洋中寻觅到自己需要的知识，如何利用各种认知手段以不断获得新知，使自己与时代同步。

三是具备完善的终身教育体系。信息的高速更新，一方面需要学习者学会认知；另一方面需要社会构建完善、方便的终身教育体系，使人们可以不受时空限制自由的接受教育，进行知识更新。

四是教育大幅度地提高教学质量和教学效益。同样，由于信息之多、更新之快、人才竞争之激烈，对教育除了有人才素质结构的要求以外，还要求其内容科学、方法优化，使学习者可以优质、高效地接受教育。

4. 开放教学

开放教学是指在教学过程中，建立校内外联系、课内外沟通、学科间融合的开放教学体系，以及与之联系的一系列手段和方法体系，以增大教学的选择性、自由度，体现师生的主体性品质和个性的主动发展，培养人的创造精神，提升个体的生命质量，建立民主、平等、和谐的师生关系。

开放教学具有以下特征①：

一是知识多元性。现代教学观大力倡导要培养学生收集和处理信息的能力、获取新知识的能力、分析和解决问题的能力、交流与合作的能力等综合能力。要培养学生的这些综合能力，就必须实现学习内容的开放与多元。

二是生活体验性。开放教学，充分利用我国改革开放和社会主义现代化建设，尤其是国防和军队现代化建设的生动实践、社会经济现实生活的教育资源，使学生体会到知识就在身边，就在现实生活中，能够从生活中获取知识。

---

① 龚春燕. 创新教学策略[M]. 北京：北京师范大学出版社，2010 年 5 月版，第 193—194 页。

三是多边联系性。开放教学，优化学习环境，淡化学科专业本位，强化“联系性”，构建起课内外联系、校内外沟通、学科间融合、院校与部队交流的大教育观，建立起大学科、大课堂、大教材，从而建立起向全体学生开放，向学生的思维、情感开放，向学生的未来发展开放的教学体系。

四是教学生成性。生成性教学是指在弹性预设的前提下，在教学的展开过程中，由教师和学生根据不同的教学情境，自主构建教学活动的过程。开放教学带来的不同的个性体验，让教师和学生在生成性教学中体验问题突发的刺激和问题解决的圆满。

开放教学一般包括以下程式①：

一是开放教学资源。大力开发课程教学资源，促进课内外学习和运用的结合，使学生扩大学习的视野，提高学生的积极性。

二是开放教学内容。教学内容本身具有开放性。在实施素质教育、创新教育、精英教育过程中，要培育具有创新精神、创新能力的新型军事人才，必须打破教学内容的封闭，不断拓展丰富教学内容，尤其是反映现实生活的内容要及时引入到教学中。

三是开放教学过程。开放教学过程，就是构建以学生为中心、为主体，以学生自主学习为基础的新型教学过程，大力推进教学活动由以教师为中心向以学生为中心转变，形成学生主体精神、创新意识、创新精神、创新能力健康发展的宽松教学环境和新的教学体系。

四是开放教学形式。开放教学尊重全体学生学习主体地位，让学生充当主角，采取教师启发引导和学生积极参与的方法，使学生在探究和自主学习中，培育全面过硬、全面发展的素质和能力。

五是开放教学空间。创新教学打破了局限于学校教室的教学空间概念，向社会、部队延伸，向报刊、杂志等媒体延伸，向互联网络延伸。

5. 训教合一

伴随着我军信息化建设水平的提高，借鉴世界发达国家军队重视建立训练与教育一体化运行机制的经验，“训教合一”体制机制已成为培育大批高素质新型军事人才、加速战斗力生成的高效平台。

建立“训教合一”的高效教学平台，影响深远，意义重大。突出表现在：

一是有利于实现“训战一体”的思想。适应信息化战争要求，部队教育训练和院校教育教学，必须与作战理论、武器装备、编制体制等方面的变革同步进行，军事训练和教育机构应当同时与作战需求相适应。实行“训教合一”，可在统一领导、统一筹划下，将训练与教育的根本目标共同定位在作战需求上。我们常说：“训为战、练为战”。如何保证像作战一样训练？采取什么方法和建立什么标准才能满足作

① 龚春燕.创新教学策略[M].北京：北京师范大学出版社，2010年5月版，第194—195页。

战需求、提高训练效益？用什么方式加快未来型军事人才的成长？“训教合一”体制的建立，对这些问题作出了比较圆满的回答。

二是有利于开通院校教育与未来战场的直通车。军队院校培养的学生走出校门，能否直接走向训练场，走向未来战场，驾驭新的战争？能否让学生掌握知识的过程，同时成为提高能力的过程？这是新军事变革中院校教育必须深入思考的课题。实行“训教合一”，缩短了学生到部队任职后的适应期，使毕业学生到部队后，在很短的时期内就能把知识转化为能力，迅速打开工作局面。

三是有利于实现人才及教学训练资源的有机整合。部队和院校，分别具有特色不同的人才和训练资源。相比较，院校的人才理论基础扎实而实践经验不足，导致授课的针对性和实用性欠缺；部队的人才实践经验较强而理论基础欠缺，导致组织部队训练容易变得因循守旧。院校一般也不具备大型的训练基地，难以让学生从实践中掌握联合训练和联合作战的思想原则和指挥艺术；部队的理论创新相对落后，训练场上缺少牵引的力量。实行“训教合一”，不仅使双方取长补短、资源共享，同时产生出“1＋1＞2”的功效。

四是有利于军事创新的深入发展。军队院校是理论创新的主体，部队是院校教育的延续。军事创新需要一定的科研设施，需要理论与实践的结合，也需要各类人才的智慧撞击。在“训教合一”体制中，部队和院校可以联合立项，联合攻关；理论与实践直接结合，相互促进，催发出更多更有实战价值的军事创新之花。

从新军事变革的趋势和发达国家军队转型的经验看，建立“训教合一”体制，应当把握以下几个问题：

一是确立实战化的指导思想。“练为战，教为战”，二者的共同目标和价值取向，是实现“训教合一”的基础。在新军事变革中，战争在不断发生变化，一体化联合作战日显突出。机械化条件下的教育训练向信息化条件下的教育训练转变，重心是一体化联合作战和一体化联合训练。美军在各军种的训练中，联合训练占70％～80％。确立实战化的指导思想，应当紧跟战争形态的变化，以一体化联合作战为重心，弄清信息化战争的规律和特点，改革教育训练的内容和方式。

二是从人才交流任职起步。让指挥官当教官，让教官当指挥官。通过顺畅的人才交流机制，形成“训教合一”的人才基础。美军院校的教官，实行的是轮换制，陆、海、空三军部队的军官，都要轮流到院校任教官。他们不是把教官看成一种职业，而是当成军人生涯的一个阶段，当做获取新知识的好机会、展示才能的大舞台。在美军历史上，许多著名军事将领，都是从教官队伍中脱颖而出的。比如，海湾战争时多国部队司令施瓦茨科普夫、美前参联会主席鲍威尔等，都在军校任过教。俄军在军事变革中，利用军队精简整编之机，从部队选调具有丰富实践经验的干部，充实院校教官队伍，创造院校教学与部队训练接轨的条件。我国大学在此方面也已经进行了初步探索，每年派教师干部等基层部队任职代职，同时接受一些教师来校任教，积累了一些经验。

三是创建统一的管理机制。“训教合一”体制，必须有相应的统一管理机制作保障。当前，各国军队在变革实践中，都在积极探索符合信息化战争需求的管理体系，谋求通过规模化、集约化和综合化的方法，提高办学效率和训练质量。如俄军院校在进行综合化建设中，主要采取了横向与纵向两种模式进行。纵向是对教育等级不同但专业相同的院校合并，横向是对同类同等级教育的院校合并。著名的伏龙芝军事学院与装甲兵学院、莫斯科军事专科学校合并，组成综合的中级指挥院校。俄军院校在两次精简调整的基础上，组建大型训练教学综合体，实现了训练与教学一体化、基地训练与院校教学一体化，创造出自己的“训教合一”管理机制。我军也必须在院校编制体制改革中创建统一的“训教合一”管理组织和管理机制。

四是确定共同的理论研究课题。体制合并、行动一致，还需要统一的思想理论作指导。海湾战争后，美军将联合作战理论，确定为全军的基础理论。基于效果作战、快速决定性作战、网络中心战、震慑作战等，都是基于以信息网络系统为支撑的联合作战。部队和院校以研究联合作战理论为共同点，改革训练与教学内容、方法，提高全军联合作战能力。同时，从课堂和训练场，不断走开新军事变革的路径。

（三）不断创新教育理念，建构多样化教学模式和方法

要牢固树立素质教育、创新教育、精英教育等理念，大力倡导和建构启发式教学、研讨式教学、案例式教学等教学模式和教学方法，促进教学质量的提高。

1. 启发式教学

启发式教学不仅是我国古代教育思想的瑰宝，也是现代教育恒久不变的话题，作为一种人才培养模式和手段一直被广泛应用于教学实践。

启发式教学是指教师在教学过程中根据教学任务和学习的客观规律，从学生的实际出发，采用多种方式，以启发学生的思维为核心，调动学生的学习主动性和积极性，促使他们生动活泼地学习的一种教学指导思想。其特点是①：

一是启发式教学是以学生为主体，以重新认识学生的地位和作用，建构新的学生主体观为目的。启发式教学强调学生作为认识、学习的主体，必须具有主观性、能动性和创造性。

二是启发式教学的重点是使学生学会学习。1972 年联合国教科文组织在《学会生存》的报告中强调指出：“未来的文盲将不再是不识字的人，而是不会学习的人。”学会学习正是启发式教学的重点。

三是启发式教学侧重学生思维过程和思维方法的启发。启发式教学以当代认知心理学的最新研究成果为理论依据，重视教学活动中学生的认知过程，特别是思维过程的充分展现，真正体现了以学生为主体、以学生发展为主线的全新教学理念。

---

① 陈彬剑. 论启发式教学在课堂教学中的有效实施[J]. 中国成人教育，2009 年第 10 期，第 108 页。

启发式教学的本质在于以确立学生素质发展的主体意识为核心，实现教学内外动因的有机统一，在促使学生积极的心理活动过程中实现教学目的，促进个性全面发展。

启发式教学在运用于教学过程中时，必须注意以下几个方面：

一是启发内容的结构性。贯彻启发教学，关键在于对教学内容进行结构性的提炼改造。

二是启发主题的问题性。问题性是启发教学的灵魂，始终是贯彻启发教学思想的主题。

三是启发情境的合作性。启发情境的合作性，应建立相互信任、尊重、合作的完全平等的师生关系；创造宽松和谐的民主气氛和相互切磋、勇于探讨问题的学术氛围；充分发挥学习小组或班集体的作用，既鼓励竞争精神，又提倡团结互助，相互激励；积极开展第二课堂活动，让每个学生都充分展现自己的才能，发展个性。

四是启发形式的多样性。启发式教学并不局限于某一具体的教学方法和形式，也没有固定的教学模式可以遵循。

五是启发过程的方法论。启发式教学在强调让学生在掌握知识技能的同时，理解学习过程，学会思考方法，由“学会”达到“会学”，受到方法论的启示。

2. 研究式教学

研究式教学亦称发现教学法、假设教学法或探究性教学，是美国哈佛大学心理科教授布鲁纳提出的。学生在教师的指导和引导下，主动发现问题，以一种类似科学研究的方法对问题进行分析和研究，从而达到问题和知识获得的教学过程和活动①。其突出特点是要改变传统的教学和学习方式，通过对问题的探究进行学习，注重对学生创新精神、创造能力和实践能力的培养。研究式教学不等于科学研究，而是将科学研究的方法应用于教学，其目的是通过学习研究去获取知识，加深对某一问题的理解。

研究式教学分为两类模式：

第一类是教师引导研究，主要方法是教师针对课程内容，引导学生对重点内容进行学习研究，以把握学科前沿知识。此种模式一是针对基础较差、学习较为吃力的学生；二是主要在课程教学的前期进行，主要目的是通过教师引导，使学生知道学习的主要方向。

第二类是学生独立研究，这种模式一是适合于基础较好、专业知识较为扎实、有一定科研能力的学生；二是主要在课程的后期教学中采用。此类模式主要方法是学生针对课程内容，有目的的选择自己感兴趣的重要内容进行研究学习。

研究式教学的两种模式各有利弊，何时采用、如何采用，都要具体根据教学内容、教学对象、教学要求、教学目的等综合选择。

---

① 吴疆. 现代教育技术二级教程(第三版)[M]. 北京：人民邮电出版社，2009 年版，第 13 页。

实施研究式教学，须坚持以下原则：

一是传授知识与培养能力相统一的原则。在研究式教学过程中，教师既要给学生提供一些必备的理论知识，更应注重培养学生分析解决重大现实问题的能力，使二者相互渗透、相互促进。

二是启发诱导与积极思维相统一的原则。在教学过程中，教师要实行教学民主，善于启发学生独立思考，促使学生积极思维，在融会贯通所学知识的同时，充分发展自己的思维能力和创造能力。在教学中，教师要创设问题情境，根据讲授内容和学生的实际，善于运用问答、讨论、讲授等教学方法，不断提出富有思考价值的、难易适度的问题，引导学生积极思考，以培养学生分析问题和解决问题的能力。学生要进行创造性的学习，要积极动脑、动口、动手，在学习中学会学习，要注重培养其探究和创造能力。

三是主导作用与主体作用相统一的原则。教师是研究式教学的主导，学生是研究式教学的主体。在研究式教学过程中要把教师的主导作用与学生的主体作用有机地统一起来，做到教学相长。作为教学过程的组织者、领导者，教师要善于充分调动学生的积极性，启发他们的思维，合理地组织教学全过程。作为教学过程的主体，学生要增强主体意识，积极主动地参与教学的全过程。

四是合理组织与有效控制相统一的原则。在研究式教学过程中，要对影响教学效果的主要因素加以合理组织和有效控制，保证各教学要素的合理配置和有机联系，使各种教学方法、手段、组织形式优化组合，以最大限度地适应教学目的和教学内容；同时，要注意教与学双方信息的反馈和调节，保证教学过程的正常进行，实现教学效果最优化。

五是照顾多数与因材施教相统一的原则。教师要充分了解和研究学生，随时了解大部分学生在知识、能力、兴趣等方面的总体情况，使教学面向大多数学生提出共同要求，使教学的广度、深度和进度处在大多数学生经过努力能够达到的水平上，实现教学的基本要求。同时，又要考虑学生的个别特点和个别差异，做到有的放矢。

遵循教学规律和一般科学的研究方法，研究式教学通常由以下几个环节构成：

一是确定研究课题。研究式教学是以“问题”为载体的，确定研究课题是进行研究式教学的前提。研究性课题以运用已有知识、技能为基础，密切联系国内外重大热点问题、社会现实生活和学生的思想实际来确定。确定研究课题应注意三个联系，即：要与现实生活相联系，增强问题的鲜活性；要与学生的思想实际相联系，增强问题的针对性；要与社会实践相联系，增强问题的实效性。研究课题可由教师围绕某一教学内容编制一组参考课题供学生选择，或由教师和学生共同讨论拟定课题；也可由教师创设一定的情境，提出具体的要求，让学生自由选题。确定研究课题既要考虑到学生研究问题的能力和潜力，又要依据学生现有的知识水平和教学内容的需要，不能一味地追求新异而选择过深或过于前沿的课题。确定课题是为了让学生进入“问题”的情境之中，带着问题去学习、探索。

二是设计研究方案。课题一旦确定下来，就要设计具体的研究方案，以确保研究式教学有序、有效地进行。一份完整的研究方案应包括以下内容：确定研究课题的原因、课题内涵的界定、研究课题的目的；开展研究采用的主要方法和实施手段；开展课题研究的活动安排；研究成果的结题形式等。设计研究方案时，要重点考虑选择适当的研究方法和实施手段。实施课题研究的主要形式有查阅资料、实地考察和社会调查等。要根据课题的不同要求，选择不同的社会调查形式，如跟踪调查、抽样调查、问卷调查等。设计的研究方案要尽可能地做到因地制宜、就地取材。

三是自主探究问题。研究性课题、方案确定以后，学生就在教师的指导下，围绕课题开展自主探究、自由创造活动。在探究课题过程中，要让每个学生对研究内容和方式作自主选择，鼓励个体差异和独特见解；让学生自由地探索；坚持实事求是的原则，引导学生整理资料、加工处理信息，并以恰当的方式表达研究成果。教师应始终发挥主导作用，使学生具有更多的表现和发展个人特长的机会，为学生提供广阔的自由活动的空间；要有计划地指导学生查阅文献、调查研究、整理资料、总结成果。教师要为学生具体实施课题研究创设自由的环境，创造有利的条件。

四是总结研究成果。专题论文是课题研究成果的总结。学生在教师的指导下，写出专题论文，是开展研究式教学的重要内容。首先，要告诉学生撰写专题论文的一般知识，让学生具有“论文意识”和“学术意识”。研究成果不一定要有重大发现，也不一定很成熟，但对学生本人来说必须是独特的、新颖的，尤其要是科学的。其次，要指导学生掌握撰写专题研究论文的基本方法。再次，要指导学生将写好的论文反复修改。一篇成功的专题研究论文能够巧妙地将研究性学习引向深入，激发学生的思维潜能，拓宽学生的知识视野，培养学生的创新精神和实践能力。总结课题研究成果要实事求是，全面具体，得失明确。

五是交流学习体验。完成专题论文后，可以通过多种形式进行交流，如论文展览、征文比赛、课堂辩论、论文答辩等。因为学习者体验可以弥补知识转化为能力的缺口，所以研究式教学尤为注重学生在研究问题过程中的感受和体验。研究式教学的目的在于使学生获得研究问题的感受和体验，而不过分强调研究结果的水平高低。学生经过一段时间的研究，最后呈现的研究结果可能是不成熟的、不完善的，但这并不重要，重要的是让学生通过课题设计、查阅资料、社会调查等亲身实践，来获得对社会的直接感受；通过课题研究了解科研的一般流程和基本方法，加深对从事科学研究过程的体会。在课题研究过程中，要与他人交往、与社会接触，从而培养团队合作的精神和人际交往的能力；通过研究成果总结和交流，使学生重新审视自己的研究过程和结果，知晓研究的得失，得到实践的启示，从而为学生终身学习打下良好的基础。

研究式教学强调“以学生为中心”，并不是说这种教学就可以脱离教师的指导。在研究式教学中，教师指导的内容不是将学生的研究引向一个已有的结论，而是提供信息、启发思路、介绍方法和线索。开展研究式教学，教师既要发挥其应有的指导作用，又不能包办代替，要充分尊重学生、信任学生，维护其主体地位，努力创设和谐、民主、平等的学习环境，培养学生的探索精神和创新能力。

3. 问题式教学

教学活动本质上是以教师为主导、学生为主体的教与学的双向活动。教师的主导作用就在于有目的、有计划地把知识传播给学生，提高和发展学生的智能，成为学生探求知识的引路人。近几年来，解放军理工大学在迎接本科教学评价建设中，积极实施问题式教学法，极大地调动了学生的学习积极性，提高了学生积极思考、分析和解决问题的能力。其优点主要体现在：

一是调动了学生的学习积极性，变被动学习为主动学习。问题式教学给了学生明确的学习目标和要求，不仅要学生知其然，还要求学生知其所以然。因此，学生的学习必须是主动的，这样才能完成学习任务。

二是拓展了学生的阅读范围，加深了对知识的理解。问题式教学法要求学生对所学知识进行讲解和辩论，使参加讲解和辩论学生的知识获取及理解不能仅仅局限在课本范围内，必须通过其他途径（如图书馆、网络等）查阅更多的文献资料，加深对学习内容的理解，丰富学习内容，这样才能更好地完成学习要求。

三是训练了学生的学习能力。问题式教学法是以学生为中心的教学方法，要求学生根据问题自己在课本和文献中寻求答案。学习过程中学生要对获取的信息进行分析加工、推理总结，最后形成自己的知识，通过该过程提高了学生的学习能力。

四是锻炼了学生的表达能力，提高了学生的综合素质。语言表达是学术交流的重要方式，也是学生综合素质的重要表现。通过问题式教学，学生有机会在讲台上展示自己，与同学交流，对学生的综合能力培养有着重要作用，学生也表示有很大收获，为今后实际工作打下了有益的基础。

问题式教学法的具体实施包括精选内容、设计问题、学生自学、课堂讨论和总结提高 5 个环节。

一是精心选择教学内容。现有的教学内容和教学时数决定了不是所有的教学内容都可以应用该教学方法，因此，教师要对内容进行选择。教学内容的选择要依据学生的学习情况、被选内容的特点、教学时数安排来进行，被选内容难易程度要适中，逻辑关系要明确，与实际生活最好有密切联系，任务不能过重，学生通过自学和小组讨论能完成规定任务，并取得预期学习效果。

二是设计问题，布置任务。问题设计是否能取得预期教学效果的关键，应注意以下几个方面：以知识点为节段，概括必须掌握的重点、难点；问题要由浅入深；要启发学生思考，要使学生建立学习内容的逻辑思路；要拓展学生阅读范围；要引导学生联系生活实际。问题设计好后，将任务提前布置于学生准备。

三是学生自主学习、讨论。学生领到学习具体内容后，先细读教材，再查找有关文献资料，以求使自己的答案完整、充分、正确。这就较好地发挥了学生的主观能动性，促使一些平时学习抓得不紧的学生也能积极围绕教师的问题多做准备。然后以小组为单位，就该组学习内容进行讨论，最后由小组确定一名成员进行发言。其他学生可准备补充，全体小组成员准备答辩。学生学习期间，教师要做到随时给予学习帮助。

四是组织课堂讨论。课堂讨论时间以计划学时为限，每个内容节段分为学生发言和同学质疑两个部分。每小组发言人就准备内容通过课件进行讲解，讲解结束后该小组同学就该节段内容与其他同学答辩。该过程中，教师也是学习者，并要随时引导学生的提问和学习，把握课堂讨论的进程，引导学生的思考。因此，教师必须要预先准备适当的问题，要充分考虑和预计课堂讨论可能出现的情况，并做好准备。

五是总结提高。教师的总结在整个学习过程中是尤为重要的一环。由于学生个人的能力或学习方法有时会引起学习效果的差异，表现在对知识掌握上的偏差，因此教师此时就要理清学习内容的逻辑关系，强化内容重点及同学需掌握的知识，肯定学生的学习成果，指出学习过程中的问题和不足，同时应对有争议的问题进行引导，指出继续学习的思路和方法。

4. 案例式教学

案例教学是 1970 年美国哈佛大学为代表的世界许多著名高校从培养学生的实践能力和增强学生积极进取精神目的出发率先推出的。案例式教学是指教师在教学过程中，以真实的社会生活情景或者事件为题材，通过对具体典型情境和故事的描述，引导学生对隐藏于其中的特定疑难问题进行讨论，从而启发产生解决问题的创造性思维，锻炼面对问题的自信、勇气和毅力，缩短书本知识和社会实际的差距，提高学习者解决实际问题能力的教学方法。案例式教学可以充分调动学生学习的积极性，增强学生的独立思考和决策能力，弘扬学生的个性特长，培养学生的创新精神，满足时代对人才的需要。

案例式教学具有以下特征：

一是明确的目的性。通过一个或者几个典型事件，让学生在案例的阅读、思考、分析、讨论中，建立起一套适合自己的完整而又严密的逻辑思维方法和思考问题的方法，以提高学生分析问题、解决问题的能力，进而提高自身的全面素质能力。

二是客观的真实性。教学案例是在实地调查的基础上编写出来的实际案例，这种实际案例不加入编写者的评论和分析，具有典型性、代表性、非偶发性，具有较强的真实性。学生根据自己所学知识，得出自己的结论。

三是较强的综合性。案例较之一般的举例内涵丰富，取之于社会生活；案例的分析、解决过程也比较复杂。学生不仅需要具备基本的理论知识，而且应具有审时度势、权衡应变、果断决策的能力，案例教学的实施，需要学生综合运用各种知识和灵活的技巧来处理。

四是灵活的启发性。教学案例必须设计一定的问题，即思考题。其中有的问题比较外露，有的比较含蓄，留待学生去挖掘，从而给学生留下充分的思维空间。而且，案例式教学不存在绝对正确的答案，目的在于启发学生独立自主去思考、探索，注重培养学生独立思考的能力。

五是理论的实证性。教学中，教师运用生动、鲜活的案例来阐释有关理论问题，使学生在校园内就能接触到大量的社会实际问题，实现了理论到实践的转化，从而加理对相关理论的理解和把握。

六是学生的主体性。案例教学的实质是开放、互动，强调师生特别是学生的高度参与。学生在教师的指导下，参与学习，深入案例，体验案例角色。

七是过程的动态性。教学过程中存在教师与学生、个体与群体等师生互动、生生活动的过程。

八是结果的多元化。案例教学很少只有一个答案。案例教学中，教师应该侧重于推理的质量，而不是提出具体观点，相反观点的两个学生可能同样表现优秀。

九是鲜明的针对性。教学案例的选材要针对教学目标的需要。教学目标总的来说是要提高学生分析问题和解决问题的能力。这些能力有广泛的内涵，它可以通过学生在复杂的案例分析与决策实践中，经过不断地思考、归纳、领悟，而形成一套独特的适合于自己的思维方式和工作体系。

实施案例式教学，必须坚持以下原则：

一是能力原则。案例教学注重学生能力的培养。通过案例教学，培养学生的思维能力、分析能力、判断能力以及运用所学到的知识处理复杂问题的能力。

二是实践原则。案例教学的目的是培养学生学会在实践中解决处理各种问题的能力，是“从实践中来，在实践中练，到实践中干”。

三是参与原则。高度参与是案例教学的一个重要原则。只有学生积极参与，主动参与，案例教学才可能成功。学生参与的程度是案例教学成败的重要标志。

在案例式教学中，教师要摆正自己的位置，正确担当角色：

一是案例讨论的主持人。在教学开始阶段，教师要引导学生进入学习状态，帮助学生明确教学目的，了解学习的程序、规范和操作方法。同时，还要提出明确的教学要求，使学生心中有数，尽早进入学习状态。在教学过程中，教师必须发挥主持人的角色作用，控制发言顺序和学习进度，使讨论总是围绕一个问题或一定范围的问题进行，使课堂的发言在每一时刻只能由一个主讲，形成热烈而有秩序的讨论气氛。在讨论结束时，无论对讨论的内容作不作评价，教师都要对讨论的全过程进行总结，使案例教学有头有尾。

二是归纳总结的发言人。教师的发言，需要反映学生群体的整体意见。当学生不能形成统一的意见和共识时，教师还要综合各种不同的看法和决策，向学生作一个既有共性又包含特性的结论性交代。

三是群体互动的导演者。教师通过导演的角色，无形规定哪些学生发言，哪些学生不发言，哪些学生多说，哪些学生少说，影响全班的联动，同时也影响个人，对其进行个别辅导。导演角色的灵活度、难度很大，扮演好这个角色，对教师激励群体互动和临场应变能力要求很高。

四是思想碰撞的催化剂。案例课堂的教师像催化剂一样，促进学生学习讨论，帮助、启发学生，通过一个又一个的提问向学生提出挑战，鼓励学生思考，将问题由表面引向纵深，一步步朝着解决问题的方向发展。同时，教师催化剂角色的发挥，还体现在促进学生相互交流沟通中，发挥桥梁和穿针引线的作用，使各种思想相互撞击和融合，丰富教学内容。

五是背景材料的信息库。在某些情况下，教师需要向学生适当地补充一些必要的信息，充当"提问"和"参考数据库"。在学生主动提出补充有关信息的要求时，教师应该满足学生的要求，发挥好这个角色。

5. 情景式教学①

情景式教学也称为"实例式教学"、"抛锚式教学"。根据建构主义理论，学习者要想完成对所学知识的意义建构，即达到对该知识所反映事物的性质、规律以及该事物与其他事物之间联系的深刻理解，最好的办法是让学习者到现实世界的真实环境中去感受、去体验(即通过获取直接经验来学习)，而不是仅仅聆听别人(例如教师)关于这种经验的介绍和讲解。情景式教学建立在有感染力的真实事件或者真实问题基础之上，故也被称为"实例式教学"。确定这类真实事件或问题被形象地比喻为"抛锚"，因为一旦该类事件或问题被确定，整个教学内容和教学进程即确定了，就像轮船被锚固定住了，因而情景式教学也被称为"抛锚式教学"。情景式教学由以下几个环节组成：

一是创设情境。通过创设情境，使学习能在与现实情况基本一致或相类似的情境中进行。

二是确定问题。在创设情境中，选择出与当前学习主题密切相关的真实性事件或问题作为学习的中心内容。选出的事件或问题就是"锚"，该环节的作用就是"抛锚"。

三是自主学习。教师不是直接告诉学生如何去解决问题，而是向学生提供解决该问题的有关线索，如相关资料的搜集等，并注意发展学生的自主学习能力。

四是协作学习。师生之间、学生之间在平等的基础上进行讨论、交流，通过不同观点的交锋，补充、修正、加深每个学生对当前问题的理解，最终是学生自主得出解决问题的方法。

五是效果评价。情景式教学要求学生解决面临的现实问题，学生的学习过程即是解决问题的过程，学习过程即可直接反映学生的学习效果。对情景式教学效果的评价，不需要进行独立于教学过程的专门测试、测验、考查，只需在学生学习过程中随时观察并记录学生的表现即可。

---

① 吴疆. 现代教育技术二级教程(第三版)[M]. 北京：人民邮电出版社，2009年版，第16页。

第九章　适应战斗力生成模式的教学管理体制

军队院校教育管理，是指教育管理者为提高办学效益和人才培养质量，遵循院校教育和管理的客观规律，运用现代管理的科学理论、方法和手段，整合教育资源，对以人才培养为中心的各项活动和办学资源施加影响和作用的活动过程。包括两层含义：一是指上级行政机关对军队院校的管理，如中央军委、各总部、各军兵种和大军区对军队院校的领导与管理，可称为军队院校教育宏观管理；二是指军队院校内部的教育管理，可称为军队院校教育微观管理。

军队院校教育宏观管理，也即军队院校教育行政，是研究教育管理机构本身及其对各级各类院校管理规律的科学。主要涉及：各级教育管理机构的建立与职能；教育法规、教育制度、人才培养规划、执行与监督；各级各类教育负责人的任免、考核与培训；教育经费和办校物资的筹措、供应与分配；对下级教育管理机关和各个院校的检查、指导与考评等。本课题主要研究军队院校内部教育管理。

军队院校内部教育管理的内容主要包括教学管理、研究生教育管理、科研管理、教学保障管理、学员管理、教员和管理干部管理、院校正规化建设、后勤保障管理等。其中教学管理是军队院校教育管理的核心内容，主要指对院校教学工作的计划、组织、领导与控制，包括教学计划管理、教学运行管理、教学质量管理与教学评价、教学建设管理、教学研究与教学改革等内容。

一、创新军队院校教育管理体制原则

1. 教育管理必须围绕人才培养

军队院校教育管理的最终目的是为了培养人才。中心任务是“育人”。离开了“育人”，院校就失去了它存在和发展的意义。院校的行政、教务部门，都要围绕培养人才这一中心，各个部门的工作，不能偏离中心方向。军队院校教育应该特别注重育人的根本目标，把培养适应战斗力生成的创新型军事人才作为各项工作的根本标准。

2. 教育管理必须把握宏观方向

教育管理行为的宏观方向，必须坚决执行党的路线、方针、政策和中央军委关于军队院校建设的方针、政策，把政策、路线的精神吃透、吃准，把中央军委关于军队院校建设的方针、政策融入建设院校的所有工作中，充分体现在教育管理过程的计划、实施、检查、总结等各个阶段，实现教育管理各个环节都正规化、标准化。

3. 教育管理的民主化建设

军队院校的主体是教员和学员，教员文化水平较高，独立性强，学员年轻，朝气蓬勃，富有时代感，如此鲜明的个性和群体特点，决定了民主管理的必要性。要充分发挥他们的自主性，要提倡学术交流，尽量减少行政命令，避免单向填鸭式灌输，充分调动广大被管理者自身的积极性、主动性和创造性。

院校教育管理的许多问题，必然涉及大量学术问题。各级领导和行政机关应该正确区分行政问题与学术问题的区别，学术问题充分依靠专家教员，不能单凭领导的主观意志和行政命令，要相信、尊重和依靠广大教职员工，按照教育学术的规律办事，其实也就是坚持了党的群众路线，相信广大教员、学员，尽量实施专家治校，鼓励全体教职员工参与管理。群策群力，实施广泛的民主化。

4. 精简教育管理体制

军队编制为适应现代化作战，逐渐采取扁平式结构，军、师（旅）、团、营、连、排、班等编制层次逐渐改编为军、团及一线作战部队，多级变成三级结构，大大增强了机动能力，减少了命令层次。院校同样面临改革精简的必要，尽量减少中间层次。院校教育管理应该采用院（校）、系（处）、室（学员队）三级，纵深浅，层次少，正面宽。这种管理体制决定了院校的基层在“教学第一线”，即学员队和教研室。院校的教育管理要实行团一级的工作方法，面向基层，实行面对面的领导。

5. 行政管理与教学管理要兼容协调

军校教育管理一般可分为两个方面：行政管理和教学管理。行政管理是管理学员的作风、纪律，管理学员的日常行为规范，落实共同条令和条例、校规、校纪。学员军人作风的养成、教育秩序的建立，离不开行政管理。众所周知，高度的集中统一、步调一致是军队的特色和生命力。只有高度的集中统一，严格的组织纪律，才能促使战斗力生成。军队这种特殊性决定了军队院校教育必须有不同于地方院校的特性。要求学员必须达到一定的标准，这个标准即为共性要求。个性的发展应该而且只能建立在这一共性要求的基础之上，但凡事不能走极端，必须辩证理解和执行此条目标。在实践中行政管理存在的问题是：一些院校的管理脱离了院校教学的特点和实际，存在简单划一的现象。在学员日常生活中、队列动作上要求整齐划一，令行禁止是应该的，但在学习中、学术问题的探讨上，应该是宽松的、民主的、自由活泼的。任何将行政管理的方法引入到教学过程中的行为，都不利于创新能力的培养，尤其是科研管理，更要尊重学术发展的内在规律。坚决要摒弃那种非黑即白、黑白分明的管理作风。管理工作者，要善于分析和把握院校行政管理与部队行政管理的共性和差异，探讨适合院校教育教学特点的、符合人才成长规律的行政管理方法体系，处理好严格的行政管理与宽松的学术氛围之间的关系，即建立“严肃和活泼兼容”的教学环境体制，创造有利于学员学习成长的学习环境。教学管理是为了最大限度地发挥教员和学员内在的自主性，改革教学评估方式，改变过去填鸭式教学、僵化式考试的做法，建立鼓励创新、容许尝试、宽容出错的评价制度，将考知识、考能力、考素质结合起来，引导学员创造性的学习，全面提高素质；允许学员跨系、跨专业、跨年级选课，鼓励学员在一定范围内自主选课，自主学习，促进不同专业学员的学术交流；加大选修课、自修课以及实践课的教学比例，给学员提供广阔的自主学习和个性发展的空间。

二、新形势下外军教育管理体制借鉴

1. 加强军校统一管理

把握宏观目标，强化顶层设计，是世界主要军事强国建军的一贯经验。俄罗斯和日本就在国防部（日本是防卫厅）内设立了全军教育行政的领导机构，对军校进行统一管理。日本防卫厅下设有教育训练局，负责军事院校的教育训练；俄罗斯国防部设有国防部军事教育总局，拟定和出台统一的军事教育政策。各军兵种和军分区还各自设有军事教育局。美国军事教育也实行统一领导、分级管理的体制。由国防部统一领导，国防部和各军种有关部门自行负责，分级管理，各级自主权较大。各军兵种参谋部中设有领导机构，专门负责院校管理。这种体制，难以统一筹划设计、有效配置和利用全军的教育资源。近年来，美国军界不仅已经认识到这一问题是美军建设的一大"痼疾"，并且开始逐步采取一系列措施来加强顶层设计，加大了改革的力度。

2. 信息化是必经之路

当今的发达国家，军事信息化程度都很高。美、英、法领先世界军事领域，俄、日军事方面一枝独秀，印度、韩国在信息化方面也很强。在未来战争中，大量军、技、管三合一的信息战人才培养是当务之急，是军队优势的体现。军事教育体系应该以此为依据，建立科研体系、课程体系、教学体系和创新机制，使军事教育适应培养创新型军事人才的需要。在发达国家中，美军的信息化体系建立最早，美国国防大学成立了信息资源管理学院，设立信息战与战略系，为高级军事人才开设以信息战为主要内容的课程，此外，在其他院校开设信息战高级研修班，以培养信息战的人才。可以说，军事创新人才主要依靠军校全面信息化建设。

为了推进军事教育革命，发达国家首先推进现代教育技术，大力引进计算机管理，建立数字化、模拟化、网络化为一体的教学手段体系，将幻灯投影、虚拟现实、人工智能等技术用于教学实践，加快数字化建设进程，形成现代化特点的继续教育体系；推进网络化建设速度，实施远程自主式教学；加大模拟化建设力度，运用作战实验室进行虚拟式教学。如美军成立"乘车战斗实验室"，试图把传统战术与现代信息结合在一起，也牵引了未来军事发展的主要方向。

3. 联合办学

英国国防部于 1997 年将原属各军种的陆军指挥与参谋学院、海军参谋学院、空军参谋学院和联合防务学院合并，成立了三军联合指挥与参谋学院，2003 年 4 月又把 9 所院校和科研机构组建成国防大学。俄军扩大从地方院校招收军官和在地方大学开设军事系（学院）的规模。某些专业的初级军官主要交由地方大学军事系或学院培养，由军队出资。此外，俄军将驻地相邻、专业相近或学科互补性较强的军地院校合并，办成理、工、文、管、经济、军事学科齐全的综合大学，以此造就大批新型军事人才。另外，开放办学也不失为一条提高军事效益的强校之路。皇家国防研究院是英军最高军事学府，学院授课人员全部从外单位聘请，学术联系遍及世界主要地区和国家，获取社会及其世界一切有用且先进的资源。这是一条值得我们学习和借鉴的方法。

4. 精简实效

美军队院校对教学管理人员要求严格，必须具有硕士以上学位，10 年以上教龄，即有一定的专业积累才能上岗。同时，院校行政管理人员与教学可管教合一，有利于压缩编制，提高实效。管理手段也日趋现代化。搜集处理信息、组织计划、指挥和协调控制实现自动化，大大节省了所需人员。俄军院校教员创造了一套可通过电子计算机的自动分析来了解学员的培养未来型人才情况的机器，使信息化走上了一个新台阶。在后勤保障的社会化方面，英国走在前面，联合指挥与参谋学院是英军规模最大的一所军事院校，但学院的教学管理人员和教官只有 300 人，其后勤、物业管理等 9 大项工作保障均由公司承担，这就使现有人员可以集中精力抓好教学和行政管理。精简的同时，效益得到了极大提高。

5. 班级小型化

一些经济比较发达的国家很重视班级人数问题。国际教育成就评估委员会把班级人数列为影响学员学习成就的一个重要因素。前苏联的一些学者指出，在某些亚非拉国家，班级人数膨胀是当代困扰教育的重要方面。但是在没有找到更好的形式取代课堂教学而又必须对课堂教学的缺点进行改革的情况下，最好的办法是限定班级人数，使班级向小型化发展。日本临时教育审议会在 1986 年审议概要中要求改善班级编制。法国自 1981 年社会党执政以来，组织专家研究教育改革，在 1983 年的一份报告中建议取消教学班，建立新的教学组织——教学体。教学体的基础单位是教学组，每个教学组人数相等，人数最多不超过 26 人。美国、英国由于其社会经济和教育事业都比较发达，他们的班级人数也控制在比较小的数额内。

三、教育管理体制要适应信息时代大环境

胡锦涛指出："在国防和军队建设中贯彻科学发展观，首要的问题是必须坚持十六大提出的国防建设与经济建设协调发展的方针，正确认识和把握国防建设与经济建设的关系"①，"国防建设与经济建设协调发展的方针，是我们党对国防建设与经济建设内在规律的科学总结，既是强国之策，也是强军之道。"②这一命题实质

① 中国人民解放军总政治部编印. 树立和落实科学发展观理论学习读本[M]. 北京：解放军出版社，2006 年版，第 143 页。

② 中国人民解放军总政治部编印. 树立和落实科学发展观理论学习读本[M]. 北京：解放军出版社，2006 年版，第 143 页。

也揭示了军校教育要在市场经济体制内协调发展的内在联系。全面理解二者的重要关系，对于全面贯彻胡锦涛关于国防和军队建设重要论述精神、推进中国特色军事变革，加快军事教育转型，具有重要指导意义。

市场经济是高等教育之母，更不用说军校教育。市场经济为军校教育提供资金、技术、人力和物力的资源保证。

首先，军校资金来源是政府的财政支出。只有经济增长快、经济总量大、财政收入多，军费拨款才能满足国防现代化建设的需要，才能使军校培养出实现国防现代化，完成军队机械化、信息化的双重历史任务的新型军事人才，经济的"蛋糕"做大了，切给军队的那一块才会增加。其二，市场经济为军校教育建设提供技术支撑。当前，纯军事性的技术已经不多了，军校教育建设在技术上对市场经济的依赖性越来越强。其三，市场经济为国防教育提供人力资源。军队和国防现代化建设最重要的资源——人才，也越来越依赖于国民教育和国民经济的发展。军校教育模式将进行重大转型：从学历教育转换到技能培训，同时，大量引进地方人才。其四，市场经济中的许多物资、设备、设施具有通用性，可以直接满足军事教育需要或迅速转化为国防教育资源。总而言之，市场经济对军校教育建设的决定作用，最直接的表现就在于它是军校教育所需财力、人力、物力和技术的来源和保证。

在我国，市场经济的工业化、信息化进程，和军校教育的机械化、信息化是同时进行的，二者之间在发展战略、政策措施、人才战略等许多方面是可以相互借鉴、相互参照的。而且，军校教育的现代化引领国防现代化进而是整个国家现代化的重要组成部分，其发展水平、状况，必须与国家的整体发展水平、战略相协调，要从国家发展大局谋划军校教育建设。从这个角度说，国家现代化的进程决定了军校教育现代化的进程。

事实上，我军已经进行或正在进行的国防动员体制改革、后勤社会化改革、国防科技工业体制改革等，无不体现了市场经济的要求。

军校教育教学管理体制也必须适应市场经济体制，争取地方经济的支持，同时，由于地方高校早已融入市场经济之中，与地方高校互通有无，长短互补，也就是适应市场经济环境的第一步，既可以节省军费，也可以学习地方高校教学管理的优秀之处。

必须从根本上改变当前地方大学与军队院校"互不接轨"的现状，切实把军队院校并入国家高等教育体系。要在国家重点学科的分配、重点实验室的建设等方面，优先考虑军队院校的需要；在教学评估组织、学位评审组织等领导机构中适当吸收军校人员；在国家高等教育学会、全国高等教育研究会等大型学术组织中为军队院校留置活动空间。要让军队院校及时了解国家教育改革的发展趋势，调整改革思路，制定改革措施，在国家教育改革的大潮中与地方大学"同频共振"。

关键之处，要在经费投入上把军队院校纳入国民教育体系。建议国家在加大对地方重点大学建设投资力度的同时，将军队 5 所综合大学列入国家"985 工程"、

“211 工程”院校，确保军队院校在基础设施建设、新兴学科建设、实验室建设和人才队伍培养等方面达到应有水平。

四、新形势下必须优化创新教学组织

教学组织的实施情况是教学管理体制的首要环节，是指教学双方相互作用的结构样式，制约和规定着教学双方的活动，协调教学关系。教学组织对于保障教学正常进行、提高教学质量，有着重要意义。

1. 教学组织原则

目标要明确，教学组织的直接目的是保障教学，更宏观的目的却是适应战斗力生成模式，培养适应军队现代化建设和战争需要的德、智、军、体全面发展的人才，学员的思想品德和战斗作风，在日常的教学组织中都应该得以体现。教学组织具体的优化实施必须依据一定的近期或远期教学目标，围绕教学内容，采取相应的教学组织。从教学的双方来看，组织方式可以直接也可以间接，可以在班组，也可以在集体进行，在优化的教学组织中，教学内容、方法和手段都融为一体，以一定的程序结合，形成规范，完成培养有战斗力的学员的任务。

培养适应战斗力生成模式的军事人才不是一日造就的，组织形式就必须从长远着手，这是一个系统工程，必须着眼于理论到实践的转化，在日常养成中训教合一，既突出专业特色，又覆盖共同需要，一切从实战出发，为特定教学目标服务。

2. 教学组织准备

教学组织准备之前，一般要对学员进行摸底，行政上要提供和保障教员与学员的互动，为教员了解学员创造机会，并形成机制。了解学员的知识背景、工作学习背景，确保教员的课程能够有的放矢。其次，教员应该制定通用的和特别的、共性和个性结合的课程标准，该标准应该反映课程特色，适应学员学习要求，不断改进和动态表示，用作实施教学的基本依据。在课程标准的指导下，优选教学内容，使其源于教材，又高于教材。优选的教学内容，可以形成教案，教案是教学准备的成果，教案应该按照课程特色和教员个人特色编写，不可以强求一致。教案一般包括这样几个方面：主体安排，主要是课时规定和内容总体规划，总体规划要突出目的，标清教学内容及要求，指出教学重点和难点，明确教学对象，标注教学地点、教学手段及其保障，各种教学器件都应该提前准备，精心安排，而且，最好设置教学应急措施，把工作做在前面，以便处事不乱，从容应对。教案的格式可以丰富多彩，讲稿式、卡片式，不一而足，一般不宜在教学细节上作生硬规定，编写教案应该以教员为主，集体研究主要围绕软件，即课程的思想内容为主，不能主次颠倒。在优选教学内容的基础上，还要制定教学模式和方法，注重传统教学手段与现代教育技术结合，不可偏废，不可片面要求统一，应该提供机会，教育教员，结合课程特色、学员特点予以教学，如要培养学员表达和演讲能力的课程，就不仅仅要讲述理论，完全可以让学员上台表演，或组织学员充分互动，效果一般较好。准备的最后一个环节是试讲,是对教学的预演,即模拟演练,试讲可以分为个人试讲和集体试讲,集体试讲又可以分为说课和模拟授课,说课指教员对课的安排和内容做概要性的描述,节省时间;实际模拟讲授除了对象不是学员外,其他都应该按照正式授课要求进行。经过听课可以总结缺点,肯定优点,整合创新。

3. 教学组织优化实施

教学组织优化实施,指在教学实践中,最优化教学组织,或者说选取最优的教学组织以保障教学。课的类型分为好几种,如技能课、理论课,或者二者兼有。如何保持恰当的内容比例,让学生掌握好知识,是教学组织必须考虑的问题。课的结构优化是把课划段区分,先是预备阶段,即导课,为学员提供课程线索,让学员心中有数,结束阶段叫结课,综合其整个课程内容,起到提纲挈领的作用。划分类型、科学区分阶段,都是视课程情况和培养目标而定,尽量保持课堂的连续性、完整性、教学目标明确、内容清晰、逻辑严谨、方法适当、讲授艺术。

近年来,实践教学被推崇到很重要的位置,实践教学不是不需要理论,而是用理论来指导实践,以实践为主体。实践教学在军事教学中意义更大。在实际的教育训练中,可以培养学员的独立意识、自主意识、解决问题意识,让学员唱主角,教员进行引导,可以激发学员的积极性,提高学员的创新意识,是生成战斗力的非常好的教学组织手段。

除了正课之外,军事教学也要重视第二课堂的教学活动,第二课堂主要解决学员特殊性需求,是学员自我教育、自我发展的重要手段。第二课堂可以生动活泼,不受教学大纲束缚,让学员自愿组合,充分发挥自我,培养个性,可以完善学员的人格,丰富学员的生活。西点军校的第二课堂主要是通过俱乐部实现,引导俱乐部的工作可以通过组织比赛、展示才艺等手段来实施,实践证明,效果非常好。

五、全面推进教学管理信息化

1. 军队院校教育信息化建设步伐加快

我国军队院校加快教育信息化建设步伐,已取得阶段性成果。近年来,全军院校建设多媒体教室 1 000 余个,建成了各院校校园网和第一条覆盖全军的军事训练信息网,实现了全军院校的互联互通;实施了数字图书馆建设工程,集成信息资源总量达 4 万 G,如果按每册图书 40 万字计算,相当于 5 000 万册;集中开发了虚拟实验室系统,学员运用电脑即可进行各种仿真模拟实验,获得真实可靠的实验数据;启动了现代远程教育,部分院校多个专业远程教育试点开始招生培训,“不出营门上大学”已经成为现实……信息化教学平台初步形成,为教育资源的充分利用和高度共享提供了便利条件,为培养创新人才创造了良好环境。

军队院校教育信息化建设与国家信息化建设同步发展,创建的课堂网络多媒体教学模式,荣获全国教育科学成果一等奖。在全国教育软件评比中,军队连续三年名列前茅。

开放教育、创新教育、素质教育、终身教育等现代教育观念在全军院校形成广泛共识，而传统的教学模式已被淘汰，代之以学导式、研讨式、自主式等新的教学模式。同时，一大批既懂得现代信息技术又具有强烈创新意识的青年教学和科研骨干脱颖而出，已经成为院校教育信息化建设的排头兵和推进现代化教学的生力军。

2. 必须重视信息化教学管理

在教学中，幻灯、投影、录音、录像、电影、电视、语言演示室、电子计算机等现代化的教学手段，为现代教学方法的发展开辟了新天地，推动了教学方法的革命。特别是CAI(计算机辅助教学)课件设计的智能化、专门化、灵活化和教学视听设备的自动化、微型化、综合化的发展趋势，更使现代化教学手段的应用范围日趋广泛。

作为教学媒介的现代教学手段的推广使用，扩大和改进了学员的感知空间和时间，提高了学员对客观世界的认识范围。以多媒体计算机教学技术为例，这种新兴的教学手段将多媒体计算机综合处理、存储及传送声音、文字、图像、图形、图表、动画等信息的能力与电视对视频信号的处理能力结合在一起，形成多媒体交互式学习环境，这种环境能做到图文并茂、动静结合、声情融会、视听并用，形成全新式的表达方式，为教学提供了逼真的效果。同时，图、文、声、像等交互式的界面和窗口式的操作，为学习提供了极大的方便，一些难以用常规手段进行的教学形式，如虚拟现实教学、远程教学、实验教学等，可以凭借现代化的教学手段，达到理想的效果。

但要注意，多媒体技术的运用，要严格区分学科特点，不可滥用，如哲学以思维训练为主，不可过于感性化；文学以形象感召，色彩、线条、音乐等可尽足使用。

其次，要鼓励实施远程教学，特别对于军队地处边远地区的部队基层更为适合。通过计算机网络把教学资源分散化，具有很多优越性：有利于实现资源共享，教育机会均等，不再受到学校水平、教材、教师能力的限制；可以让学生自己选择，节省了大量费用，也提高了效率。远程除了具有普遍性之外，也完全可以实现个性化，学生可以与老师个别交流。最重要一点是，远程教育打破了学习时间和空间的限制，学生可以实时学习，不耽误其他工作，自由选择时间。教育内容也可自由选择，这种模式真正实现了终身教育；学习空间上，远程教育是开放的，可向全社会开放，为教育社会化和社会教育化提供了条件。

3. 必须加强信息化教务管理

计算机网络以惊人的规模和速度闯入社会各个层面各个角落，未来10年，军队的“网络时代”将由理论与蓝图变为现实与事实，我军跨入新世纪的同时也跨进了一个新时代。以“全军军事训练网”为树干，以各级各种各类局域网为枝杈的我军计算机网络已经将我们“网”入其中。被看做是一场革命的计算机网络在军营的出现与普及，给军校教育提供了难得的机遇。在教育管理中，可以通过以下途径为教学服务：

第一，网络控制。计算机网络使用者大体上分为两种：一种是普通用户，可以上网浏览信息、收发电子邮件、下载软件信息，但无权控管或修改网络内容；另一种是超级用户，拥有网络或网站的控制和管理权。教学管理方可以通过网络控制来为教学服务，效率极高。

第二，控制网关。任何局域网都只能通过网关（又称网络接口）接入因特网。1995年，“黑客”入侵美国马里兰州安纳利斯海军学院的网站，该院便通过关闭内部网络与因特网的接口成功地阻遏了“黑客”的攻击。我国内部网络当然要与因特网相连，但网络接口数量将受到严格限制，以便通过设置网关的办法过滤不良信息，同时对访问我军网站的计算机或我军内部计算机接入因特网的情况进行严密监控，这样可以防止高校内部军事教育信息外漏，有效控制泄密事件。

第三，控制终端。可以对网络终端计算机进行严格管理，以避免不良信息传播，扰乱教学秩序。另一方面，也可以通过监控来追查肇事计算机及其操作者。

六、建立科学的教学评价体系

1. 教学评价的含义和范围

教学评价是指依据一定的教学目的和教学要求，对教学及其所达到的效果，给予科学的价值判断的过程。

教学评价的出发点是教学目的，教学评价的结果用来调整教学目的。

教学评价的范围包括两个方面：一个是学员学习效果评价；另一个是教员教学效果评价。学员学习效果的评价可以从军事、政治、文化、专业、管理、身心六个方面来评价。但要注意，教学作为“教”与“学”，既要评教的效果，又要评学的效果，一般从教学准备、教学态度、教学内容、教学方法、教学效果等方面来全面地评价教员教学效果。

2. 教学评价的功能

一般认为教学评价的功能具有测定、诊断、导向、激励、反馈与调控功能。

测定功能。测定功能是教学评价的前提。没有测定功能就得不出评价结果。采取测量、考试、观察、调查甚至计量的方法进行近似的测定，才能为其他评价提供客观依据。

诊断功能。对教学评价的优劣作出区分和判断。根据测定的结果，分析判断教学的优点、缺点，帮助教员加以改进，同时鉴别学员的素质水平和发展潜力，为学员培养和使用提供依据。

导向功能。通过教与学的科学评价，导引努力的方向，指出教与学的重点和矛盾。事实表明，正确而科学的评价体系，能够给教学活动带来生机。

激励功能。好的评价使本来就表现好的教员和学员百尺竿头，更进一步，也使差的教学活动引以为戒，或迅速改进，产生前进动力。

反馈与调控功能。教学评价可为教务领导部门和教研室提供反馈信息，及时分析和了解教学活动，知晓教学活动与事实的差距，对教学进行必要的调整、纠正，使科学的管理、决策，建立在系统进行教学评价的客观基础上。

3. 教学评价的类别

总参军训部组织的围绕教学的宏观评价，作为指导原则，规定及类别如下：

(1) 学历教育教学评价

学历教育院校教学评价，是指军委、总部、大单位组织的对学历教育院校本科教学的工作评价。总参军训部 2003 年下发了《军队院校本科教学工作评价方案》，明确规定了军队院校本科教学工作评价的内容和标准，其评价的内容涵盖办学思想、教学队伍、教学建设情况、教学环境建设、教学管理、教学效果及特色项目等方面的考察评价，每一大项评价项目又可分为几个评价小点，每个评价点都依据评价标准进行衡量和判断。学历教育院校加强教学建设和规范教学工作采用的标准可以参照《军队院校本科教学工作评价方案》。

(2) 任职教育院校教学评价

任职教育院校教学评价，是指总部、大单位组织的对初、中、高级任职教育院校教学工作评价。如总部组织的初级指挥院校教学工作评价、中级指挥院校教学工作评价、士官院校教学工作评价。总参军训部 2002 年下发了《中级指挥院校教学工作评价方案》，明确规定了中级指挥院校教学工作评价的内容和标准，其评价的内容主要包括对教学条件现状、教学状态、教学管理建设、教学效果等方面的考察评价，每一大项评价项目又区分为若干个评价小点，每个评价点都依据评价标准进行衡量和判断。同时下发了《士官院校教学工作评价方案》，明确规定了士官院校教学工作评价的内容和标准，其评价的内容也主要包括对教学条件、教学状态、教学管理、教学效果等方面的考察与评价，每一大项评价项目又区分为若干个评价点，每个评价点都依据评价标准进行衡量和判断。

(3) 专项评价

专项评价是总部、大单位组织的军队院校专业评价、课程评价和课堂教学评价。一是专业评价。专业评价的内容主要包括对建设思路、教员队伍、专业条件、教学状态、教学管理、教学效果及专业特色等方面的考察与评价。总参军训部 2003 年下发了《军队院校专业评价指标体系及标准》，明确规定了军队院校专业评价的内容和标准，每一大项评价项目又区分为若干个评价点。二是课程评价。课程评价的内容主要包括对课程标准及改革、任课教员、课程条件、教学实施、课程管理、教学效果等方面的考察与评价。总参军训部 2003 年下发了《军队院校课程评价指标体系及标准》，明确规定了军队院校课程评价的内容和标准，每一大项评价项目又区分为若干个评价点。三是课堂教学评价。课堂教学评价的内容主要包括对教学目标、教学内容、教学实施、教学效益、教学状态、教学风格等方面的考察与评价。总参军训部 2003 年下发了《军队院校课堂教学评价指标体系及标准》，明确规定了军队院校课堂教学评价的内容和标准，每一大项评价项目又区分为若干个评价点，每个评价点都依据评价标准进行衡量和判断。

总部、各大单位组织的教学评价，对各院校而言是外部评价，因而在实施过程中，一般先由被评院校进行自我评价，然后再接受总部、各大单位组织的评价。

一般认为教员教学行为微观评价的类别主要包括以下六种，使用时要视具体情况而定。

（1）院部领导随机评价

院部领导随机评价是院部领导为随时掌握教学情况，进行现场办公式的评价工作，主要有两种形式：一是固定时间按月计划统一组织听查课；二是随机检查。根据需要，院部领导进行临时性检查。院部领导听查课记录，可作为原始资料由教务部门存档，供综合评价使用。

（2）专家组评价

专家组评价是评价工作最常用的专门组成的机构。由若干专家组成，通过跟班听课、记录教学过程，进行教学评价。专家组评价目前为常用的方法，是必不可少的。为各个学校教学活动提供日常的教学评价依据。

（3）教研室评价

教研室评价是一种同行评价，通常是由教研室领导协同同专业的教员组成。同专业了解专业的动态和发展方向，是教学工作的内行，因而评价的可靠性强，也应该有较高的权重比例。

（4）学员评价

学员通过自身收获情况和亲身感受来评价教学活动，根据具体情况可以占一定权重，有些地方院校甚至以学生的评价作为主体评价依据，也是有一定道理的。学员评价可能有一定的非理性因素存在，进行客观分析、区别对待是必要的。

（5）教员自我评价

教员进行自我评价，有利于养成自我检查教学工作的习惯，提高责任感和民主意识，有利于调动教员的积极性，消除敌对情绪，有利于发扬优点，克服缺点，促进评价工作顺利进行。但缺点也很明显，除了教员对评价标准可能把握不恰当外，易受感情因素影响。

（6）教务部门综合评价

教务部门是课堂教学质量评价的总体计划者、组织者、负责者。具体负责评价方案的制定、修改，协调、督促各单位的评价实施，总体上对全院每门课程、每位任课教员进行教学评价。

教务部门除经常听课、随时检查外，要重点组织好两个环节：一是在院部领导的参与下，组织机关、教研室、学员队进行期中教学检查；二是收集、汇总各方面的评价信息，借助信息评价系统进行评价，并把评价结果记入教员教学档案，给领导作为决策参考。

4. 教学评价方法和标准

一般评价方法采取定性分析与定量分析相结合。学员学得怎么样，一般可以通过考试衡量成绩，可教员教得如何，就是一门复杂的学问了。评价的因素难以完全量化，只能采用先定性、后定量的趋势评判法。而定量因素的选定是至关重要的，不能定量的因素定量化了，就会使教学评价步入歧途。这是一个至今尚未形成统一共识的学术问题，目前只能是沿着定性分析与定量分析相结合的方法去探索解决。

教员教学评价应该采取分类评价。各学科、专业教员分别承担着不同的课程，绝对不能用一个标准来衡量。一般需要区分为理论课、技能课、实验课、实践课，以及外语课、计算机、哲学、艺术等类型，一定要分别设计，有针对性地评价。

具体考核有以下标准：

教学计划标准，主要是教学总体计划设计合理，主题突出，对教学对象了解清楚，对教学内容进行了创新解读。教学态度标准，主要是在教学过程中言传身教，教书育人，以身作则，治学严谨。教学目的标准，主要是符合教学大纲要求，适应教学对象，目的明确，重点突出。教学内容标准，主要是难度、深度、广度适宜，反映前沿理论，结合实际，具有科学性、先进性、思想性或者实用性。教学方法标准，主要是启发得力，思维训练得当，思路清晰，效果明显。教学组织标准，主要是教学内容紧凑，时间利用效率高，教学互动活跃，气氛热烈。教学效果标准，主要是知识掌握的数量和质量、创新能力的培养和学习兴趣，总之，是学员战斗力生成作为根本标准。

5. 对传统教学评价实践的反思

(1) 加强创新性评估

反思以往教学评价实践可以发现，教学评估侧重于知识性、记忆性项目，而对创新性评估不够。而创新性量化不容易，对教员课堂教学行为优劣的判断，一般从教学准备、教学态度、教学目的、教学内容、教学方法、教学组织、教学效果等各个方面确定评价范围和标准。实践证明，知识性、记忆性项目方便于量化，教学评估正试图全方位量化，导致僵化倾向，影响了教育发展的活力。正像考核学员一样，会出现高分低能的现象；教员也一样，过分追求量化的分数，也可以导致高分低能。上述的评估体系是现行在实践过程中的，把一个有机体生硬切分，有肢解完整一课之虞，分析有余而综合不足，缺乏人性化，诱发形式主义。

创新性教学体现在对前沿知识的预测和把握上，而对前沿知识的预测和把握，必然地体现在科研水平中，因此科研与教学的纽带是内在的，不可分割的。评估创新性教学不是要求教员把书本知识全部传授给学员，而是考查教员是否能够解释和启示学员本课知识学习中的疑点、难点，主体知识教给学员解决，这必须建立在学员的自学基础上，而自学能力也是考核创新性的重要指标。

(2) 强调特色性

这里特色性有两种含义：一种是指教学特色；一种是指学科特色。

教学是培育人才的，人才是有个性的，教学也必须富有个性，富有个性的教学才能培养出有个性的人才,未来战争是信息战争,培养富有创新性的军事人才是军事教育的目的,千篇一律、铁板一块的教学模式是培养不出富有创新性的军事人才的。因此,在政治、军事素质的基本要求下,适当放宽教学环境,给予教员一个宽松探讨的学术环境,有利于培养学员的创新性素质。

学科特色是指每门学科都有独特的学科特点,不可用一个标准来衡量。例如哲学倾向于思维和抽象,而文学倾向于感性和形象,二者不可同日而语,抽象的东西适合于深入浅出、启发引导,用逻辑的力量来训练学员,形象的东西适合于感染熏陶,用美的形象和艺术的魅力来感动学员,二者的教学方法、设计、语言特色甚至基本相反,如果用统一模式来评价,是不适当的;还有人文学科,过多用量化方法来考核,也违背了人文学科的有机性、整体性特点。在评价中应予以注意。

(3) 增加激励性

因为受过较高等教育的人主要的激励作用来自自我激励,外部压力可以迫使他们达到最低的标准,但很难使他们达到优秀的水平;当教员获得足够的信息与有用的建议后,他们就有可能达到预期的水平。人们相信,受过高等教育的教员具有根据新情景的要求调节自己的能力。很多教员在教学、科研活动中未能取得成功,其原因多是在于他们未能得到足够的信息和可供选择的机会。

外界的压力是必要的,但也是弹性的,压力如何能够激发教员焕发出自我革新的动力,是一门值得钻研的学问,高级知识分子不同于一般士兵,教育要得法,管理要科学,把握住教员自尊的边界,从内心予以鼓励或警醒是有效的,会收到事半功倍的效果。

结束语

中共中央总书记胡锦涛在庆祝中国共产党成立 90 周年大会上指出:要着眼全面履行新世纪新阶段军队历史使命,以推动国防和军队建设科学发展为主题,以加快转变战斗力生成模式为主线,全面加强军队革命化、现代化、正规化建设。把加快转变战斗力生成模式作为主线,是我们党深入探索信息化条件下战争和军事活动规律取得的重要成果,也是新时期军事理论的重大创新。

战斗力生成模式转变是伴随着生产力增长方式转变而产生的一种复杂的社会历史现象和一项庞大的系统工程,涉及人、武器装备、体制编制、军事理论等诸多要素。当代战斗力生成模式是以信息为主导、以系统性为内在要素、以集约式为本质特征的新型模式。由传统能量主导式武器＋ 技能型军人 ＋ 基于电讯系统的整体作战,向新型信息主导式武器 ＋ 智能型军人 ＋ 基于信息系统高度融合的体系作战转变,形成基于信息系统的体系作战能力。人才是战斗力的重要支撑,转变战斗力生成模式,重要的是要转变人才生成模式,就是要遵循战斗力生成模式规律,加快军事教育创新步伐,构建我军新型的院校教育教学模式,为高素质新型军事人才迅速成长搭建平台。

《战斗力生成模式的系统分析与军事教育创新》是全国教育科学“十一五”规划 2009 年度军队专项课题。由解放军理工大学理学院社会科学系钱振勤教授任课题组组长,叶怀义副教授任副组长。参与本课题研究团队是由善于集智攻关、富有创新精神、不畏艰难困苦的成员组成。课题研究以胡主席关于新的历史条件下国防和军队建设一系列重要论述为指导,以军事斗争准备和新型军事人才培养为根本出发点,从历史和逻辑的角度对人类有史以来从冷兵器、热兵器、热核兵器到信息技术兵器战斗力生成的过程进行了全程的透视,对战斗力生成系统内在的结构、功能、特点以及相互关系进行了系统的分析,较好地揭示了军队战斗力生成的一般规律和特点,论述了适应战斗力生成模式的军事教育创新的必要性、紧迫性和基本原则,分析了适应战斗力生成模式的军校教员教育创新的心理基础、学员创新精神的培育,从教学理念、教学方法、教学手段和教学管理等方面探索了适应战斗力生成模式转变的我军新型院校教育教学模式。

课题研究主要运用了三种方法:

历史分析方法。即坚持马克思主义的世界观和方法论,把研究的对象放在一定历史条件下的历史进程中,运用发展和联系的观点来加以研究的方法。列宁曾指出:“在分析任何一个社会问题时,马克思主义理论的绝对要求,就是要把问题提到一定的历史范围之内。”①他还说，为了解决社会科学问题，为了真正获得正确处理这个问题的本领而不被一大堆细节或各种争执意见所迷惑，为了用科学眼光观察这个问题，最可靠、最必需、最重要的就是不要忘记基本的历史联系，考察每个问题都要看某种现象在历史上怎样产生，在发展中经过了哪些主要阶段，并根据它的这种发展去考察这一事物现在是怎样的。邓小平也强调说：“我们是历史唯物主义者，研究和解决任何问题都离不开一定的历史条件。”②任何一个国家和军队的军事人才培育体系的选择都不是偶然行为，而是与这个国家和军队所处的社会历史条件下采取的战斗力生成模式相联系。只有深入研究分析各历史时期战斗力生成模式内在的结构、功能、特点以及相互关系，才能弄清和说明各个历史时期军事人才培育体系、军事教育创新的历史必然。为此，我们用了很大一部分精力去收集各个时期战斗力生成模式的社会历史背景材料，以力求对军事人才培育体系创新发展过程的分析能够符合历史条件，及其历史条件下的战斗力生成模式转变对军事人才的诉求。我们的体会是，如果离开历史分析，就很难认清当前具有我军特色的军事教育创新诉求的历史必然性，也更难弄清这一创新的发展趋势。

比较分析方法。即根据一定的标准，把彼此有某种联系的事物加以对照，从而确定它们的异同之处和带有共性规律的方法。马克思曾经说过：“要了解一个限定的历史时期，必须跳出它的局限，把它与其他历史时期相比较。”因为往往看起来“极为相似的事情，但在不同的历史环境中出现就引起了完全不同的结果”③。人们只有把这些发展过程中的每一个都分别加以研究，然后再把它们加以比较，才能较容易找到解释这种现象的钥匙。今天，我们要科学地认识信息化战争条件下战斗力生成模式转变的客观需求和模式转换的重要因素，提出军事教育创新的重点方向，也只能从战斗力生成模式转换的历史轨迹和经验教训中，通过比较中国与外国、己方和彼方、过去和现在来加以认识。因此，在课题研究过程中，我们同样用了大量的时间去收集古今中外战斗力生成模式及其对军事人才诉求的各种素材，从中外军队对比、新旧模式对比、我军前后对比等比较分析中，分析我军战斗力生成模式转换过程中的矛盾，并力图从中找出切实推进战斗力生成模式转换的核心因素及其发展规律。也正是在这些对比分析的基础上，我们努力去挖掘适应我军特色战斗力生成模式转换的军事人才培育体系，探索如何正确解决新世纪新阶段我军院校军事教育创新及人才培养方面所面临的问题，为加快推进军事创新人才培养速度献计献策。

系统分析法。即具体全面地揭示研究对象的系统存在、系统关系及其规律的方法，其基本要求是，不是把事物、过程看做是实物、个体、现象的简单堆积，而是如

① 列宁选集(第2卷)[M].北京：人民出版社，1972年版，第512页。

② 邓小平文选(第2卷)[M].北京：人民出版社，1983年版，第119页。

③ 马克思恩格斯全集(第19卷)[M].北京，人民出版社，1972年版，第131页。

实地把它们当做系统，以对系统的深入、全面的把握代替对事物内外部因素的孤立考察。战斗力生成模式是指军事系统中，由与战斗力生成相关的一系列要素构成的有机体系。当若干要素结合成为一个系统时，它们的功能也相互综合，这种综合可能使整体的功能大于各部分功能的总和，也可能小于它。这就需要对各要素如何有机组合，进行系统分析。为此，我们在战斗力生成模式方面进行了着重研究，用系统的方法梳理了历史上不同时代战斗力形成的特点、各要素的组合及其成长规律，在分析研究中寻找各要素组合的最佳点及核心点，制定出相应的策略。另外，我们在具体研究过程中，还采用了课题人负责制，分工协作。有关理论依据的研讨及国内外相关经验的研讨主要采用文献研究法；外出参观及研讨等主要采用调查法；在研究教学策略和评价的过程中主要用观察法和个案研究法。

本课题认为，任何战斗力体系都是诸多要素相互联系而成的一个完整系统，战斗力体现在这个系统的整体功能上。战斗力体系健全、完美、功能发挥正常是战斗力发挥的基本条件。所以，战斗力生成模式的转变实际是一个系统建设方法的转变。战斗力的生成就是一个系统工程，涉及各个方面，任何一个环节出了问题都不利于战斗力的生成。所以，研究战斗力的生成模式方法应该从系统方法入手，只有在比较全面地揭示战斗力系统特点的基础上，构建新的教育创新体系才能思路明确，有的放矢。

尽管国内外有关军队战斗力提升问题已有不少研究，但从系统方法的角度来研究军队战斗力生成及其由此重点讨论军事教育创新问题的还不多。本课题运用系统科学的方法，从历史和逻辑的角度对人类有史以来从冷兵器、热兵器、热核兵器到信息技术兵器战斗力生成的过程进行全程的透视，对战斗力生成系统内在的结构、功能进行系统的分析，并对战斗力生成系统的特点及其一般规律进行深刻的揭示，以此为基础，结合新军事变革大背景，从我军战斗力生成模式转变的现实需要出发，深入探索新军事变革条件下军队院校教育创新的规律和特点，紧紧围绕教育转型过程中出现的新情况、新问题，研究构建适应战斗力生成发展需要、高素质新型军事人才脱颖而出的具有实用性、针对性的创新教育发展模式，推进我军军事教育创新提高到一个新水平。因此，本课题研究成果不仅是研究方法上的一个突破，更重要的是，在理论上，能够丰富我军在新时期军队建设的理论。在实践上，对加快军队战斗力模式的转变、促进军事教育创新具有积极的现实指导意义。

参加课题研究和本书撰写的作者：第一章、第五章、结束语，钱振勤教授；第二章，周华讲师；第三章，吴清江讲师；第四章，叶怀义副教授；第六章，贾赟参谋；第七章，钱惠英副教授；第八章，武善彩副教授；第九章，李湘德讲师。钱振勤、叶怀义负责课题研究筹划和全书统稿。

本课题从申请立项到结题，历经五年，圆满完成。该成果是课题组成员团结协作、刻苦钻研的结晶，是各级领导、训练部机关和鉴定专家关心、指导的结果。在课题研究过程中解放军理工大学校长张亚非少将、副校长车先明少将多次给予了详细指导，使课题组受益匪浅；理学院院长金丰年大校、训练部部长郑旭东大校全程参与具体指导和支持；大学高等教育研究室主任赵俭大校、要振生大校对本课题立项到结题、鉴定等具体工作给予了大力支持和帮助；专家鉴定组在充分肯定本课题成果理论价值和实践指导意义的同时，也中肯地指出了成果存在的不足，我们进行了认真修改；东南大学出版社戴丽对书稿的编审、出版付出了辛勤的劳动和关心、支持；同时，在撰写过程中参考吸收了近年来军内外相关研究成果和资料，在此一并表示感谢！

由于作者的认识水平和实践能力有限，书中难免有不足之处，敬请广大读者批评指正。

课题组

2012 年 5 月 10 日

参考文献

[1]马克思,恩格斯. 马克思恩格斯选集. 北京:人民出版社,1995.
[2]列宁. 列宁选集. 北京:人民出版社,1995.
[3]斯大林. 斯大林选集. 北京:人民出版社,1979.
[4]毛泽东. 毛泽东选集. 北京:人民出版社,1991.
[5]毛泽东. 建国以来毛泽东文稿. 北京:中央文献出版社,1988.
[6]邓小平. 邓小平文选(第一、二卷). 北京:人民出版社,1994.
[7]邓小平. 邓小平文选(第三卷). 北京:人民出版社,1993.
[8]邓小平. 邓小平军事文集. 北京:军事科学出版社,中央文献出版社,2004.
[9]江泽民. 论国防和军队建设. 北京:解放军出版社,2003.
[10]中国人民解放军总政治部编印. 国防和军队建设贯彻落实科学发展观重要论述选编. 北京:解放军出版社,2008.
[11]中国人民解放军总政治部编印. 树立和落实科学发展观理论学习读本. 北京:解放军出版社,2006.
[12]中国人民解放军总政治部编印. 我军历史使命教育、理想信念教育、战斗精神教育、社会主义荣辱观教育材料. 北京:军事谊文出版社,2006.
[13]刘成军,刘源. 中国特色社会主义军事理论的崭新篇章. 北京:军事科学出版社,2007.
[14]张亚非. 信息化条件下联合作战人才培养研究. 北京:军事谊文出版社,2008.
[15]刘源,郑申侠. 国防和军队建设落实科学发展观学习提要. 北京:军事科学出版社,2006.
[16]辛勤. 信息化时代的战争. 北京:国防大学出版社,2000.
[17]李庆山. 新军事革命与高技术战争. 北京:军事科学出版社,1996.
[18]苏志荣. 跨世纪的军事新观点. 北京:军事科学出版社,1998.
[19]高连升. 战斗力论. 北京:军事科学出版社,1994.
[20]康学儒. 军事技术论. 北京:军事科学出版社,2007.
[21]王保存. 世界新军事变革新论. 北京:解放军出版社,2005.
[22]战玉. 军队战斗力论. 北京:军事科学出版社,1996.
[23]汪维余. 军事创新论. 北京:军事科学出版社,2004.
[24]吕登明. 信息化战争与信息化军队. 北京:解放军出版社,2004.
[25]张继昌. 走向信息化军队. 北京:军事科学出版社,2003.

[26]许志功.中国特色军事变革的哲学思考.北京:解放军出版社,2008.
[27]杨保明等.信息化条件下军事人才培养问题研究.北京:海潮出版社,2008.
[28]高建国.21世纪中国军事人才发展战略构想.北京:国防大学出版社,1999.
[29]车先明等.军事创新教育论.北京:国防大学出版社,2004.
[30]吴铨叙.军事训练学.北京:军事科学出版社,2003.
[31]吴铨叙.跨世纪的变革.北京:军事科学出版社,2005.
[32]仲晶.武器装备形成战斗力研究.北京:国防大学出版社,2002.
[33]郭东升.先进战斗力研究.北京:国防大学出版社,2005.
[34]李新农.信息网络与军队思想政治工作.北京:解放军出版社,2003.
[35]张相轮,钱振勤.教学美学.南京:江苏教育出版社,1998.
[36]刘立祥.政治理论讲授艺术.北京:军事谊文出版社,2002.
[37]张宝书.军队院校教育学.北京:军事科学出版社,2006.
[38]于绍乐.西点军校经营训练课程.北京:当代世界出版社,2002.
[39]王庆德.信息化条件下军事人才培养.北京:军事科学出版社,2008.
[40]闫晓明,于景江.论军事人才与军事教育.北京:国防大学出版社,2007.
[41]史伟光.转型中的军事任职教育.北京:军事谊文出版社,2008.
[42]熊汉涛.指挥军官能力建设论.北京:国防大学出版社,2005.
[43]唐志龙,罗剑明.军官能力建设理论研究.北京:解放军出版社,2005.
[44]许和震.新军事变革与训练创新.北京:军事科学出版社,2003.
[45]曾华锋.科学技术与教育.太原:山西教育出版社,2008.
[46]董会瑜.现代军校教育学教程.北京:军事科学出版社,2007.
[47]朱如珂.军事教育学.北京:解放军出版社,1988.
[48]吕云峰.军校教育信息化研究.北京:解放军出版社,2006.
[49]王鸿江.现代教育学.上海:上海教育出版社,2001.
[50]杨德广.高等教育学概论.上海:华东师范大学出版社,2002.
[51]潘懋元.多学科观点的高等教育研究.上海:上海教育出版社,2001.

附　录

《战斗力生成模式的系统分析与军事教育创新》
专家鉴定组名单

组　长：车先明
成　员：马立峰　蒋少散　李满成
　　　　方　秦　王开华

《战斗力生成模式的系统分析与军事教育创新》专家鉴定组鉴定意见

2009年12月24日，全军军事教育规划办公室在解放军理工大学组织了全国教育科学“十一五”规划军队专项课题《战斗力生成模式的系统分析与军事教育创新》成果鉴定。鉴定组专家听取了课题组汇报，审查了相关材料，经认真讨论后一致认为：

一是研究方法科学合理。该课题采用系统科学的思维方法研究战斗力生成问题，有利于以新的视角研究和认识战斗力生成模式转变，有利于把握战斗力生成模式的特征、内在机制及其演化规律，从而更加科学地构建推动战斗力生成模式转变的人才生长机制。

二是提出的观点有一定新意。该课题提出战斗力系统有其内在实体性要素、组合性要素和渗透性要素，紧紧抓住在战斗力生成模式中人的因素的决定作用，立足于新型军事人才培养的客观要求，对建立我军新型的院校教育教学模式提出了新的构想，具有重要的参考价值。

三是具有较好的可操作性。该课题全面系统地阐述了适应战斗力生成模式转变对军事教育创新的诉求，对教员的教学创新、学员创新精神培育以及与之相适应的教学模式、教学管理机制，提出了操作性较强的对策建议。

该研究成果，理论研究比较系统，观点阐述比较深透，具有一定的创新性，达到了课题研究的预定目标，在同类研究中居于领先水平。

专家组一致同意该课题通过鉴定。

建议该课题在理论与实践的结合上进一步加强研究。

鉴定组组长（签字）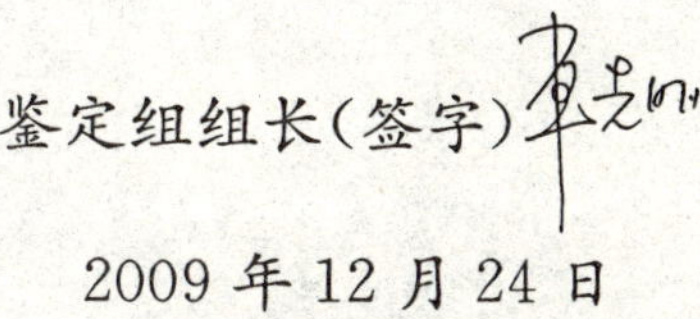

2009年12月24日